인공지능과 융합

이병욱 지음

ARTIFICIAL
INTELLIGENCE

21세기사

오래 전 필자가 대학에 입학했을 때 앞으로 컴퓨터가 세상을 바꿀 것이라는 기사를 학교 신문에서 읽었다. 당시에는 컴퓨터가 온 세상을 바꾼다는 말을 이해하는 사람들이 별로 없었다. 요즈음 신문을 보면 앞으로는 인공지능이 세상을 바꿀 것이라는 기사가 많이 보인다. 예전과 달리 지금은 사람들이 인공지능이 세상을 바꿀 것이라는 주장을 긍정적으로 받아들이는 분위기다. 그러나 인공지능이 세상을 어떻게 왜 바꿀 것인지 또는 이에 어떻게 우리가 대비할 것인지를 예측하기는 쉽지 않다. 세계 각 국가의 많은 지도자들이 인공지능의 발전을 전망하고 역설하는 것을 볼 때 앞으로는 인공지능이 국가의 미래를 좌우할 것이라는 생각이 든다. 우리나라 대통령도 챗GPT를 이용해서 연설문을 훌륭하게 작성했다는 보도가 나올 정도로 인공지능은 이미 우리 곁에 와 있다. 따라서 우리도 인공지능을 잘 알아야겠다는 생각을 하게 된다.

서점에는 이미 챗GPT를 소개하는 책들과 챗GPT가 집필한 서적들이 판매되고 있다. 사람들이 모이는 장소마다 챗GPT 이야기가 봇물을 이룬다. 인공지능은 수십 년 전부터 인공지능 세탁기와 에어컨 등으로 우리 곁에 와 있었는데 이제는 모든 생활에 영향을 미치고 있다. 우크라이나와 러시아 전쟁에서도 인공지능이 장착된 무기가 동원되어 전투의 승패를 좌우하고 있다. 수십 년 전에는 컴퓨터가 저렴하게 보급되어 사회에 큰 영향을 주었는데 이제는 인공지능이 사회 모든 분야에 엄청난 영향을 주고 있다. 과거에는 산업혁명에 성공한 나라들이 선진국이 되어 그렇지 못한 나라들을 식민지로 만들었다. 그러나 미래에는 인공지능 혁명에 성공한 나라들이 선진국이 되어 세계를 선도할 것이다.

인공지능은 기계가 사람처럼 생각하고 행동하는 컴퓨터 프로그램이다. 따라서 인공지능은 기계와 사람과 컴퓨터와 프로그램을 잘 알고 융합할 수 있어야 하는 분야이다. 여러 분야에 대한 이해와 함께 이들을 융합할 수 있는 능력이 있어야 국제사회에서 뒤지지 않을 수 있다. 지금도 산업화에 성공한 나라들이 인공지능을 선도하고 있다. 과거에는 컴퓨터를 보급하기 위하여 학교와 가정에 외국 원조와 국비로 지원한 나라들이 있었다. 기반 교육 없이 컴퓨터만 보급한 나라들에서 학생들이 할 수 있었던 것은 게임과 오락뿐이었다. 인공지능은 여러 학문 분야가 관련된 과학이므로 기반이 되는 여러 분야들을 체계적으로 배우며 융합해야 한다.

이 책은 인간의 발전과 인공지능의 발전과정을 함께 어우르며 기술하였다. 이 책을 읽고 인공지능을 이해하는데 조금이라도 도움이 되기 바라는 마음이다.

이 책을 출판하는데 힘써주신 21세기사에 감사드리며, 원고를 모두 읽고 교정해준 아내에게도 감사드린다.

2023.6
저자

CONTENTS

CONTENTS

CHAPTER 3   인공지능의 역사   77

C O N T E N T S

C O N T E N T S

CONTENTS

CHAPTER 1

개요

인공지능이란 인간의 생각을 기계에서 동작하도록 구현한 프로그램이다. [그림 1.1]과 같이 기계에는 프로그램을 실행시킬 수 있는 전자장치를 만들어 넣어주고, 인간의 생각을 프로그램으로 만들어 전자장치에 넣어 실행시켜준 것이 인공지능의 탄생이다. 인간의 생각을 프로그램으로 만들기도 어렵고 그런 프로그램을 실행시키는 전자장치를 만드는 것도 어렵다. 그러나 융합 기술이 생각을 실행하는 프로그램을 만들고 전자장치를 만드는 것을 가능하게 했다. 이것은 이론적으로 컴퓨터가 탄생할 때부터 가능했지만 현실화된 것은 인공 신경망이 활성화된 2000년 이후의 일이다.

세상이 매우 빠르게 변화하고 있다. 과거에는 변화가 천천히 이루어졌지만 지금은 예전과 달리 주변 환경과 문화가 신속하게 변하고 있다. 인공지능이라는 말은 이미 수 십 년 전에 나왔지만 지금처럼 현실적으로 다가온 것은 얼마 안 되었다. 그 이유는 지난 수십 년간 지속되어 온 제3차 산업혁명이 성숙 단계에 이르러 각 분야의 기술이 높은 수준에 이른 상태에서 인공지능 기술이 이들과 융합하기 시작했기 때문이다. 우리는 앞으로 모든 분야에서 인공지능이 가져올 변화를 경험할 것이 분명하기 때문에 인공지능에 대해 잘 준비하고 대처해야 한다. 요즘은 인공지능이 모든 분야에 적용되어 세상을 빠르게 바꾸고 있다. 이 변화에 신속하게 적응하지 못하면 개인도, 국가도 온전하게 살아남기 힘든 시대가 된 것이다. 특히 디지털 약자들은 사회에서 소외됨을 더욱 피부로 느낄 것이다.

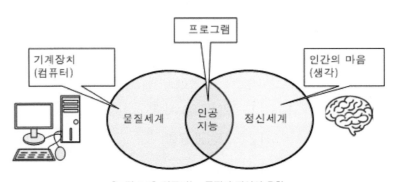

[그림 1.1] 인공지능: 물질과 정신의 융합

산업이 고도화되면서 새로운 용어들이 속출하고 있다. 이들 중에서 인공지능과 융합이 대표적이다. 이 단어들은 오래전부터 사용되어왔기 때문에 이미 다양한 의미로 사용되고 있지만 시간이 흐르면서 조금씩 의미가 변화하고 있다. 인공지능 세탁기가 처음 나왔을 때 사람들은 세탁기가 자동 세탁하는 기능을 보고 인공지능의 의미를 자동화 정도로 이해할 수 있었다. 융합이라는 단어는 핵융합과 방통융합이라는 말로 오래전부터 사용되어왔기 때문에 역시 원자력 발전소 또는 방송과 통신 분야를 떠오르게 했다. 그러나 인공지능이 핵심을 이루는 4차 산업혁명이 이미 도래하고 있기 때문에 이에 대한 좀 더 깊은 이해가 필요하다. 인공지능이 운전하는 자율주행 자동차가 출현하고 있고, 산속에 있는 블루베리 농장이 무인 스마트 공장으로 바뀌어 인공지능으로 운영되고 있기 때문에 새로운 이해가 필요하다. 뉴욕에 거주하는 사람이 엘에이(LA)에 있는 무인점포를 인공지능으로 운영하기도 한다. 인공지능에 잘 대처하려면 인공지능을 이루고 있는 여러 분야들도 잘 알아야 하기 때문에 다양한 지식들을 새롭게 습득할 필요가 있다.

1.1 인공지능 시대

우리는 지금 4차 산업혁명 시대에 살고 있다. 4차 산업혁명의 핵심은 인공지능과 초연결이므로 우리는 인공지능으로 연결된 시대에 살고 있다고 할 수 있다. 인류의 역사를 먹고 사는 문제를 중심으로 분류하는 것을 산업혁명의 역사라고 할 수 있다. [그림 1.2]와 같이 인류는 생존의 기본적인 도구를 석기로 하는 석기 시대에서 출발하여 청동기 시대, 철기 시대, 기계 시대, 전기(화학) 시대, 컴퓨터 시대를 거쳐서 인공지능 시대로 진보하고 있다. 이 과정에서 새로운 기술에 앞선 자들은 지배층이 되었고 그렇지 못한 자들은 피지배층이 되었다. 제철

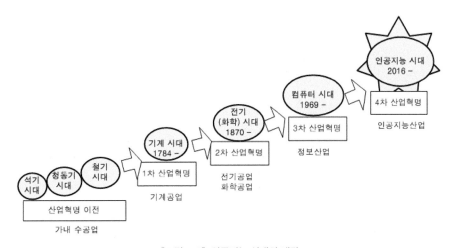

[그림 1.2] 인공지능 시대의 개막

기술에서 앞선 스키타이 민족이 청동기를 사용하는 제 민족들을 제압하였듯이 산업혁명에 먼저 성공한 국가들이 선진국이 되어 다른 나라들을 식민지로 지배하였다. 따라서 인공지능 기술에서 앞선 나라들이 앞으로도 세계를 지배하는 선진국이 될 것이다.

인공지능 시대가 열린 것은 지난 역사의 어느 혁명보다도 광범위하고 심층적인 혁명이라고 할 수 있다. 그 이유는 인공지능이 기존의 모든 문명과 문화와 융합하면서 전 분야에 강한 영향을 주고 있기 때문이다. 지금까지 인류가 발전 시켜온 모든 혁신들은 대개 그 분야에만 큰 영향을 주고 다른 분야에 주는 영향은 작았다. 그러나 인공지능은 모든 분야에 적용되기 때문에 인류 사회에 큰 변혁을 가져올 것이다. 따라서 인공지능에 대해 잘 알고 대처해야 우리는 온전하게 시대 변화에 적응할 수 있을 것이다.

[그림 1.2]와 같이 과학기술은 유사 이전부터 오랫동안 단계적으로 발전해왔다. 산업혁명 이전에는 석기 시대, 청동기 시대, 철기 시대를 거치면서 과학기술이 발전되었다. 증기기관과 방적기의 발명으로 시작되는 1차 산업혁명은 기계 시대를 열고 교통산업과 면직물 산업을 발전시켰다. 내연기관을 기반으로 하는 2차 산업혁명은 전기와 화학 시대를 열고 전기공업과 화학공업을 발전시켰다. 전자산업으로 시작되는 3차 산업혁명은 컴퓨터 시대를 열고 정보산업을 발전시켰다. 소프트웨어로 시작되는 4차 산업혁명에서는 인공지능 산업이 발전하고 있다. 인류가 지금까지 개발해온 모든 산업들이 인공지능과 융합하여 새로운 산업으로 탈바꿈하고 있다. 따라서 앞으로는 인공지능을 선점하는 것이 국가의 미래를 결정할 것으로 본다.

1.1.1 인공지능 개념의 변화

인공지능은 1950년대 컴퓨터 초창기부터 시작되었다. 그러나 초기에 의미했던 인공지능은 시간이 지나감에 따라 점차 다른 개념으로 바뀌어 갔다. 초기에는 컴퓨터의 가능성에 무한한 기대를 갖고 인간을 추월하는 지능을 가진 인공지능이 출현할 것을 예상하였으나 여러 차례의 실망과 기대를 거쳐 오늘에 이르렀다. 인공지능 학계에서는 1950년대 이래 많은 연구가 진행되었지만 일반 사회에서는 컴퓨터조차 보급되지 않은 상황이었으므로 인공지능에 대한 개념과 이해가 전혀 없었다. [표 1.1]은 인공지능 개념이 일반인들에게 시대적으로 소개된 현황을 보여준다.

1980년대에는 개인용 컴퓨터가 보급되어 컴퓨터에 대한 이해가 높아진 상황이 되었다. 이때 전자회사들이 가전제품을 고급화하면서 인공지능이라는 용어를 처음 사용하기 시작했다. '인공지능 세탁기', '인공지능 에어컨'이라는 말이 유행어가 될 정도였다. 세탁물의 양과 종류에 따라서 세탁 방법을 스스로 알아서 결정하고 실행하는 것을 인공지능이라고 주장하였다. 그러나 이것은 제어공학이나 시스템공학이라는 이름으로 이미 학계와 업계에서 활용되고 있는 분야였다. 다만 인공지능이라는 새로운 단어를 사용하여 영업에 활용했을 뿐이었다.

[표 1.1] 인공지능 개념의 시대적 구분

구분	개념	내역
1980년대	자동제어	전자제품 자동화: 세탁기, 청소기, 에어컨
1990년대	지식기반	전문가 시스템, 퍼즐 프로그램, 대화 프로그램
2010년대	기계학습	검색 엔진, 영상인식, 빅데이터 기반 학습
2020년대	심층학습	특징에 의한 학습: 음성인식, 문서분류, 대화 서비스 등

1990년대에 웹이 보급된 것과 때를 맞추어 인터넷으로 적절한 판단을 하기 위하여 추론이나 탐색을 활용하기 시작하였다. 규칙과 지식을 활용하기 위하여 전문가 시스템(expert system)이 소개되었다. 일반인들도 의료계나 법조계에 전문가 시스템이 곧 도입될 것이라고 예상하였다. MYCIN과 같은 전문가 시스템은 지식베이스를 활용하여 환자의 상태를 입력하면 적절한 처방을 내주는 것으로 유명하다. 사용자의 질문에 간단하게 대답하는 챗봇(chatting robot) ELIZA[1]가 소개되었다.

2010년대에는 웹이 많이 보급된 상태에서 기계학습이 검색에 활용되었고 빅데이터가 인공지능에 활용되기 시작하였다. 기계학습(ML, machine learning)은 표본이 되는 자료를 바탕으로 규칙이나 지식을 스스로 학습하는 것이다. 수많은 신문 기사들이 입력되었을 때 각 문서들을 대표하는 키워드들을 특징 벡터(feature vector)로 만들어 저장하고, 특징 벡터를 기준으로 문서를 분류하고 검색한다. 이 기술은 오래전부터 패턴 인식(pattern recognition)이라는 이름으로 개발되어 왔다. 패턴 인식으로 손 글씨를 인식하는 기술이 대표적이다.

---

1 ELIZA: 1966년 MIT 지능연구소의 Joseph Weisenbaum가 개발한 대화형 자연어 프로그램. 심리치료사인 ELIZA를 찾아온 환자를 사용자로 설정하여 간단한 대화를 하도록 만들었다. 사용자들이 컴퓨터 프로그램임을 알아차리지 못하여 튜링 테스트에 통과한 최초의 프로그램이다.

2020년대에는 딥러닝(deep learning)이 도입되어 인공지능이 스스로 특징을 만들어내고, 특징을 이용하여 자료를 분류하고, 검색하는 기능을 사용한다. 이것은 투자관리, 인사관리, 기상관리, 작물관리 등 다양한 자료를 입력하여 복잡한 처리 과정을 수행하여 문제를 해결하는 기능을 수행할 수 있다. 영상 인식과 음성 인식이 정밀하게 처리되어 챗봇과 전자상거래, 홈쇼핑 등에 활용되었다. 이때 인식하고 검색하는데 사용되는 것이 특징(feature)이다. 비슷비슷한 수많은 자료에서 사용자가 원하는 것을 찾아내고 인식하기 위하여 사용하는 것이 그 대상을 가장 잘 표시할 수 있는 특징을 이용하는 것이다. 음성에서는 특정 주파수가 특징이 될 수 있고 , 영상에서는 어떤 색이나 질감이나 형상이 특징이 될 수 있으며, 문서에서는 특정한 단어들이 특징이 될 수 있다. 특징들을 여러 개 합하여 특징 벡터를 만들어서 사용하면 인식이나 검색 효과가 높아진다.

이상과 같이 인공지능의 개념은 시대와 기술 변천에 따라 달라지고 있다. 새로운 기술이 도입되어 활성화되면 인공지능 개념은 다시 바뀐다. 따라서 인공지능의 정의도 시대에 따라 달라지고 사용 방식도 달라진다.

1.2 지능과 융합

4차 산업혁명의 핵심은 초연결과 초지능으로 특징지을 수 있다. 초연결은 초고속 통신망의 발전으로 소통이 지구적 차원에서 신속하게 이루어지는 것이고, 초지능은 인공지능 기술이 더욱 발전하여 기계가 인간처럼 생각하고 행동하는 것을 말한다. 인공지능이 고도로 발전하면 인간의 지능을 뛰어넘을 수 있다는 주장이 있다. 이 시점을 특이점(singularity)이라고 한다. 특이점이 오면 기계가 인간을 지배할 것이라는 우려가 있다. 과연 특이점은 언제 올 것인가? 머지않아 특이점이 온다면 우리는 어떤 준비를 해야 하는가? 인공지능은 인간의 지능을 물리적인 기계와 융합한 것이다. 인공지능에 대한 이해를 돕기 위하여 지능과 융합의 개념부터 살펴본다.

1.2.1 지능

인간을 동물과 구별하여 만물의 영장이라고 하는 이유는 인간에게 지능이 있기 때문이다. 인간은 높은 지능이 있기 때문에 문명과 문화를 이루었다고 자부한다. 인간의 존재를 가장 빛내주는 인간의 지능이란 과연 무엇인가? 인간의 지능을 정의한 학자와 그들의 정의는 무수히 많지만 대표적인 것들은 [표 1.2]와 같다.

[표 1.2] 인간 지능의 정의

구분	정의
1	문제를 해결하기 위하여 합리적으로 사고하는 능력
2	정보를 지각하고 사유하고 추론하고 판단하고 자신을 통제하는 능력.
3	새로운 상황에서 그 의미를 이해하고 합리적인 적응 방법을 찾아내는 능력
4	추상적 사상을 다루고 합리적으로 사고하고 문제를 해결하는 능력
5	생명체가 마주치는 수많은 도전과 문제점들을 해결하는 능력

이 정의들의 공통점은 문제를 해결하는 능력, 추론하거나 사고하는 능력, 판단하고 통제하는 능력 등이다. 이들을 간단히 정리하면 지능이란 문제를 해결하기 위해서 사고하고 통제하는 능력이라고 할 수 있다.

[그림 1.3]에서는 여러 지능 정의들 중에서 구성 요소들을 기준으로 지능이 수행하는 대표적 기능들이다. 지각, 기억/상기, 학습, 추론 등의 기능을 합하여 인지력(認知力, perceptivity)이라고 한다. 즉 인지력은 두뇌가 정보를 습득하여, 저장하고, 인출하고, 내용을 파악하는 능력이다. 문제해결은 인지력을 기반으로 종합적으로 문제를 해결하도록 판단하는 능력으로 통찰력(洞察力, insight)이라고도 한다. 인지력과 통찰력은 서로 다를 수 있다. 즉 인지력이 높지만 통찰력은 낮을 수도 있고 높을 수도 있다. [표 1.3]에서는 지능의 각 요소들의 기능을 설명하였다. 이들 기능의 핵심은 인간이 사물을 지각하고, 기억하거나 상기하며, 학습하고, 추론하며, 문제를 해결하는 정보처리 절차를 반복한다는 점이다. 이 정보처리 절차는 컴퓨터가 수행하는 절차와 유사하다. 또한 이들 지능의 능력들은 두뇌에서 동작한다. 두뇌는 신경세포들이 천 억 개가 모여서 이루어진 신경조직이다. 두뇌는 외부 정보를 직접 접근하고 다룰 수는 없으므로 감각기관을 이용하여 정보를 접근하고 문제점들을 파악하고 대처를 하는 중추기관이다. 지능은 두뇌에 자리하면서 필요에 따라서 신속하게 필요한 기능들을 선택적으로 수행한다.

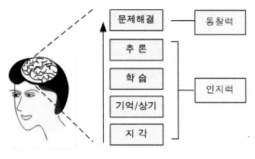

[그림 1.3] 지능의 구성

[표 1.3] 지능의 구성과 내용

지능		내 용
1	지각	감각기관이 외부의 정보를 받아들이는 일
2	기억/상기	내부와 외부에서 발생된 정보를 저장하고 사용하는 일
3	학습	경험이나 훈련을 통하여 지속되는 행동의 변화
4	추론	기존의 정보를 근거로 새로운 정보를 만드는 기능
5	문제해결	문제가 요구하는 해답을 만드는 능력

(1) 지각

지각(perception)이란 생명체가 감각기관을 통하여 외부의 정보를 받아들이는 일이다. 외부 정보를 신속하고 정확하게 받아들이는 일은 생존에 매우 중요하다. 과거에는 눈, 코, 귀 등이 매우 중요한 감각 기관이므로 중요시 되었다. 지금은 안경, 망원경, 적외선 안경, X-선, 청음기 등이 발달되어 인간의 지각 능력을 대폭 올려주고 있다. 지각은 감각기관을 통하여 정보를 들여오고, 뇌에서는 변연계가 지각에 의한 정보로 감정을 느끼고, 신피질이 이성적으로 판단을 수행한다. 따라서 지각은 원시 자료를 생성하는 역할을 수행하는 기관이다.

(2) 기억/상기

기억이란 생명체의 내부와 외부에서 발생하는 정보를 저장해서 필요할 때 사용하기 위해 제공하는 저장 기능이다. 상기는 저장된 정보를 다시 두뇌에 의식 수준으로 떠오르게 하는 기능이다. 기억력이 좋다는 것은 정보를 많이 저장하고 상기하는 능력이 정확하고 빠르다는 것을 의미한다. 중요한 정보일수록 오랫동안 기억하는 것이 생존에 매우 유리하다.

병아리들은 오랫동안 양계장에서만 수천 수백 세대를 살아왔기 때문에 맹금류를 볼 기회가 없을 것이다. 그러나 양계장에 있는 병아리들에게 맹금류의 날개 그림자만 보여줘도 병아리들은 놀라서 난리가 난다. 뱀을 본적이 없는 도시에서 자란 아이들이 산에 갔다가 뱀을 만나면 몹시 무서워하는 경우가 있다. 이들은 독수리나 뱀을 본 적이 없는데도 불구하고 처음 보는 동물을 보고 놀라는 이유는 무엇일까?

생존에 매우 중요한 정보는 부모가 자식에게 유전의 형태로 물려주기 때문이다. 그만큼 기억/상기 능력은 중요하다. 그러나 사람에게는 정보를 저장할 수 있는 보조 수단으로 책, 공책, 메모장 등이 있으며 컴퓨터의 대용량 정보저장장치를 갖추고 있다. 따라서 정보처리 능력이 더 중시되고 기억력의 중요성이 점차 퇴색하고 있다.

(3) 학습

아기들이 태어나서 엄마에게 처음 배우는 것은 무엇일까?

첫째 먹을 수 있는 것과 먹을 수 없는 것을 분류하는 것이다.
둘째 위험한 것과 위험하지 않은 것을 분류하는 것이다.

학습이란 경험이나 훈련에 의하여 얻어지는 비교적 지속되는 행동의 변화이다. 모든 동물들은 태어나면 어미로부터 음식을 분류하는 방법부터 배워야 굶주리지 않고 성장할 수 있고, 포식자를 구별할 수 있어야 남의 먹이가 되지 않는다. 동물들이 학습을 할 수 있는 능력은 귀중한 정보를 기억할 수 있고 필요할 때 정보를 상기하여 빠르게 판단할 수 있는 뇌가 있기 때문이다. 더 많은 정보를 기억하고 더 빨리 더 정교하게 판단할 수 있는 뇌가 있는 동물이 생존 경쟁력이 높을 것이다. 경쟁력이란 학습 능력이 뛰어난 것이라고 할 수 있다. 학습을 잘하기 위해서는 지각과 기억/상기 능력이 뒷받침되어야 한다.

(4) 추론

추론(推論, inference)이란 기존 정보로부터 새로운 정보를 만들어내는 능력이다. 다시 말하면 이미 알려진 정보를 근거로 다른 판단을 이끌어 내는 과정이다. 추론에는 크게 귀납법, 연역법, 유추법 등으로 구분된다.

귀납법(induction)은 여러 가지 사실들로부터 일반적인 결론을 이끌어내는 방법이다. 귀납법은 특수한 사실들로부터 일반적인 원리를 만들기 때문에 연역법만큼 논리적이지는 못하다.

연역법(deduction)은 일반적인 사실이나 원리를 전제로 하여 개별적인 결론을 도출하는 추론 방식이다. 가장 널리 알려진 추론 방식으로 3단 논법이 대표적이다. 3단 논법이란 A는 B와 같고, B가 C와 같다면, A는 C와 같다는 논리다.

유추법(inference)은 두 개의 사물이 여러 면에서 비슷하다는 것을 근거로 다른 속성도 유사할 것이라고 결론을 도출하는 방식이다. 법률에 명시되지 않은 상황이 발생했을 때 가장 비슷한 법률을 적용하는 것이 대표적이다.

추론 기능이 뛰어나면 새로운 지식을 많이 만들어 낼 수 있다. 지식인이란 추론 기능이 뛰어나서 새로운 정보를 잘 만드는 사람을 말한다. 추론을 잘하기 위해서는 지각, 기억/상기, 학습 능력이 뒷받침 되어야 한다.

(5) 문제 해결

문제 해결(problem solving)은 원래 철학적인 주제였다. 인생은 '문제를 해결하는 연속적인 과정'이라는 말이 있다. 인생은 항상 문제가 주어지고, 문제를 해결하면 다시 새로운 문제가 주어지는 것이 반복된다. 문제를 해결하려면 정보를 처리하는 과정이 필요하다. 정보처리는 지각, 기억/상기, 학습, 추론 과정을 거쳐 의사결정을 하는 과정이다. 문제 해결은 정보처리에서 마지막 종합적인 판단에 해당하므로 통찰력(洞察力, insight)이라고 한다. 모든 정보처리는 문제 해결을 위한 과정이다.

문제 해결은 현실 문제를 해결하기 위해 정보를 처리하는 인지심리학(cognitive psychology)의 한 영역이다. [그림 1.4]와 같이 두뇌에서 마음이 실행되는 절차는 컴퓨터에서 정보를 처리하는 절차와 유사하다. 차이가 있다면 두뇌에서는 마음이 학습과 추론을 거쳐서 문제를 해결하고, 컴퓨터에서는 프로그램이 자료를 읽고 메모리와 처리기를 이용하여 문제를 해결한다. 이런 이유로 인지심리학에서는 인간의 마음을 컴퓨터 프로그램이라고 정의한다. 인간의 마음과 프로그램의 기능이 유사하기 때문이다. 인간의 지능이 결과적으로 나타나는 것은 문제 해결 능력이다.

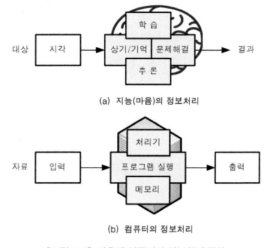

[그림 1.4] 마음과 컴퓨터의 정보처리 절차

많은 사람들이 해결하지 못한 문제를 A라는 사람이 해결했다고 하면, A의 문제 해결 능력이 다른 사람들보다 우수하다고 볼 수 있다. 자신의 문제와 외부 정보를 잘 지각할 수 있고, 기억도 잘하고 상기도 잘하고, 새로운 지식을 학습할 수 있고, 이를 기반으로 새로운 정보를 잘 추론해낼 수 있다면 결과적으로 문제 해결 능력이 우수한 것이다. 문제 해결 능력을 높이기 위해서는 앞에서의 지능 요소들의 능력을 모두 높여야 한다. 문제 해결 능력은 인간의 가장 높은 수준의 판단 능력으로 두뇌의 신피질이 관장하는 영역이다. 문제 해결 능력은 인간이 가질 수 있는 최고의 지적 능력이다.

1.2.2 융합

우리나라는 선진국에 비해 학문이 매우 세분화되어 있다. 예를 들어, 대학의 컴퓨터 분야에는 수 십 개의 학과가 비슷한 이름으로 세분화된 전공을 가르치고 있다. 전자공학, 화학공학, 예술 등의 분야에서도 다수의 학과로 전공이 세분화되어 있다. 외국에서는 하나의 학과 이름으로 여러 전공들이 구성된 반면에 한국에서는 학과들이 다양한 이름으로 세분화되어 있다. 학과들이 세분화되었기 때문에 교과과정도 상당히 세분화되어 있다. 교과과정이 세분화되었다는 것은 학문이 매우 전문화되었다는 것을 의미한다. 그러나 학부 과정에서는 기초를 쌓는 것이 중요해서 학문이 전문화될 수 없기 때문에 교육 운영상 어려운 점이 많을 수밖에 없다. 학문의 발전을 생각할 때 좋은 일이 아니다.

개인이 공부하는 방법도 동료들과 교류하는 것에 따라 그 성과에 매우 큰 차이가 있다. 이스라엘 학생들은 도서관(예시바)에서 그룹으로 모여서 [그림 1.5](a)와 같이 시끄럽게 떠들면서 공부하는 것과 달리 한국 학생들은 (b)와 같이 도서관 칸막이 사이에서 조용하게 혼자 공부하는 것이 매우 대조적이다. 학생들이 서로 떠들고 질문하고 답변하면서 공부를 하는 것은 서로의 지식을 분석하고 공유하고 융합하는 과정이다. 나의 생각을 동료들에게 표현하고 평가 받고 다른 학생의 주장을 듣는 과정에서, 많은 정보가 교류되고 사고의 깊이를 더해준다. 선진국 대학의 도서관에는 여러 명의 학생들이 모여서 토론할 수 있는 유리벽으로 된 방들이 많이 구비되어 있다.

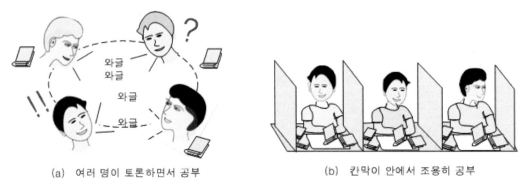

(a) 여러 명이 토론하면서 공부   (b) 칸막이 안에서 조용히 공부

[그림 1.5] 시끄러운 공부와 조용한 공부

토론은 학문을 증진하고 융합을 하기 위한 좋은 방법이다. 한국 학생들의 고독한 공부와 외국 학생들의 시끄러운 토론 공부법은 너무 대조적이다. 학생들과 강사의 자유로운 토론과 대화는 교육 효과를 높여 준다. 신분과 남녀노소 가리지 않고 의견을 교환하고 공유하고 토론하는 것은 서로를 존중하는 민주 사회의 기본 역량이다. 한국 사회가 시급하게 극복해야할 생활양식이며 학습 방식이다.

(1) 융합의 종류

융합(convergence)은 물리적인 연결부터 화학적인 결합까지 다양한 수준의 결합을 포함하고 있다. 간단한 융합에서 복잡한 융합까지 크기와 상세한 정도가 매우 다양하다. 가장 간단한 융합의 실례는 지우개가 달린 연필이다. 연필 끝에 지우개를 부착한 것이지만 사용자들에게는 매우 큰 도움을 주었다. 가장 복잡한 융합 중의 하나가 스마트폰이다. 스마트 폰에는 무선 전화기와 사진기, 컴퓨터와 인터넷과 길 찾기 서비스와 금융 서비스와 관광 서비스와 온 갖 엔터테인먼트들이 융합되어 있다. 너무 복잡하고 정교한 기계이기 때문에 이것을 만들어서 공급하는 회사를 가진 나라들은 별로 많지 않다. 예를 들어, 일본 같은 선진국도 스마트폰을 제대로 만들지 못하여 외국 기술을 수입해서 사용하고 있다.

[표 1.4] 융합의 종류

구분	명칭	내역	실례
통합	묶음(번들)	동일한 상품의 물리적인 묶음	계란, 라면, 형광등
	결합	다른 상품을 물리적으로 연결	지우개 연필, 모페드
	패키지	상이한 상품을 묶어서 판매	여행권(항공+호텔+관광 등)
융합	퓨전	상반되는 개념을 결합	동서양 음식과 의복, 고전과 현대식 영화
	하이브리드	독립된 기능의 제품을 결합	복합기(복사기+팩시밀리)
	융합	다른 개념의 상품을 화학적으로 결합	스마트폰(전화+컴퓨터+인터넷+금융+길 찾기,,,,)

[표 1.4]에서 계란 묶음은 통합이라고 말하기 어려울 정도로 단순하지만 모페드는 자전거에 엔진을 연결하여 자전거 역할도 하고 오토바이 역할도 하는 간단한 융합의 사례이다. 여행 패키지는 항공권, 호텔 숙박권, 차량 이용권, 특정 관광 명소의 관람권 등을 모두 포함하였으므로 국제적인 비즈니스가 포함된 융합이다. 동서양의 음식을 모두 반영한 퓨전 음식은 물리적인 것 보다는 오히려 문화적으로 융합된 제품이라고 볼 수 있다. 동양과 서양 의복의 개념이 통합된 의복도 퓨전이라고 할 수 있다. 하이브리드는 독립된 기능의 제품을 공간을 줄이기 위한 목적으로 결합했기 때문에 이 용어를 사용하기도 한다. 가장 확실하게 융합된 제품은 역시 스마트폰이라고 할 수 있다. 스마트폰에는 컴퓨터가 들어있기 때문에 컴퓨터가 할 수 있는 모든 기능과 서비스들을 제공할 수 있다. 전혀 다른 제품이나 기능들을 하나의 제품 안에 결합시켜서 다시 분리할 수 없는 형태로 만든 것이므로 완벽한 융합이라고 할 수 있다. 이렇게 보았을 때 묶음(번들), 결합, 패키지 등은 단순한 통합으로 볼 수 있고 퓨전, 하이브리드, 융합 등은 상대적으로 확실한 융합이라고 볼 수 있다.

(2) 융합의 전제와 목표

융합은 목적이 아니라 수단이다. 산업화를 하기 위해서는 기초 학문과 기술이 잘 갖추어져야 하고 더 발전하기 위해서는 융합이 필요하다. 어느 수준 이상으로 발전한 분야에서는 더 이상 발전하는 것이 어렵다. 다른 학문, 기술, 문화들과 융합해야 새로운 발전을 기대할 수 있다.

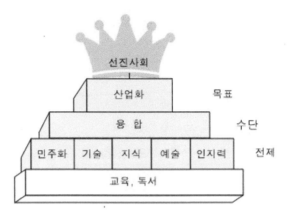

[그림 1.6] 융합의 전제와 목표

융합을 잘하기 위해서는 [그림 1.6]과 같이 전제가 있고, 융합을 추진하는 목표가 있다. 융합을 위한 전제들은 다음과 같다.

첫째, 융합을 할 수 있도록 각 분야의 지식과 기술과 예술이 성숙되어야 한다. 즉, 개별 분야의 지식과 기술과 예술 기반이 튼튼해야 한다. 지식은 학문을 뒷받침하는 이론이고, 기술과 예술은 실천이다. 기술은 삶을 위해 인공물을 만드는 능력이고, 예술은 삶을 기쁘게 하는 행위와 결과물이다. 기술 없는 예술은 공허하고, 예술 없는 기술은 삭막하고, 이론 없는 기술은 뿌리가 흔들린다. 기술이 예술과 만나지 않으면 제품의 상품성이 떨어진다. 지식 기반이 튼튼하기 위해서는 교육과 함께 독서가 뒷받침되어야 한다. 선진국일수록 국민들의 독서량이 많다.

둘째, 융합을 하려면 다양한 분야의 사람들이 대화를 하고 소통을 해야 한다. 대화와 소통을 잘하기 위해서는 민주화가 선행되어야 한다. 남녀, 노소, 지연, 학연, 혈연, 권력, 경제력 등에 관계없이 모두 동등한 자격으로 자유롭게 대화를 할 수 있어야 한다. 강력한 독재국가들이 오래가지 못하는 것은 사람들 간에 소통이 안 되어 융합에 의한 승수 효과를 못 누리기 때문이다.

셋째, 인지력은 정보력과 분석력 등을 포함하여 여러 분야의 학문과 기술을 융합하는 능력이다. 각 분야를 충분히 이해하고 종합하고 융합하기 위해서 최종적으로 필요한 것은 통찰력이다. 인지력은 정보력과 분석력과 통찰력 등을 종합한 지혜와 같은 능력이다. 지식 기반이 충분하고 민주화가 되어도 구성원들의 지혜가 부족하면 융합이 어려울 수 있다.

넷째, 교육과 독서는 민주화, 기술, 지식, 예술, 인지력 등을 지속하고 향상시켜주는 수단이다. 교육은 기본적으로 가정교육, 학교 교육, 자기 교육으로 구성된다. 이들 교육이 효과를 보기 위해서는 전 국민의 독서가 중요하다. 교육이 타의적이라면 독서는 자의적이다. 선진국들의 공통적인 특징은 국민들의 독서량이 많다는 사실이다. 교육이야말로 사회를 지탱하고 발전시키는 기반이다. 산업화를 강력하게 추진하면서도 선진국이 되지 못한 나라들의 공통점은 바로 교육 부실에 있다. 이것을 중진국 함정의 주요 원인이라고 한다.

융합의 목표는 산업화와 산업혁명이고 산업화의 목표는 선진사회다. 산업화는 경제력을 향상시켜 정치혁명을 불러오고, 정치혁명은 문화혁명을 불러와서 선진사회에 이르게 하는 시작점이다. 융합의 대상은 지식과 기술과 예술이고 민주화와 인지력은 융합의 수단이다. 산업혁명은 융합의 목표이고, 선진사회는 융합의 최종 목표이다. 융합은 전제를 기반으로 목표를 달성하기 위한 방법이다. 선진사회를 융합의 목표로 삼는 것은 국민이 잘 살고 외세의 간섭에서 자유롭기 위해서이다.

1.3 인공지능

인공지능이란 기계가 인간처럼 생각하고 행동하는 것이므로 인간의 지능과 기계가 융합하는 것이다. 융합하는 방법은 [그림 1.7]과 같이 세 가지 절차가 필요하다.

첫째, 개별 기계장치들을 제어할 수 있는 기계 제어장치를 만든다.

둘째, 기계장치들을 구동할 수 있는 기계 동작 수준의 제어 서비스 프로그램을 설치한다. 이 서비스 프로그램은 응용 프로그램을 구동할 수 있어야 한다.

셋째, 인간의 생각을 구현하는 인공지능 프로그램을 개발한다.

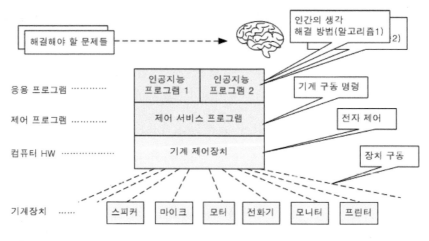

[그림 1.7] 인공지능 시스템의 구성

여기서 기계 제어장치와 제어 서비스 프로그램은 시스템 제작회사에서 제공한다. 이들 모듈들이 준비되면 기계에 서비스 프로그램과 응용 프로그램을 설치하고 구동하는 방식이다. 따라서 인간의 지능과 기계의 융합은 컴퓨터를 매개로 완성할 수 있다. [그림 1.7]에서 해결해야 할 문제들이 주어지면 인공지능 프로그래머는 사고력을 동원하여 문제를 해결할 수 있는 알고리즘[2]을 만든다. 알고리즘은 문제 해결을 위해 입력에서 출력을 유도하기 위한 처리 절차(규칙)이다. 알고리즘을 실행하기 위하여 컴퓨터 언어로 명령어들의 집합으로 만든 것이 프로그램이다. 프로그램을 컴퓨터에서 실행하면 기계장치들이 동작하여 인간의 생각을 구현하여 문제를 해결한다.

인공지능이란 [그림 1.8]과 같이 인간의 생각(지능)을 기계에서 동작하도록 구현하는 프로그래밍 기술이다. 이를 위해서 인공지능은 대규모 자료를 기반으로 인공 신경망을 이용하여 스스로 학습해서 인간이 원하는 결과를 만들어주는 프로그램으로 구현된다. 인간의 마음이 기계에서 동작하기 위해서는 프로그램의 형태로 변환되어야 한다. 기계에서 인간의 지능이 스스로 잘 동작한다면 인간에게 주는 편리함과 이익이 매우 클 것이다. 위험한 일을 하는 곳에 무인 인공지능 기계를 설치하면 위험을 피할 수 있을 뿐 아니라 인간보다 높은 효율로 인하여 생산성도 높일 수 있다.

---

2   algorithm: 아랍의 수학자 Muḥammad ibn Musā al-Khwārazmi(780~850)가 집필한 대수학의 업적을 기리기 위해서 그의 이름을 따라 만든 용어. 문제를 해결하기 위한 절차나 방법을 의미.

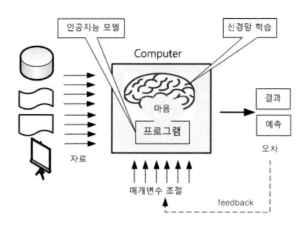

[그림 1.8] 인공지능 시스템의 운영

인공지능 시스템이란 여러 가지 자료들을 입력하고, 상황에 따라서 다양한 매개변수들을 조절하여 특정한 결과를 생성하는 컴퓨터 예측 모델이다. 예를 들어, 온도, 습도, 미세먼지, 실업률, 경제성장율, 물가 상승률, 임금 지수 등의 자료 값에 따라서 범죄율이 결정된다고 가정하자. 그러면 이들 자료 값에 따라서 특정 시기에 특정 범죄가 발생할 수 있는 범죄율을 예상할 수 있다. 이 자료 값으로부터 범죄율을 예측하려면 복잡한 계산식을 만들어야 한다. 이 계산식이 바로 인공지능 모델이다. 따라서 인공지능은 수학을 기반으로 한다.

인공지능을 달리 말하면 시스템에 영향을 주는 많은 자료들을 입력하여 스스로 자료에 대한 학습을 하고, 필요한 결과를 얻기 위하여 복잡한 계산식을 만들고, 신경망의 각 단계마다 매개변수 값들을 조절하여 목적을 달성하는 시스템이다. 예를 들어 기상 예보 인공지능 시스템이라면 기상예보 모델은 변경하지 않고 매개변수인 기온, 기압, 풍속, 오존 농도 등 다양한 환경 요소들만 조금씩 변경하여 원하는 결과를 얻는 것이다.

4차 산업혁명에서는 모든 산업들이 인공지능과 융합을 통하여 발전할 것이기 때문에 인공지능이 더욱 중요하다. 국제 경쟁에서 살아남기 위해서는 산업혁명에 성공해야 하고, 산업혁명이 성공하려면 인공지능이 뒷받침해주어야 한다.

1.3.1 인공지능 정의

인공지능의 정의에는 다양한 의견들이 있고, 세계적으로 공통된 견해는 없다고 본다. 그 이유는 이 분야가 너무 빨리 변화하므로 확고한 정의를 내리기 어렵기 때문이다. 그러나 지금까지의 견해를 정리해 보면 [표 1.5]와 같다.

[표 1.5] 인공지능의 정의

구분	정의
1	기계가 인간처럼 생각하고 행동하는 기술
2	인간처럼 생각하고 판단하는 컴퓨터 프로그램
3	인간처럼 기계 스스로 추론, 학습, 판단하면서 작업하는 시스템
4	인간의 학습, 추론, 자연언어 이해 능력 등을 프로그램으로 만드는 기술
5	모델을 생성하는 도구

이와 같은 인공지능에 대한 주요 정의들 중에서 인공지능이 '모델을 생성하는 도구'라는 정의를 살펴본다. 모델이란 어떤 객체를 설명하는 계산식이다. 모델이란 사용자의 요구에 따라 실제를 대신 수행해주는 가상 도구이다.

자율주행 차량의 경우에는 목적지, 주변에 있는 교통 표지판, 교통 신호등, 도로 시설물, 주변 차량과 사람들의 거리와 속도와 방향, 자신의 차량이 달리는 현재 속도와 방향 등 많은 교통 상황 자료들을 입력하면 어느 방향으로 어느 정도의 속도로 얼마만한 거리를 가야하는지를 계산해주는 모델이 필요한데 이 모델이 바로 인공지능이다.

1.3.2 인공지능과 융합

1940년대에 컴퓨터를 발명한 앨런 튜링은 인공지능 시대를 처음으로 예언하였다. 그는 젊은 나이에 인간처럼 사고할 수 있는 기계를 만들 수 있다는 논문을 발표해서 학계에서 많은 주목을 받았지만 그것은 어디까지나 이론에 불과하였다. 그는 수학자였으므로 컴퓨터를 만들기 위하여 물리학자 등 다양한 기술자들의 도움을 받아야 했다.

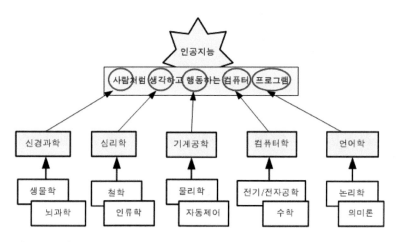

[그림 1.9] 인공지능: 여러 학문들의 융합

[그림 1.9]와 같이 인공지능의 정의를 간단하게 내리면 "사람처럼 생각하고 행동하는 컴퓨터 프로그램"이다. 따라서 사람을 움직이게 하는 신경과학과 뇌과학, 생물학 등이 필요하다. 생각을 하려면 지능을 다루는 심리학과 궁극적인 실체를 연구하는 철학, 인류의 심리 발달을 연구하는 인류학 등이 필요하다. 행동을 이해하기 위해서는 기계공학과 자동제어와 물리학 등이 필요하다. 컴퓨터를 이해하려면 컴퓨터학과 전기/전자공학 그리고 수학 등이 필요하다. 프로그램은 언어로 동작하기 때문에 언어학과 논리학 그리고 의미론 등이 필요하다. 인공지

T·I·P 미국과 일본의 초등학교 인공지능 교육

미국 초등학교 인공지능 교육은 아직 초기 단계다. 그러나 일부 학교에서는 인공지능 개념과 기술을 교과목에 통합하기 시작했다. 일부 학교에서는 인공지능 기반 교육 도구를 사용하여 학생들의 학습 경험을 향상시키고 있다. 또는 학생들에게 컴퓨터 사고력과 문제 해결 능력을 개발하기 위한 시각적 프로그래밍 언어를 사용하여 코딩하는 방법을 가르치고 있다. 또한 일부에서는 학생들이 인공지능의 잠재적인 사회적 영향을 이해하도록 돕기 위해 인공지능 개념과 윤리를 가르치고 있다. 미국은 지역과 학교에 따라서 상당한 차이가 있다.

일본은 초등학교 인공지능 교육을 매우 강조하고 있다. 일본 정부는 2017년부터 인공지능 교육을 초등학교 교과과정에 포함시키는 것을 추진해 왔다. 2020년부터는 인공지능 교육을 의무화하였다. 목적은 학생들이 인공지능 시대에 필요한 기술과 지식을 어려서부터 갖추는 것이다. 교과과정에 기계학습과 자료 분석을 위한 기본 코딩, 로봇 공학 및 인공지능 개념이 포함되었다. 정부는 인공지능을 가르치는 교사를 양성하고 인공지능 교육 자료를 개발하고 있다.

일본은 전국 고등학교와 대학교에서 인공지능 기초교육을 실시하고 있으며, 대학에서는 일반 사회인을 위하여 인공지능 전문 과정을 운영하고 있다.

능은 이들을 모두 기반으로 성장한 학문이므로 이들을 융합해야 인공지능이 성립할 수 있다. 따라서 인공지능은 많은 학문과 기술의 융합을 필요로 한다.

요즈음 세계 각국의 지도자들이 인공지능의 중요성을 강조하고 있다. 국가의 정상급 인사들이 인공지능이 차세대 먹거리라고 강조하면서 교육 방향을 제시하고 인재 양성을 독려하고 있다. 특히 선진국들이 경쟁에서 뒤쳐지지 않으려고 국가적 지원을 늘리고 있다. 우리나라도 시류에 따라 대학에 첨단학과를 설치하고 증원하고 있다. 언론에서 인공지능 소프트웨어 인력이 부족하다고 연일 강조하고 있지만 기업에서 요구하는 기술 수준을 대학이 충족하기는 힘들어 보인다. 기업에서는 기술력이 있는 소프트웨어 인력을 요구하고 있지만 정부와 대학에서는 졸업자 수를 양적으로만 늘리고 있기 때문이다. 기업은 부족한 기술 인력을 해외에서 수입하려고 하지만 오히려 국내 고급 인력이 해외로 유출되는 경우가 많다. 대학 재정 부실과 오랫동안의 등록금 동결과 인플레 등으로 인하여 대학의 교육비가 지속적으로 감소하기 때문에 기술 교육의 질적 향상을 위한 대책이 시급하다.

1.3.3 인공지능의 장점과 단점

인공지능이 발전할수록 장점만 있는 것은 아니므로 단점과 사각지대에 대한 대책도 준비할 필요가 있다.

(1) 인공지능의 장점

인공지능이 발전할수록 인류 사회에 많은 도움이 된다. 모든 산업현장과 가정에서 생산성이 높아진다. 현장에서 조금씩 놓칠 수 있는 오류들이 인공지능에 의하여 확실하게 제거됨에 따라 생산성이 향상되고, 위험도 회피할 수 있다. 금융, 법률, 의료분야의 복잡한 지식을 사용하는 사람들이 판단하고 결정하는데 실수하지 않도록 도움을 줄 수 있다. 너무 지루하고 반복적이거나 인력이 부족한 분야의 일을 획기적으로 개선할 수 있다. 특히 물리적으로 위험한 일을 사람에게 맡기지 않고 인공지능에게 위임할 수 있으므로 인권에도 도움이 된다. 무인 항공기, 차량. 선박, 잠수정, 로봇 등의 등장으로 생명을 아끼고 경비도 줄일 수 있다.

(2) 인공지능의 단점

인공지능이 발전할수록 기존 일자리들이 줄어들어서 기존 사업자와 근로자들의 저항을 불러올 수 있다. 인공지능에 의지하다보면 인간의 능력과 판단이 느려질 수 있다. 스마트폰과 내비게이션을 오래 사용하다보면 전화번호도 기억하지 못하고 내비게이션이 없으면 늘 가던 길도 찾아가기 어려워진다. 인공지능에 의지하다 보면 인공지능에게 의존되고 종속될 수도 있다. 인공지능에 의하여 감시를 받는 상황이 올 수 있다.

(3) 인공지능 격차

컴퓨터에 익숙하지 않은 사람들이 차별을 받고 있다는 불만이 있다. 특히 노인일수록 디지털에 익숙하지 않아서 불이익이 많다고 한다. 인터넷이나 모바일로 가입/이용하면 상품과 서비스를 저렴하게 받을 수 있는데 디지털 기기에 서툴러서 상대적으로 불이익을 받고 있다. 특정 모임에 가입하거나 예매하거나 예약 등 서비스를 받고 싶어도 아예 접근도 하지 못하는 경우가 있다.

1.4 인공지능 적용분야

인공지능은 1950년대에 컴퓨터가 보급되면서 시작된 분야이다. 학자들은 컴퓨터의 높은 정보처리 능력을 이용하여 다양한 분야에 접목을 시도하였다. 처음에는 추론과 탐색으로 특정한 문제를 해결하는 연구를 하다가 다음에는 전문가 시스템으로 실용적인 문제를 해결하다가 기계학습으로 분야가 확장되었다. 이 과정에서 많은 시행착오가 있었으나 주제와 연구 방법을 달리 하면서 연구 분야와 응용분야를 넓혀왔다.

1.4.1 인공지능 연구 분야

인공지능이 시작되면서 많은 분야들이 연구되었으나 대부분 사라지고 지금은 다음과 같이 몇 개의 분야로 집중되고 있다.

(1) 자연어 처리

자연어는 인간이 일상생활을 수행하는데 사용되는 언어이다. 기계가 자연어를 처리하려면 자연어 분석, 자연어 이해, 자연어 생성 등을 할 수 있어야 한다. 사람의 언어 능력은 부모로부터 유전 받기 때문에 자연어를 무의식적으로 사용할 수 있다. 촘스키(Chomsky, Noam)에 따르면 사람은 누구나 보편 문법을 갖고 있으므로 어느 지역에서 태어나느냐에 따라 그 지역 언어를 쉽게 배울 수 있다고 한다. 그러나 인공지능은 그런 선천적인 능력이 없으므로 자연어를 수학적으로 명확하게 표현하고, 다시 인공어로 변환할 수 있어야 자연어 처리를 할 수 있다. 자연어 처리는 인공지능이 자연어를 분석하고 해석하여 의미를 이해함으로써 사람과 정보를 교환하도록 하는 것이다. 기계가 자연어를 능숙하고 자연스럽게 처리할 수 있어야 사람과 대화가 가능하므로 자연어 처리는 인공지능의 주요 연구 분야이다.

음성인식 기술이 향상되면서 음성으로 인식한 대화를 문장으로 만들고 인공지능이 자연어 처리를 하면 사람들은 인공지능과 음성으로 대화할 수 있다. 많은 챗봇(chatbot)들이 음성 인식을 하기 때문에 사람들과 간단한 대화를 나눌 수 있다. 한 언어로 만들어진 문장들을 다른 언어로 바꾸는 번역도 가능하다. 따라서 이메일의 자동분류 기능이나 스팸 처리, 뉴스 기사의 자동 분류, 광고 추천, 챗봇 등은 자연어처리의 대표적인 응용분야이다.

(2) 패턴인식

패턴인식(pattern recognition)이란 사물의 모양이나 형식 등의 특징을 찾아서 인식하는 기술이다. 사물을 식별할 때 가장 많이 사용하는 방법이 특징을 활용하는 것이다. 패턴이란 다른 사물과 구별할 수 있는 양식, 형식, 유형 등의 특징(feature)을 의미하는 것으로 특징의 집합도 된다. 인간과 마찬가지로 기계가 대상을 인식하는 수단도 패턴이다. 대상 사물의 특징을 알면 그 대상이 무엇인지 알 수 있기 때문에 특징이 중요하게 사용된다. 패턴인식은 컴퓨터가 대상이 무엇인지 인식하는 기술이다. 대상에는 문자, 음성, 영상 등 다양하다. 패턴인식은 1970년대부터 발전해온 오래된 기술이다. 손 글씨를 인식하는 것도 패턴인식이다. 패턴인식의 응용분야는 문자, 음성, 영상, 생체, 자연어 문장, 진단, 예측, 보안과 군사 분야 등 다양하다.

1) 컴퓨터 비전

컴퓨터 비전(computer vision)은 인간의 시각적 인식 능력을 컴퓨터가 구현하도록 만드는 패턴인식 기술이다. 목적은 영상이 무엇을 의미하는지 실시간으로 이해하고 표현하고 분석하는 것이다. 영상 처리 장치를 컴퓨터와 조합하여 인간의 시각 능력을 기계에서 재현하려고 하는 기술이다. 수집된 영상 정보를 컴퓨터를 통해 인지, 판단 등을 가능하게 한다. 즉, 컴퓨터에 주어진 영상들을 분석하여 유용한 정보를 추출하는 것이 가능하다. 이것을 차량에 활용하면 실시간 자율주행을 가능하게 한다. 다양한 이미지들을 분류하고 물체를 인식하는 분야에 활용된다.

⑶ 로봇공학

로봇은 사람과 유사한 모습을 가지고 있으며 사람들이 하는 복잡한 일을 스스로 수행하는 기계이다. 따라서 로봇은 컴퓨터로 제어된다. 로봇공학은 로봇의 설계, 구조, 제어, 지능, 운용 등에 대한 기술을 연구한다. 더 나아가 인공지능 로봇은 주변 환경을 감지하고 외부와 상호작용하며 주어진 작업을 스스로 수행하는 기계이다. 로봇에게 임무가 주어지면 임무를 달성하기 위해 스스로 작업 내용과 작업 순서를 계획하고 작업을 실행하여 임무를 달성한다. 로봇에는 제품을 제작하는 산업로봇, 화물을 이동하는 이동로봇, 고르지 않은 장소를 다닐 수 있는 다족 보행 로봇 등이 있다. 로봇이 사람과 같은 일을 하기 위해서는 인간이 가진 추론, 인지, 판단과 같은 기능을 포함해야 하므로 인공지능의 중요 분야이다. 자율주행 차량이나 드론도 일종의 로봇이다.

⑷ 인공 신경망

인공 신경망(ANN, Artificial Neural Network)은 인간 신경 세포의 정보 처리 과정을 모방하여 인간의 뇌와 유사하게 기능하도록 구현한 정보처리 모델이다. 즉, 신경세포들이 연결된 형태를 수학적으로 모방한 모델이다. 전통적인 컴퓨터 방식으로는 해결할 수 없었던 과제가 바로 인간의 학습 능력이다. 그러나 신경망은 인간의 뇌를 모방했으므로 스스로 학습을 할 수 있는 능력을 갖추고 있다. 신경망은 자료로부터 특징을 찾아내고 특징을 이용하여 자료를 분류하고 분석하는 기능이 중요한 학습 수단이다.

인공 신경망을 다시 정의하면 인간 두뇌의 신경망과 유사한 방식으로 스스로 학습할 수 있는 정보처리 알고리즘이다. 지금은 인공지능의 가장 기본이 되는 기계학습의 한 분야이다.

⑸ 빅데이터

빅데이터(Big Data)는 인공지능의 한 분야가 아니지만 인공지능에 필수적으로 사용되는 중요한 분야이다. 빅데이터는 인간의 행동양식을 기록하고 있으므로 이를 통해 미래를 예측하고 판단할 수 있는 근거가 되는 방대한 양의 자료이다. 빅데이터는 기존 방식으로 저장/관리/분석하기 어려울 정도로 큰 규모의 자료이다. 뿐만 아니라 초고속 통신망을 따라 전송되는 웹과 SNS 등 모든 자료들을 포함하고 있기 때문에 실시간으로 신속하게 자료 흐름을 파악할 수 있다. 따라서 전통적인 방식의 소프트웨어로는 저장, 관리, 분석할 수 없으므로 새로운 관리 방식이 요구된다. 빅데이터는 대량의 정형, 비정형 자료로부터 가치를 추출하고 결과를 분석하는 기술이다. 신경망의 핵심은 자료에 있으므로 빅데이터가 잘 구축되었기 때문에 기계학습과 딥러닝 기술이 발전할 수 있었다.

1.4.2 인공지능 응용분야

인공지능은 컴퓨터가 인간이 지니고 있는 학습, 기억, 지각, 추론 능력을 컴퓨터를 통해 모방하고 구현하는 것이다. 컴퓨터는 인공지능으로 스스로 학습하고 판단하며 기업의 업무 자동화를 구현하고 있다. 은행에서는 대출 심사를 인공지능을 통해 진행하고 있고 전자 기업에서는 디스플레이 기기 불량 여부를 인공지능이 직접 검사하고 있다.

인공지능이 가장 필요한 분야는 입력 자료가 많고 변화가 다양하며 이 자료들의 조합이 복잡하여 어떤 결과를 야기하는지 판단하기 어려운 작업들이다. 입력 자료의 수가 적고 변화도 적으며 이들 자료의 조합이 간단하다면 사람들의 노력으로 충분히 해결할 수 있다. 예를 들어, 여름과 가을에 발생하는 태풍이 언제 어디서 발생하여 어느 경로로 지나가며 바람과 비의 수량과 속도가 어느 지역에 어느 만큼의 피해를 주는지를 예측하는 것은 처음부터 쉽지 않은 일이다. 태풍의 경우에도 수많은 자료들이 필요하며 이들 자료들이 수시로 변화하며 서로 복잡한 영향을 주어 결과가 어떻게 나올지 판단하기 힘든 과제이므로 오히려 인공지능 분야에 더 적합한 대상이다. 인공지능은 전보다 더 정교해지고 있으며 인간의 영역을 넘어 무섭게 확장하고 있다.

⑴ 전문가 시스템

전문가 시스템은 전문가들의 지식과 규칙을 체계적으로 컴퓨터에 저장하면 일반인들도 쉽게 전문가들의 지식을 활용하고자 만든 시스템이다. 지금까지 가장 활발하게 활용되는 분야이다.

1) 의료 진단 서비스

의사들의 오랜 진료 경험을 컴퓨터에 잘 저장하면 일반인들도 질의/응답을 통하여 쉽게 의료 인공지능의 도움을 받을 수 있다고 생각한 것이다. 1970년대 스탠포드 대학에서 최초로 만든 MYCIN이 대표적인 의료 전문가 시스템이다. MYCIN은 전문가 수준으로 진단과 처방을 하며, 추론 행위에 대해 사용자에게 설명을 해준다. 그러나 여기에는 지식을 체계적으로 저장하고 검색할 수 있는 기법이 필요하다. 이와 함께 수많은 의료 지식 정보들을 체계적으로 저장해야 하는 어려움이 있다.

⑵ 자율주행

세계 자동차 시장은 석유 엔진 차량에서 전기차로 서서히 전환되고 있다. 전기차가 보급될수록 자동차산업은 큰 변화가 올 것이다. 우선 석유 엔진이 사라지기 때문에 부품의 감소로 인한 부품 산업의 위축과 정비소의 감소가 예상된다. 엔진과 달리 전기 모터는 크게 정비를 필요로 하지 않기 때문이다. 이보다 더 큰 문제는 차량을 컴퓨터가 제어하게 됨으로써 점차 자율주행이 확대될 것이라는 점이다. 차량이 자율주행하기 위해서는 많은 정보를 입수하고 즉시 운전에 반영해야 한다. 차량이 달리면서 마주치는 신호등, 건널목, 앞과 뒤에서 오고 가는 차량들, 도로 곳곳에 설치되어 있는 교통 표지판과 도로 장치물 등을 신속하게 인식하고 조치를 해야 안전 운행을 할 수 있다. 수많은 교통 정보들을 입수하고 즉시로 운전에 반응하기 위해서는 인공지능 기술이 필수적으로 반영되어야 한다. 위험 상황이 발생하면 즉시 상황을 인지하고, 다음 상황을 예측해야 하고, 대응을 해야 하고, 앞으로의 행동 계획을 세우고, 적절한 제어를 해야 하는 고도화된 인공지능이다.

자율주행 기준은 여러 가지가 있으나 대표적인 것이 [표 1.6]과 같이 미국 자동차기술협회 (SAE, Society of Automotive Engineers)가 2016년부터 적용하도록 규정한 것이다. 단계 0, 1, 2까지는 자율주행을 하기 위한 준비 단계로 운전 보조 기능이라고 할 수 있다. 단계 3, 4는 인공지능이 부분적으로 운전을 담당하는 단계이고, 단계 5는 완전한 자율주행 단계이다.

[표 1.6] 자율주행 5단계(SAE)

단계	자율주행	내용
0	자율주행 없음	100% 운전자 조종
1	운전 지원	제동 또는 속도 제어를 지원
2	부분 자동화	제동, 가속, 차선 유지, 차량 간격 유지 등 지원
3	조건부 자율주행	고속도로 등을 제외한 특정 지역에서 운전자 개입 필요
4	고급 자율주행	특정 도로 조건에서 운전자 개입 필요
5	완전 자율주행	운전자 불필요

단계 2까지는 자율주행과 거리가 멀지만 그래도 안전 운행에는 매우 유용한 기능이다. 최근에도 고속도로에서 대형 트럭이나 버스가 앞에 있는 차들을 추돌하는 대형 사고가 나고 있다. 만약 단계 2가 모든 대형 차량에 적용된다면 이런 종류의 대형 사고는 막을 수 있다. 앞차와의 거리를 측정하여 일정 거리 이하가 되면 자동으로 제동장치를 제어하여 사고를 쉽게 막을 수 있기 때문이다. 지금도 이런 기능은 얼마든지 가능하지만 여기에 소요되는 비용이 문제라서 시행을 못하고 있을 뿐이다.

자율주행이 가장 필요한 부분은 유럽이나 미국 같이 장거리 고속도로가 많은 나라들이다. 그 이유는 대형 차량들이 신호등이 없고 규격화된 도로에서 주행하기 때문에 자율주행 효과를 가장 빨리 얻을 수 있기 때문이다. 고속으로 주행하는 대형 차량들이 속도와 거리와 차선을 유지할 수 있으면 안전사고 예방과 운전자 과로를 예방할 수 있다. 미국이나 유럽연합 같은 대륙 국가들에서는 고속도로에서 장거리 운행이 많기 때문에 특히 효과적일 것이다.

(3) 자연어 처리

인공지능이 자연어를 처리하게 되면서 많은 분야가 기계로 대치되고 있다. 인력 부족에 시달리는 수많은 영세/중소기업에서는 고객들을 음성 서비스로 지원하고 있다. 인터넷에는 다양한 언어들이 사용되고 있어서 그동안 장벽으로 인식되었던 외국 사이트들이 자동번역기에 의하여 소통의 장으로 변하고 있다.

T·I·P ChatGPT

ChatGPT는 OpenAI[3]에서 개발한 고급 챗봇이다. ChatGPT는 개발되어 보급된 지 얼마 되지 않았지만 인터넷, 구글의 검색엔진, 애플의 스마트폰 등과 같은 수준의 게임 체인저가 될 것이라고 평가를 받고 있다. ChatGPT와 같은 시스템을 대규모 언어 모델[4]에 기반한 대화형 인공지능 서비스라고 한다. 이것은 기존의 챗봇과 마찬가지로 대화식으로 답변을 해준다. 그러나 기존 챗봇과 달리 높은 지식을 필요로 하는 문제에도 훌륭하게 답변할 뿐만 아니라 사용자 요구에 따라 시와 소설과 연설문, 논문 등을 창작할 수 있기 때문에 저작권 문제를 야기할 정도로 지적인 기능이 뛰어나다.

GPT는 Generative Pre-trained Transformer의 약자로 GPT 구조로 제작되었음을 의미한다. GPT 구조는 방대한 양의 텍스트 데이터에 대해 사전 학습된 일종의 심층 신경망으로, 언어 번역, 질문 답변, 텍스트 완성을 비롯한 다양한 자연어 작업에서 텍스트를 생성할 수 있다. G는 언어 모델을 이용하여 새로운 문장을 생성한다는 의미이고, P는 대규모 자료로부터 사전에 학습을 했다는 뜻이고, T는 인공 신경망 구조를 이용하여 자연어를 처리하는 트랜스퍼 모델을 사용한다는 의미이다. ChatGPT는 대화 맥락에서 사람과 같은 반응을 생성하도록 특별히 설계되었으며, 사람과 같은 대화에 참여할 수 있도록 실제 대화의 대규모 자료에서 훈련되었다.

ChatGPT는 Microsoft사의 Bing 검색엔진에 연결되어 서비스할 계획이라고 한다. 구글과 같은 대형 검색엔진 회사들이 충격을 받았을 뿐만 아니라 [표 1.7]과 같이 수많은 회사에서 챗봇들을 발표하고 개발하고 있다. 인공지능이 앞으로 얼마나 진전을 이룰 것인지 귀추가 주목된다.

[표 1.7] 유명한 챗봇 목록

	이름	회사	내용
소형 도우미	Cotana	MicroSoft	개인 비서용: 일정관리, 음성인식 기반
	Bixby	삼성전자	텍스트와 터치, 음성을 인식하는 가상비서
	Assistant	Google	음악 재생, 예약, 일정 조회, 메시지 전송 등
	Siri	Apple	iOS, iPadOS, watchOS, macOS 용으로 개발
	Alexa	Amazon	가상 비서: 스마트 스피커 및 장치에 사용
대형	ChatGPT	OpenAI	대규모 언어 모델에 기반한 대화형 서비스
	Bard	Google	대규모 언어 모델에 기반한 대화형 서비스

---

3   OpenAI: 2015년 Sam Altman 등이 미국 샌프란시스코에 설립한 인공지능 회사. Microsoft 회사가 2019년부터 대규모로 투자함.

4   Language Model: 문장의 확률을 구하고 더 나아가 단어 연쇄가 나타날 때 그 다음 단어가 나올 확률을 예측하는 것.

1) 챗봇 chatbot

챗봇은 말 그대로 대화(chat)를 하는 로봇(robot) 프로그램이다. 문자나 음성을 이용하여 사용자와 대화를 나누는 인공지능이다. ELIZA는 1966년에 개발된 최초의 챗봇으로 대화를 나누고 싶은 사람들에게 상당한 인기가 있었다. 초기의 챗봇은 문장 구조를 파악하여 반문을 하거나 미리 준비된 대답을 내놓아서 사람들을 놀라게 하였다. 요즈음에는 질문의 의도를 파악하여 미리 준비된 데이터베이스에서 자료를 찾아서 대답을 주기도 한다. 예를 들어, 날씨, 특정 인물, 역사적 사실, 인기가 있는 행사 계획 등에 대해 질문을 하면 친절하게 답변을 해준다. '이루다[5]'는 처음 출시했을 때 사회적인 문제를 야기하였지만 대표적인 인공지능 챗봇이다. 단순한 대화부터 복잡하고 정교한 자연어를 구사하는 챗봇까지 다양하다. ChatGPT는 대통령 연설문도 써주고 시와 소설도 써주고 컴퓨터 프로그램도 작성해준다. 어떤 챗봇은 음악을 작곡하기도 하고, 초기 수준이지만 기계를 설계해주기도 한다.

기업에서는 상품 주문 등의 고객 서비스나 정보 수집 등을 위하여 고객 상담에 활용하는 등 다양한 상업 목적으로 이용한다. 특히 기계학습과 딥러닝으로 다양한 지식을 갖춘 챗봇들은 상상을 초월할 정도로 깊이 있는 대화 능력을 제공한다. 이런 챗봇들은 대화를 할수록 사용자들과의 대화에서 학습한 지식을 활용하므로 점점 대화 능력이 향상된다. 그러나 저속한 대화를 하는 사용자들로 인하여 챗봇이 나쁜 말들을 학습하여 윤리적인 문제를 야기하고 사라진 경우들도 있다. 인공지능이 발전할수록 챗봇의 활용 범위는 더욱 증대될 것이다.

2) 기계 번역/자동 번역

기계 번역 또는 자동 번역이란 인공지능이 자연어로 만든 문장들을 다른 자연어로 바꾸는 작업이다. 전통적인 번역 방식은 단어 사전과 번역 규칙을 이용하는 규칙 기반 기법이 사용되었다. 규칙 기반 기법이 문장들을 번역하기 위해서는 다음과 같이 여러 단계의 작업이 필요하다.

① 번역할 문장을 형태소 단위로 나눈다.
② 형태소를 이용하여 문법적으로 분석한다.

---

5 이루다: 한국 20대 여대생으로 설정된 인공지능 챗봇. 2020년 12월 출시되었으나 혐오 발언과 개인정보 유출 등으로 인하여 한 달도 안 되어 폐기되었다. 그러나 수정한 후에 다시 출시되었다.

③ 특정 언어와 무관한 일반적인 형태의 의미의 망(network)으로 분석된 문장을 만든다.

④ 의미의 망을 다른 언어로 바꾼다.

⑤ 완전하게 새로운 언어의 형태소로 표현한다.

그러나 전통 규칙 기반 기법은 효율과 정확도가 부족하여 사람의 개입이 많이 필요하다. 예를 들어, 다음 문장을 살펴보자.

> I like her cooking.

이 문장은 "나는 그 여자가 요리하는 것을 좋아한다"인지 "나는 그 여자의 요리를 좋아한다"인지 애매하다. 규칙 기반 기법은 중의성이 나타나는 것을 해명하지 못한다. 이런 상황에서 1988년 IBM이 새로운 통계 기법을 도입하였고 1990년대에 구글이 발전시켰다. 새로운 기법은 빅데이터를 이용하는 것으로 방대한 양의 원문과 번역한 기존 자료를 말뭉치(corpus) 단위로 활용하는 통계적 기법이다. 통계적 기법은 원문에 해당하는 기존의 많은 번역문들 중에서 가장 많이 이용된 기록이 있는 대상들을 찾아서 통계적으로 우선순위가 높은 문장들을 선택하는 방식으로 딥러닝 기법으로 학습한 결과를 선정한다. 규칙 기반 기법보다 훨씬 번역의 만족도가 높다.

(4) 의료

의사가 환자를 진찰하고 치료하는 과정에 많은 자료들이 필요하고 이들 자료들을 효과적으로 분석하고 적용하는 것이 또한 중요한 과제이다. 전문가 시스템은 전문가들의 경험과 지식을 참고로 활용하는 것이고, 이 분야는 전문가들이 현장에서 직접 활용하는 시스템이다. 전문가 시스템이 개발되어 한 때 큰 주의를 끌기도 했으나 지금은 더 광범위하게 본격적으로 사용하는 인공지능이 요구되고 있다. 의사는 환자에게 믿음을 주고 환자들의 애로사항을 듣고 적절한 의견을 제공하는 것이 중요한 업무이다. 따라서 인공지능이 의사의 모든 업무를 지원할 수는 없고 오직 객관적인 자료의 분석과 예측을 통하여 환자 진료에 도움을 주는 것이 목적이다.

1) 인공지능 원격진료

전문의가 부족한 원격지에 환자가 발생했을 경우에 원격진료는 매우 중요한 역할을 할 수 있다. 이런 경우에는 X-레이 등 각종 의료장비와 화상 장비가 통신망으로 연결되어 원격지에 있는 전문의에게 자료가 전달될 수 있다. 원격지에서 전문의가 처음 받아보는 영상들을 보고 환자의 상태를 파악하는 것은 쉽지 않다. 영상의 정밀도가 높고 영상 분석 기술이 향상된다면 진찰과 치료에 큰 도움을 줄 수 있다. 선진국에서는 질병에 따라 수많은 영상을 인공지능으로 자동 진단하는 시스템을 개발하여 운용하고 있다. 원격지 의사는 환자의 영상과 함께 직접 문진한 정보를 원격지의 전문의에게 전송한다. 원격지 전문의는 기계학습으로 학습한 데이터베이스를 기반으로 인공지능의 진단 자료를 받고 종합적으로 진단한 다음에 진단 결과를 원격지 의사에게 진료 의견을 제공한다. 딥러닝으로 화상 인식의 정밀도가 향상되면서 X-레이나 CT 등 이미지를 바탕으로 한 진단을 인공지능이 자동으로 내릴 수 있게 되었다. 우리나라에는 크고 작은 섬들이 많이 있어서 모든 분야의 전문의들이 원격지에서 근무하기 어려운 실정이므로 인공지능을 이용한 원격진료는 매우 효과적일 것이다.

(5) 농업

농업은 자연을 상대로 하고 있으므로 다양한 자연 현상들이 매우 복잡하게 얽혀있다. 그러므로 자연의 상황을 잘 파악하는 것이 성공과 실패의 지름길이다. 자연의 온도, 습도, 바람, 대기, 대기 압력, 태양과 달의 운행, 채광 등의 다양한 자료들이 생물의 성장에 복잡한 영향을 주기 때문에 이들의 조합을 보고 농사를 예측하고 대비해야 하므로 인공지능에 매우 적합한 분야이다.

1) 식물공장

식물공장이란 외부와 격리된 폐쇄 공간에서 잘 제어되어 자동화한 농장을 의미한다. 식물공장의 목적은 식물을 효율적으로 대량 생산하기 위한 것이다. 따라서 자연 환경에 의존하지 않고 폐쇄된 공간에서 모든 생육 조건을 인위적으로 제공하고 특정 식물을 자동화된 장치로 길러야 한다. 따라서 온도, 습도, 채광, 바람, 양분의 양, 물주기, 이산화탄소의 농도, 열매 채집 등을 자동화해주어야 하기 때문에 무인 공장의 기능을 필요로 한다. 요즈음 유행하는 무인점포처럼 무인 식물공장을 운영하는 것이 늘어날 것이다. 이것은 농업 인구의 감소에 대한 해결책이 되기도 한다. 그러나 식물이 자연에 노출되지 않기 때문에 질병에 취약하게 되어 철저한 격리가 필요하다. 오염을 막기 위해 흙 대신 수경재배를 하고, 태양광보다 LED 조명 등을 이용해 재배한다. 단, 공장 안에 LED 조명과 관리용 컴퓨터, 로봇 등의 제어장치 등으로 비용이 많이 드는 것이 문제다. 따라서 시금치, 상추와 같은 야채보다는 딸기, 블루베리 등의 고가의 열매를 맺는 작물을 재배하는 것이 효과적이다. 고가의 식물을 효과적으로 재배하기 위해서는 LED 빛의 양과 다양한 색의 주파수, 온도와 습도의 관계 등을 인공지능 기술을 최대한 이용하는 기술이 필요하다.

(6) 어업

자연을 상대로 하는 농업과 마찬가지로 어업도 다양한 자연 현상들이 매우 복잡하게 영향을 주고 있다. 온도, 습도, 바람, 대기뿐만 아니라 해류의 흐름과 염분 농도, 바람의 방향과 세기, 먹이 분포와 이동 등이 모두 어황에 직접 반영되기 때문에 이 자료들을 잘 관리해야 한다. 따라서 어황을 예측하고 대비해야 하므로 어업도 인공지능에 매우 적합한 분야이다. 특히 인력 부족이 심각하기 때문에 원거리에 있는 바다에서 양식을 하는 것은 점점 어려워지고 있다.

1) 어장관리

어선들이 출어하기 위해서는 근해와 원거리 해양의 어장 상태를 예측하고 어로 계획을 수립해야 한다. 지금까지는 어부들의 오랜 경험을 바탕으로 어장을 선택하였지만 앞으로는 인공지능이 다양한 탐지 장비들을 활용하여 심해 조류, 기압, 산소 농도, 플랑크톤 등 수많은 자료들을 분석하고 예측한 후에 출어하는 것이 효과적이다. 어느 어장으로 가면 어느 정도의 어획을 올릴 수 있는지를 예측하고 확인하는 것이 어로 실패를 예방할 수 있는 지름길이다.

(7) 광고

소비자의 취향이 점차 다양해짐에 따라 대량 마케팅의 효과가 퇴조하고 있으므로 광고에서도 인공지능의 필요성이 증가하고 있다.

첫째, 개인화를 지원할 수 있다. 기계학습을 통하여 소비자들의 행동 패턴을 분석하여 실시간으로 활용할 수 있다. 인구 통계와 심리 분석 등의 빅데이터를 이용하여 현실적인 마케팅 계획을 수립할 수 있다. 온라인과 오프라인에서 각각 구매 가능성이 높은 소비자 유형을 예측하고 결과를 확인할 수 있다.

둘째, 최적화를 지원할 수 있다. 기계학습을 통하여 어떤 환경에서 광고와 마케팅이 어떻게 수행되는지를 분석하여 개선 대책을 제시할 수 있다. 광고 예산이 지출되는 것과 누가 광고를 보는지 그리고 광고 효과가 얼마나 되는지를 연계하고 분석하여 광고 효율을 판단하고 개선을 제시할 수 있다.

셋째, 목표 청중의 선정을 지원할 수 있다. 광고의 대상을 선정하는 것은 광고와 마케팅의 기본 작업이다. 광고 기획자들은 인공지능을 활용하여 목표로 하는 시장을 선정한 다음에 소비자들의 반응을 분석하고 광고 효과를 비교하여 대상 청중들을 선정 우선순위를 제시할 수 있다.

(8) 물류

코로나19는 '비대면 구매'를 야기하여 온라인 판매가 급증하였으며 운송과 물류 사업이 크게 성장하였다. 온라인 구매 경험으로 인하여 코로나 이후에도 비대면 구매가 계속될 것이므로 물류의 중요성이 커지고 있다. 배송업이 급속하게 신장하면서 더 빠르고 안전한 배송에 대한 필요성이 물류 사업에 인공지능을 접목하게 되었다.

전자상거래 업체들은 CRM(고객관계관리) 차원에서 물류에 인공지능을 접목하고 있다. 수요 예측부터 인공지능이 접목되어 고객이 주문하기 이전에 배송을 미리 준비하고 주문이 접수되면 운송 물류 시스템이 자동화하고 최적화하여 고객에게 최적의 상태로 배달되는 것을 목표로 하고 있다. 고객이나 물류회사 직원들은 인공지능에게 무엇이든지 물어보고 정확하게 상황을 파악할 수 있을 것이다.

(9) 게임

게임(game)에서는 에이전트라고 하는 게임 상대방의 능력을 구현하는 것이 중요하다. 에이전트가 좋은 지능을 갖고 다양한 환경에서 적응하며 게임을 해야 좋은 게임이 되기 때문이다. 게임에 등장하는 상대방은 원시적인 인공지능이다. 가만히 있거나 플레이어의 움직임에 따라 반응해서 거기에 맞춘 공격이나 방어, 회피 등을 구사하는 판단이 마치 살아 움직이는 생명체의 성격과 비슷하다. 이를 위해 기계학습 방법을 모색하였고 그 중에서 강화학습 (Reinforcement Learning) 방법이 널리 활용되어 왔다. 근래에는 딥러닝 방식을 적용한 심층 강화학습(Deep Reinforcement Learning)을 통해 높은 수준의 게임을 만들 수 있게 되었다

게임 서비스가 인터넷으로 확장되면서 대형 게임을 효과적으로 운영하기 위한 노력이 중요하게 되었다. 여기에 게임을 효과적으로 운영하기 위한 인공지능 기술이 사용되기 시작하였다. 게임을 수행하면서 발생되는 많은 자료들을 효과적으로 분석하고 활용하는 것이 비즈니스 모델에서 중요해진 것이다. 대형 게임회사들은 데이터 분석팀, 게임QA 분석팀, 인텔리전스랩 등의 인력을 운영하고 있다. 아울러 게임 참가자들의 숙련도를 측정하고 분류하여 게임 실력을 향상할 수 있는 방안을 제시하고, 적절한 게임 상대를 찾아주는 것도 중요한 일이 되었다. 또한 부정 사용들을 탐지하는 기술에도 인공지능 기법이 사용되기 시작하였다.

⑩ 이동체(드론) 탐지

사우디아라비아는 2019년에 예멘 반군의 드론 공격으로 유전에 막대한 피해를 입었다. 우크라이나는 2022년에 러시아의 자살 드론 공격으로 인하여 많은 피해를 입었다. 따라서 적군의 드론 공격을 막기 위하여 드론을 탐지하는 것은 전 세계적인 과제가 되었다. 특히 한국은 북한이 보내는 드론으로 인하여 충격을 받고 있다. 드론의 침투를 막기 위해서는 레이더로 드론을 탐지하고 격추를 해야 한다.

하늘을 날아다니는 소형 비행체인 드론을 탐지하는 것은 매우 어려운 일이다. 레이더로 작은 드론을 탐지하려면 작은 물체들이 탐지되도록 큰 비행체들을 제외해야 하는데 그렇게 되면 수많은 새들이 탐지된다. 문제는 작은 드론과 새들을 구별하기 매우 어렵다는 점이다. 드론과 새의 차이점이 있다면 드론은 주로 직선으로 날아가고 새들은 상하 좌우로 분방하게 움직인다는 점이다. 그러나 철새들은 주로 직선으로 비행하면서 날개를 펄럭이지 않기 때문에 드론과 큰 차이가 없어 보인다.

드론을 새와 구별하기 위해서는 레이더에서 새들을 필터링하는 인공지능 기술을 개발해야 한다. 직선으로 비행하는지 아닌지, 상하 좌우 움직임이 많은지 적은지를 구분하고, 날개가 펄럭이는지 펄럭이지 않는지를 인공지능 레이더가 미리 학습해서 구분해야 한다. 수많은 새 떼와 드론을 함께 날려보면서 학습하고, 상하 좌우로 비행하는 새들과 비행하면서 많은 비행 자료들을 학습하고 활용해야 한다. 적군의 드론이 식별되면 사격통제 레이더로 목표물을 분리하여 격추 절차에 들어간다.

연습 문제

1.1. 다음 용어들을 정의하시오.

1) 지능   2) 융합   3) 인공지능   4) 패턴인식   5) 챗봇   6) 학습

1.2   인공지능의 개념이 어떻게 발전해왔는지 설명하시오.

1.3   인간의 지능을 구성하는 요소들과 기능들을 설명하시오.

1.4   인간의 문제해결 방식과 컴퓨터의 문제해결 방식의 차이점을 설명하시오.

1.5   한국인과 유태인의 공부 방식을 비교하고 설명하시오.

1.6   융합의 종류와 기능을 설명하시오.

1.7   융합의 목적과 융합을 잘 할 수 있는 방법을 설명하시오.

1.8   인공지능 시스템의 구조와 기능을 설명하시오.

1.9   인공지능 연구에 융합이 필요한 이유를 설명하시오.

1.10   현재 챗봇의 현황을 살펴보고 발전 방향을 제시하시오.

1.11   인간의 마음과 컴퓨터의 정보처리 절차를 비교하고 설명하시오.

1.12 인공지능에서 가장 중요한 학문 분야 5가지를 선택하여 설명하시오.

1.13 자동차 자율주행에서 인공지능의 역할을 설명하시오.

1.14 인공지능을 잘 적용할 수 있는 응용분야를 주변에서 찾아서 제시하시오.

1.15 융합을 하려면 제일 중요한 전제가 무엇인지 설명하시오.

1.16 융합의 전제와 목표를 설명하시오.

CHAPTER 2

기계의 진화

기계를 사용하다가 힘이 들 때면 기계가 나대신 원하는 일을 스스로 알아서 해주면 좋겠다는 생각을 한다. 이것은 기계가 인간처럼 생각하고 동작하면 매우 좋겠다는 막연한 희망이었다. 그런데 이런 꿈이 현실에서 실현되고 있다. 기계는 물리적인 일을 하는 장치이고, 지능은 인간의 정신적인 능력이다. 인공지능은 물리적인 기계에 인간의 정신적인 능력을 부여하는 기술이다. 따라서 인공지능은 물리세계와 정신세계를 하나로 융합하려는 노력이기 때문에 매우 어려운 일이다. 그러나 반도체의 발달로 인하여 기계가 전자기계(electro-mechanics)로 발전하였고 인간의 정신이 컴퓨터 프로그램으로 구현되기 때문에 컴퓨터를 매개로 융합이 가능하게 되었다. 즉, 인공지능 시대는 전자기계와 컴퓨터 프로그램의 융합으로 시작되었다. 인지 심리학자들은 인간의 마음을 컴퓨터라고 정의하였다. 여기서 컴퓨터는 하드웨어가 아니라 소프트웨어인 프로그램을 말한다. 인간의 마음이 컴퓨터 프로그램이라면 기계장치에 얼마든지 인간의 마음을 심어놓을 수 있게 된 것이다.

기계와 인간의 지능은 한 번에 만들어지지 않았다. 생물이 오랜 세월동안 진화를 거듭해왔듯이 기계도 오랫동안 진화해왔으며, 인간의 지능도 오랫동안 진화를 거듭해왔다. 기계가 진화한 것은 인간의 이성이 발달하면서 이루어졌으므로 기계에 인간의 지능을 넣으려는 시도는 매우 자연스러운 일이다. 기계와 지능을 융합하려는 노력이 결과적으로 인공지능 시대를 만들었다.

T·I·P 호모파베르와 호모사피엔스

　　인간을 호모파베르(공작인, homo faber)라고 부르기도 하고, 호모사피엔스(예지인, homo sapiens)라고 부르기도 한다. 공작인은 인간의 본질은 물건을 만들고 이를 위해서 도구를 사용하는 존재라고 보는 견해이고, 예지인은 인간의 본질을 이성 중심의 합리주의에 있다고 보는 견해이다. 이 두 견해는 상반적으로 보이지만 양면성이 있다. 공작인도 도구를 만드는데 사고하는 이성이 필요하고, 예지인도 합리적인 생활을 하려면 물건과 도구가 필요하다.

　　기계를 만들거나 도구를 사용하는 인간이 공작인이다. 인류 문명은 도구의 발달과 함께 성장하였다. 공작인은 생활의 편리를 위하여 간단한 도구를 만들어 사용하다가 점차 복잡한 도구인 생각하는 기계(컴퓨터)를 만들게 되었다. 생각하는 기계는 이성을 중시하는 예지인의 범주에 속한다. 기계란 여러 부품으로 구성되어 일정한 동작의 일을 하는 도구이다. 호모파베르의 열정에 의하여 인간의 물리적인 생활은 풍족해졌고, 호모사피엔스의 열정으로 인간의 정신생활이 풍요로워졌다.

2.1 기계의 지능

인류가 가장 먼저 만든 대표적인 기계는 제분기이다. 인간이 정착하여 농사를 지은 결과로 얻은 곡물을 먹으려면 가루로 만들어야 했다. 맷돌과 방아는 곡식을 가루로 만드는 간단한 도구이고, 제분기(flour mill)는 곡식을 가루로 만드는 기계이다. 연자방아는 곡식을 가루로 만들기 위하여 넓은 돌판 위에 둥근 돌을 세워서 사람이나 가축이 돌리는 도구이다. 방아에 곡식을 넣고 빻는 일을 효과적으로 수행하기 위하여 흐르는 물을 동력으로 사용한 것이 물레방아이고, 바람을 이용한 것이 풍차방아다. 물레방아와 풍차방아는 모두 기계의 구성 요소를 잘 갖추고 있다. [표 2.1]과 같이 기계 구성의 3 요소인 동력기, 전달기, 작업기를 모두 갖추고 있다. 물이 떨어지는 것을 받아서 회전력을 발생하는 수차 바퀴는 동력기이고, 수차 바퀴의 축을 연결해서 회전력을 맷돌로 전달하는 것은 전달기이고, 회전력을 받아서 곡식을 빻는 절구는 작업기이다. 세 가지 기계 구성 요소를 갖추는 것은 어렵지 않지만 효율이 좋은 제분기를 만드는 것은 쉽지 않다.

[표 2.1] 기계 구성의 3요소

명칭	기능	비고
동력기	동력 발생	수차, 풍차, 엔진
전달기	동력 전달	회전축, 벨트, 체인
작업기	작업 수행	절구, 바퀴, 프로펠러

물레방아와 풍차방아는 자연 환경에 영향을 받기 때문에 가물거나 바람이 불지 않으면 사용할 수 없다. 사람들은 전천후로 동력을 사용할 수 있는 장치를 꿈꾸어왔다. 그 첫 번째 노력의 결과가 영국 제임스 왓트(James Watt)의 증기기관이다. 증기기관은 물을 끓여서 높은 압력의 증기를 만들고 고압 증기 힘으로 피스톤을 움직여서 바퀴를 돌리는 기계다. 증기기관의 발명은 제1차 산업혁명을 일으켰다. 석탄을 연료로 사용하던 증기기관은 석유를 연료로 사용하는 내연기관으로 발전하였으며 이것은 2차 산업혁명으로 이어졌다.

[그림 2.1]은 기계의 진화 과정을 보여준다. 인류는 5,000년 전부터 곡식을 빻기 위하여 절구를 사용하기 시작하였다. 팔의 힘으로 절구나 맷돌(millstone or grinding stones)을 사용하다

가 가축의 힘을 이용하는 연자방아를 개발하였다. 물가에서는 물레방아를 만들어 사용하였고, 바람이 잘 부는 곳에서는 풍차를 이용하여 제분기를 돌렸다. 인류 역사상 처음 만든 기계는 중동지방에서 풍차를 이용한 제분기라고 알려져 있다. 풍력 제분기는 풍차를 돌려서 곡식을 가루로 만드는 기계이다. 흐르는 물을 이용하여 수차(물레방아)를 돌리고, 수차로 맷돌을 돌려서 곡식을 가루로 만드는 수력 제분기도 만들었다. 본격적인 기계는 스스로 동력을 발생하는 장치들이다. 대표적인 동력 기계는 영국에서 최초로 만든 증기기관이다. 증기기관은 내연기관으로 발전하고, 다시 제트 엔진과 가스터빈 엔진으로 발전된다. 제분기를 처음 엔진으로 자동화한 것은 1785년에 올리버 에반스(Oliver Evans)[1]이다.

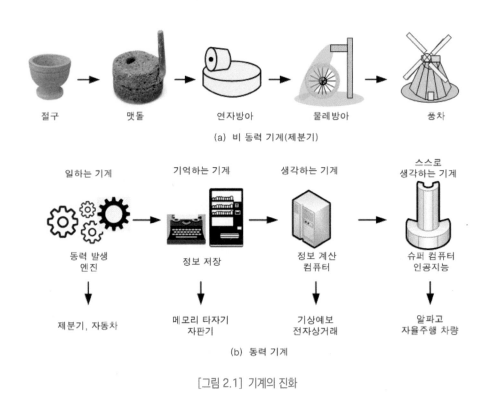

(a) 비 동력 기계(제분기)

| 절구 | 맷돌 | 연자방아 | 물레방아 | 풍차 |

일하는 기계   기억하는 기계   생각하는 기계   스스로 생각하는 기계

동력 발생 엔진   정보 저장   정보 계산 컴퓨터   슈퍼 컴퓨터 인공지능

제분기, 자동차   메모리 타자기 자판기   기상예보 전자상거래   알파고 자율주행 차량

(b) 동력 기계

[그림 2.1] 기계의 진화

기계의 종류에는 [그림 2.2]와 같이 물리적으로 일하는 기계, 정보를 기억하는 기계, 정보를 읽고 생각하는 기계 등 3가지로 분류할 수 있다. 앞 절에서 언급한 동력 기계들은 모두 물리적인 일을 하는 기계이고 다음으로 발전한 것이 정보 저장을 위해 기억하는 기계이고, 그 다

---

1   Oliver Evans(1755~1819): 미국의 발명가, 사업가. 1785년 미국 최초로 증기기관을 제작하고 제분기를 자동화하였다.

음으로 발전한 것이 생각하는(정보를 처리하는) 기계이다. 기억하는 기계는 축음기와 녹음기처럼 전자장치를 이용하여 정보를 기억하고 필요할 때 재생한다. 1970, 1980년대에 사용하던 메모리 타자기도 대표적인 기억하는 기계이고, 지금도 사용하고 있는 자판기, MP3 등이 여기에 해당한다. 전자장치가 더욱 발전하여 정보를 가공하고 처리하는 기계가 생각하는 기계인 컴퓨터이다.

일하는 기계   기억하는 기계   생각하는 기계

[그림 2.2] 기계의 분류

사람들이 오래전부터 꿈꾸던 기계는 [그림 2.3]과 같이 사람처럼 스스로 생각하며 일하는 기계(로봇)이다. 로봇은 일하는 기계와 기억하는 기계와 생각하는 기계를 모두 합한 것이므로 인간과 비슷한 기계이다. 로봇은 귀로 듣고, 입으로 말을 하며, 눈으로 보고, 물건을 잡고 돌리고, 다리로 걷고 뛰고, 쓰러지면 일어서는 등 사람이 하는 것을 모두 하는 것이 최종 목표

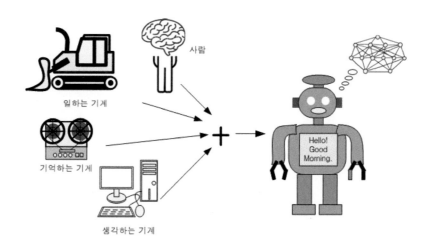

[그림 2.3] 인간처럼 생각하고 행동하는 기계(로봇)

다. 가장 이상적인 로봇은 피부도 모양도 모두 인간처럼 보이는 것이다. 산업사회에서는 비용 절감이 기업의 중요한 과제이다. 비용 중에서 많은 비중을 차지하는 인건비를 줄이는 것이 우선이므로 기업은 무인 기계를 적극적으로 사용하려고 한다. 무인 기계가 스스로 알아서 사람이 원하는 일을 해준다면 그것이 바로 인공지능(스스로 생각하는 기계)이다. 알파고와 같이 사람을 상대로 스스로 바둑으로 대결하는 기계가 대표적인 인공지능 기계이다.

[그림 2.4](a)와 같이 기존의 컴퓨터는 정보를 처리하는 업무 규칙을 기반으로 프로그램을 사용한다. 자료를 입력하면 프로그램이 규칙대로 실행되어 처리 결과를 출력해주는 방식으로 운영된다. 따라서 컴퓨터는 아무 능력이 없고 사람이 작성한 프로그램 규칙대로 처리하기 때문에 "컴퓨터는 바보다" 또는 "Garbage in garbage out"라는 비판을 들었다. 즉 처리 속도만 빠른 단순한 도구 취급을 받았다. 컴퓨터 프로그램의 아이디어는 모두 사람이 만들어준 처리 규칙에 있기 때문에 사람이 없으면 프로그램도 없다. 기존과 조금이라도 다르게 일을 하려면 프로그램을 다시 작성해서 실행해야 하는 번거로움이 따른다.

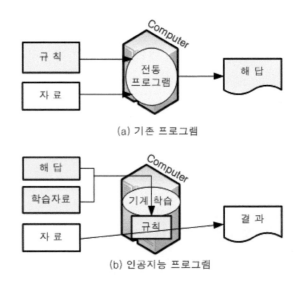

[그림 2.4] 새로운 정보처리 방식

인공지능이란 [그림 2.4](b)와 같이 컴퓨터에 대량의 학습 자료와 함께 해답을 입력하면 인공지능이 자료를 분석하여 학습한 규칙을 보관한다. 새로운 자료(문제)가 주어지면 인공지능이 학습한 규칙을 이용하여 원하는 결과를 출력하는 기능이다. 처리 결과가 마음에 들지 않으면 다시 재처리를 요구해서 마음에 들 때까지 반복 처리한다. 즉 컴퓨터가 사람처럼 정보를 처리하는 것이다. 예를 들어, 사람에게 (1, 1), (2, 4), (3, 9),,,, 라는 자료를 주고 학습할 시간을 주고 (7, ?), (9, ?)라는 문제를 주면 사람은 자료들 간의 관계를 파악하여 (7, 49), (9, 81)이라는 결과를 만들어낸다. 마찬가지로 인공지능에게 자료만 주면 인공지능이 학습을 한 다음에 새로운 문제를 주면 원하는 답을 만들어주는 것이다. 기존 기계에서는 처리 규칙이 조금이라도 변경되면 반드시 프로그램도 변경해주어야 하는 번거로움이 있다. 예를 들어, 세무관리 프로그램이라면 세법이 바뀌거나 세무 시행 규칙이 바뀔 때마다 프로그램을 수정해 주어야 하는 어려움이 있다.

사람들이 오랫동안 꿈꾸어 왔던 기계는 개조인간과 인조인간이다. 개조인간은 인간의 신체 일부 또는 전부에 기계장치를 부착하여 신체 능력과 사고 능력을 향상시키는 것이고, 인조인간은 아예 처음부터 기계를 탁월한 능력을 가진 인간처럼 만드는 것이다. 즉 불도저처럼 물리적으로 힘든 일도 잘할 수 있고 컴퓨터처럼 스마트하게 정보도 잘 처리할 수 있는, 인간과 같은 기계를 만드는 것이다. 이런 기계가 발전하면 후에 인간을 지배할 것이라는 우려도 있다. 이를 위해서는 더욱 다양한 학문과 기술들이 융합 발전되어야 한다.

2.2 지능의 진화

인간의 두뇌에는 천억 개의 신경세포(neuron)들이 서로 신호를 주고받으며 정보를 처리한다. 동시에 몸 전체에 깔려있는 신경망을 통하여 신체의 안팎에서 발생하는 수많은 신호들을 관리한다. 지능은 두뇌에서 정보를 처리하는 능력이다. 두뇌에서 지능이 동작하는 것을 우리는 마음이라고 부른다. 마음은 언제부터 생겼을까? 마음이 동작하려면 두뇌가 있어야 하고, 두뇌가 있기 전에는 신경센터(nerve center)가 있었고, 그 이전에는 신경줄기(nerve trunk)가 있었고, 그 전에는 신경그물(neuropilus)이 있었을 것이다. 신경그물 이전에는 신경(nerve) 자체가 없었을 것이므로 마음 자체가 없었을 것이다. 우리는 마음을 이해하기 위하여 마음이 출현하는 생물학적 진화과정을 살펴볼 필요가 있다.

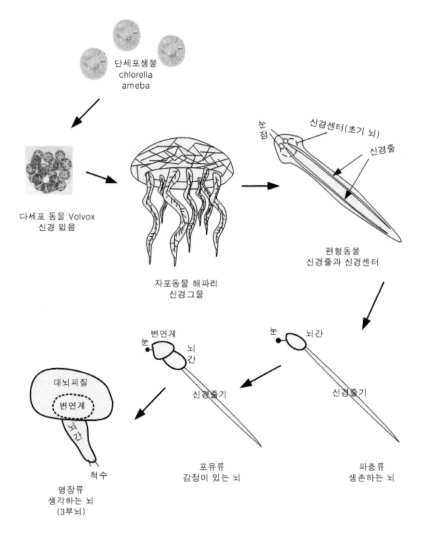

단세포생물
chlorella
ameba

다세포 동물 Volvox
신경 없음

자포동물 해파리
신경그물

눈
점

신경센터(초기 뇌)

신경줄

편형동물
신경줄과 신경센터

변연계
눈
뇌
간

눈
뇌간

신경줄기

신경줄기

포유류
감정이 있는 뇌

파충류
생존하는 뇌

대뇌피질

변연계

뇌
간

척수

영장류
생각하는 뇌
(3부뇌)

[그림 2.5] 동물 신경계의 진화

지구상에 처음 출현한 동물은 단세포 생물이다. 단세포 생물이 모여서 하나의 생명체인 다세포 동물이 된다. [그림 2.5]에서처럼 클로렐라(chlorella)와 아메바(ameba) 같은 단세포 생물들이 모여서 Volvox와 같은 다세포 동물이 된다. 다세포 동물들도 처음에는 신경세포 없이 살았다. 자포동물[2]인 해파리에 이르면 먹이를 찾아 이동해야 하고 포식자를 피하기 위하여

2 　자포동물: 산호류들과 말미잘, 히드라, 해파리 등이 포함된다. 머리가 없으며 몸은 방사대칭이고 체벽은 두 개의 세포층으로 구성되어 있다. 예전에 강장동물이라고 하였다.

이동해야 한다. 해파리는 수영을 잘하려고 신체 각 부분을 효과적으로 움직이기 위하여 신경 그물을 만들었다. 해파리는 중앙집중식으로 통제하는 뇌는 없지만, 신경세포들이 분산되어 서로 협력하면서 몸의 각 부분을 움직여서 이동한다.

플라나리아(planaria), 촌충 등의 편형동물은 머리가 있는 원시동물이다. 신경줄이 한 곳에 모여서 신경센터(원시적인 뇌)를 이루고 있다. 신경센터(뇌)가 있으므로 몸에 대한 중앙통제가 가능하다. 밝고 어두운 것을 식별하기 위하여 뇌와 연결된 눈점이 발달하기 시작한다. 파충류는 생명의 뇌인 뇌간이 발달하여 생명을 유지하는데 필요한 혈액 순환, 숨쉬기, 소화 등의 기관을 효과적으로 관장하기 시작하였다. 포유류는 감정의 뇌인 변연계가 발달하여 감정을 느끼고 표현하기 시작하였다. 즉, 위험에 직면하면 공포를 느끼고 그런 상황을 벗어나려는 노력을 하고, 편안한 환경에서는 기쁨을 표현할 수 있게 되었다. 영장류에 이르면 이성의 뇌인 신피질이 발달하여 생각하는 능력이 발달하기 시작하였다. 이로써 뇌간, 변연계 그리고 신피질을 만들어서 3부 뇌가 완성된다. 고급 영장류인 사람은 신피질이 더욱 발달한 두뇌를 이용하여 정보를 처리하고, 기억하고, 사고력을 키우기 시작한다. 점차 지능이 발달하기 시작한 것이다.

인간은 진화 과정에서 후두가 아래로 내려가면서 소리를 내는 공간이 커졌고, 커진 소리통을 이용하여 목소리를 내기 시작하였다. [그림 2.6]과 같이 목소리는 다른 사람들과의 대화를 하게 하여 의사소통을 원활하게 해주었다. 소리에 의한 의사소통이 활성화되면서부터 말하는 언어가 발전하게 되었다. 언어를 구사하면서 사람들의 사고력과 지능은 점차 향상되었다. 사람들이 사용하는 정보량이 많아지면서 기억력이 부족하게 되었고, 이것을 해결하기 위한 노력으로 문자가 발명되었다. 문자가 발명되어 정보를 기억하고 활용하는 것이 활발하게 되어 다시 사고를 많이 하게 되었다. 이것이 뇌를 자극하여 신피질을 확장하게 되었고 지능의 진화를 가져왔다. 지능의 진화는 도구의 발전과 문명의 발전으로 이어졌다. 도구의 발전과 문명의 발달은 다시 대화 능력과 언어와 문자의 발달과 함께 지능의 진화를 가져왔다. 그 결과 문명 발전과 지능의 진화 같은 선순환이 이루어져 인간의 지능은 폭발적으로 진화하게 되었다.

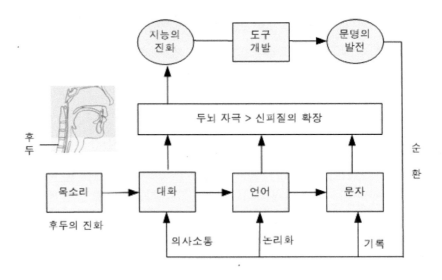

[그림 2.6] 지능의 진화

⑴ 동물 지능의 진화

동물은 뇌에서 정보를 처리한다. 먹이가 있으면 가까이 가고, 포식자가 있으면 멀리 도망간다. [그림 2.7]과 같이 포식자(사자)는 먹이(사슴)를 잡기 위해서 먹이와의 거리와 방향을 측정해야 한다. 사자가 사슴을 발견하면 사슴과의 거리와 방향을 계산한다. 사자는 사슴을 쫓아가면서 사슴이 도망가는 속도와 방향을 잘 계산해야 한다. 사슴과의 거리를 너무 좁히면 사슴이 갑자기 방향을 전환하여 놓치기 쉽다. 사슴과의 거리를 적당하게 유지하면서 왼쪽으로 도망가면 왼쪽으로 쫓아가고 오른쪽으로 도망가면 오른쪽으로 쫓아간다. 사슴은 속도는 빠르지만 지구력이 약하고 사자는 속도는 느리지만 지구력이 강하므로 적정 거리를 유지하면 사자가 충분히 잡을 수 있다. 이 과정에서 사자의 두뇌는 신속하게 계산을 하면서 자신의 근육에게 뛰어갈 방향과 속도를 지시한다. 사슴은 사슴대로 쫓아오는 사자와의 방향과 거리를 끊임없이 계산하면서 뛰어야 잡히지 않을 수 있다. 이렇게 잡으려는 자와 잡히지 않으려는 자의 쫓고 쫓기는 두뇌 싸움에서 정보처리를 신속하게 하는 것이 동물의 지능을 진화시키는 원동력이 되었다.

[그림 2.7] 사냥을 위한 사자의 거리 계산

사슴의 입장에서는 도망가면서 사자를 속여야 하고, 사자의 입장에서는 추격하면서 사슴에게 속지 말고 쫓아가야 한다. 사슴과 사자의 속도와 방향을 계산하는 능력 차이가 삶과 죽음을 결정한다. 거리와 속도와 방향을 잘 계산하는 것이 정보처리이고 이 능력을 키우는 것이 지능 진화의 핵심이다.

(2) 튜링의 사고

앨런 튜링(Alan Turing)은 영국의 수학자로 최초의 컴퓨터를 발명하였다. 그가 자신의 이론으로 만든 컴퓨터가 드디어 1943년 3월부터 독일군의 암호를 해독하기 시작하였다. 그는 정보를 처리하는 컴퓨터를 만들기 위하여 끊임없이 인간의 사고 기능을 연구하였다.

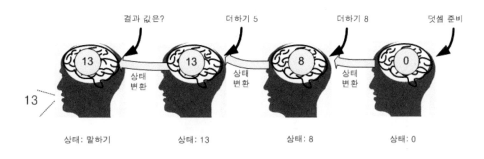

[그림 2.8] 튜링의 사고

어느 날 그는 조깅하면서 "사람은 어떻게 계산을 하는가?"라고 스스로 자신에게 질문을 하였다. 정보처리의 대표적인 기능이 계산이므로 두뇌가 돌아가는 절차를 곰곰이 생각해보았다. 그 결과 [그림 2.8]처럼 인간의 두뇌에는 어떤 상태가 존재하고, 자료가 입력되면 상태를 변경하고, 상태를 변경하다가 결과가 필요하면 입이나 손으로 출력하는 계산 절차를 확인하였다. 이것이 바로 인간의 마음이 수행하는 정보처리 절차이고 이 절차를 답습한 것이 컴퓨터가 정보를 처리하는 방식이다. 튜링은 이 절차를 기반으로 모든 계산을 수행하는 자동기계(automaton)를 설계하였으며 사람들은 이것을 튜링 기계(Turing Machine)라고 불렀다. 튜링 기계가 바로 컴퓨터의 기본 설계이다.

튜링은 정보를 처리하는 기계는 정보를 기억하는 상태와 연산하는 장치, 이와 더불어 입력장치와 출력장치가 있으면 계산을 할 수 있다고 판단하였다. 그리고 전자기술을 이용하여 정보의 기억 상태, 연산 장치, 입력과 출력 장치를 만들고 컴퓨터 구현에 성공한 것이다.

2.3 학습의 진화

인공지능은 인간의 지능이 기계에서 동작하는 프로그램이다. 인간의 지능은 두뇌에서 동작하고, 인공지능은 기계에서 동작한다. 따라서 두뇌에서 동작하는 마음이 기계에서 동작하기 위해서는, 기계 장치가 두뇌의 신경계와 유사한 방식으로 동작하는 것이 효율적이다. 당시에는 인간이 아닌 기계가 학습을 하는 것은 불가능한 것으로 여겨졌으나 이제는 당연한 것으로 간주되고 있다. 그 이유는 학습 방법이 바뀌었기 때문이다. 신경망이 심층 신경망(DNN, deep neural network)으로 개선되면서 인공지능의 기계학습 방법이 혁명적으로 진화한 것이다. 심층 신경망은 기계에게 학습할 수 있는 기회를 만들어 주었다.

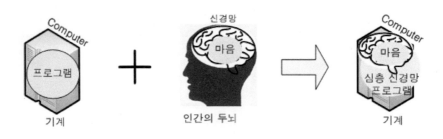

[그림 2.9] 지능과 기계의 융합

기존의 기계학습 방법은 지식의 절차와 규칙을 기계에 저장하고 필요한 용도에 따라 개별적으로 활용하는 것이었다. [그림 2.9]와 같이 컴퓨터에서 인간의 마음을 동작시키려면 마음이 동작하는 기제를 분석해서 프로그램의 형태로 작성하는 기술이 필요하다. 기존의 방식은 방대한 지식의 절차와 규칙을 효율적으로 저장하는 것이 어려워서 정체되어 있었다. 이런 상황에서 신경망이 새로운 활로를 찾아주었다. 심층 신경망에서는 두뇌에서 신경세포들의 마음이 동작하는 방식을 컴퓨터 프로그램으로 구현하였다. 그렇게 하려면 두뇌의 신경계에 관한 신경과학과 심리학 등의 지식이 필요하다. 마음을 프로그램으로 변환하려면 인간의 언어를 기계의 언어로 변환해야 하므로 언어학에 대한 이해도 필요하다.

2.3.1 마음과 컴퓨터

인간의 마음은 언제 어떻게 생겼을까? 인간의 마음이 두뇌에서 정보를 처리하는 과정이라고 한다면 동물에게도 마음이 있을 것이다. 왜냐하면 동물도 사냥하는 과정에서 정보처리가 필요하기 때문이다. 인간의 마음과 동물의 마음이 다른 것이 있다면 인간은 언어를 사용한다는 점이다.

우리는 언어로 생각하고 언어로 대화한다. 우리가 살아있다는 것을 알 수 있는 것은 생각하고 있다는 사실 때문이다. 인지과학에서는 인간의 마음을 컴퓨터라고 정의한다. 그 이유는 마음이 하는 일이 컴퓨터에서 정보를 처리하는 일과 같기 때문이다. 인지 심리학에서 말하는 컴퓨터는 하드웨어가 아니고 프로그램이다. 즉 프로그램이 하는 일이 정보를 처리하는 일이므로 인간의 마음은 컴퓨터라고 정의한다. 컴퓨터도 언어를 이용하여 정보를 처리한다. 다만 컴퓨터가 사용하는 언어와 사람이 사용하는 언어가 다를 뿐이다. 따라서 사람이 사용하는 자연어를 컴퓨터가 사용하는 프로그래밍 언어로 바꾸어주면 컴퓨터가 처리할 수 있다. 다만 컴퓨터가 처리하는 언어는 수학적으로 명확하게 정의된 명령어만 처리하기 때문에 감성적인 내용의 대화는 어렵다.

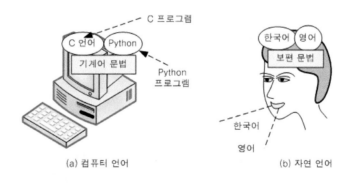

[그림 2.10] 컴퓨터 언어와 자연언어 관계

[표 2.2] 인간과 컴퓨터의 정보처리

구분	인간	컴퓨터
기본 문법	보편 문법	기계어 문법
지역 문법	한국어 문법 등	C 문법 등
지역 언어	한국어, 영어, 중국어,,	C, Python, BASIC,,
정보처리 수단	마음	프로그램
처리 기반	두뇌	CPU, Memory

촘스키(Noam Chomsky)에 의하면 [그림 2.10](b)와 같이 모든 사람의 머리에는 세계 각국의 모든 언어를 구사할 수 있는 보편 문법(universal grammar)이 들어 있다. 고로 어느 지역에서 태어나 말을 배우느냐에 따라서 영어, 한국어, 중국어 등을 선택적으로 배울 수 있다. 그 이유는 모든 인간은 태어날 때부터 보편 문법을 가지고 있기 때문이다. 컴퓨터도 마찬가지로 기계어(machine language) 문법을 가지고 있어서 C, Python 등 여러 가지 프로그래밍 언어들을 사용할 수 있다. 사람이 사용하는 자연어는 컴퓨터의 프로그래밍 언어와 호환이 된다. 따라서 사람의 지능을 컴퓨터에 넣어주기 위해서는 인공지능 프로그램을 작성하면 된다. [표 2.2]는 인간과 컴퓨터가 정보를 처리하기 위하여 사용하는 수단이 일대일 대응되는 것을 보여준다.

2.3.2 마음과 기계의 소통 원리

인간의 마음은 두뇌에서 언어로 동작하는데 어떻게 물리적인 기계와 소통이 가능한가? 미래에는 사람이 움직이지도 않고 가만히 앉아서 마음속으로 생각하는 대로 기계가 동작할 것이라고 한다. 마음속으로 차량이 움직이라고 하면 차량이 움직이고 정지하라고 하면 정지할 것이라고 한다. 어떻게 그런 일이 가능할까? 기계와 마음은 전혀 다른 세계의 하드웨어와 소프트웨어인데도 불구하고 소통할 수 있는 근거는 무엇인가? 그 이유는 두 개의 원리가 모두 같기 때문이다. 기계가 동작하는 원리는 원인과 결과가 순차적으로 연결되는 인과 구조(causal structure)[3]에 있으며, 마음의 원리도 계산이라고 하는 순차적인 인과율(principle of causality)[4]에 근거하

---

3   인과 구조(因果 構造, causal structure): 모든 결과(존재나 사건)에는 그것을 야기한 원인이 있다고 생각하는 사고. 현재 상태를 정확하게 알고 있다면 미래의 모든 상태를 계산할 수 있다는 고전 물리학 결정론의 기반.

4   인과율(因果律): 모든 일은 원인에서 발생한 결과이며, 원인이 없이는 아무것도 생기지 아니한다는 법칙.

고 있기 때문이다. 지능(마음)의 원리는 정보를 순서대로 처리하는 신경 세포에 있고, 소프트웨어의 원리는 프로그램이 실행되는 순서와 절차에 있다. 기계의 원리는 기계를 구성하는 부품들이 물리적으로 힘이 제공되고 그 힘에 근거하여 다음 동작을 수행하고, 센서가 자극을 감지하고 다음 행동을 수행하는 결과를 야기하는 인과 구조에 있기 때문이다.

인간의 마음을 컴퓨터에서 실현할 수 있는 이유는 마음의 원리가 소프트웨어의 원리와 같기 때문이다. 소프트웨어의 원리는 인과 구조에 있으므로 소프트웨어가 하드웨어에서 실행하는 역할이 바로 인과적인 역할, 즉 원인과 결과의 구조를 연결하는 역할이다. 키보드에 단어를 입력하면 어떤 내적 상태를 생성하고 이것이 다시 처리과정을 야기하고 화면과 인쇄기에 적절한 출력을 반응하게 한다. 마이크로소프트사의 운영체제인 윈도우 시스템은 사건 (event)을 기반으로 다른 사건을 야기하는(event-driven) 방식으로 정보를 처리한다.

하나의 소프트웨어가 여러 하드웨어에서 실행될 수 있는 이유는 소프트웨어의 인과적인 구조가 하드웨어의 인과적인 구조에 대응할 수 있기 때문이다. 하드웨어는 전적으로 물리적인 힘의 작용과 반작용의 원리에 의하여 동작하기 때문에 소프트웨어의 순서와 절차에 따르는 인과율과 잘 적용된다.

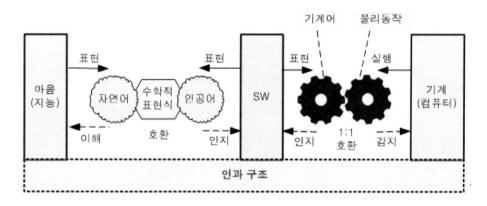

[그림 2.11] 마음과 기계의 소통 원리

인간의 마음과 컴퓨터 소프트웨어는 기본적으로 '인과적 구조'라는 측면에서 동일하다고 할 수 있다. [그림 2.11]과 같이 마음과 소프트웨어의 원리가 같기 때문에 마음을 언어로 표현하면 소프트웨어가 이해될 수 있으며 그 반대 방향으로도 가능하다. 인간은 영어, 한국어와 같은 자연어로 소통하고, 소프트웨어는 C, Python과 같은 인공어로 작업을 수행한다. 인공어가 자연어를 이해하려면 자연어를 우선 수학적으로 표현해야 한다. 인공어는 수학적으로 기능하도록 설계되었으므로 자연어의 수학적 표현식과 서로 호환이 가능하다. 소프트웨어가 기계(컴퓨터)를 동작시키기 위해서는 인공어와 등가성이 있는 기계어로 번역하여 기계에서 동작시킨다. 기계는 기계어를 인식할 수 있으므로 기계에게 물리동작을 1:1로 실행시키고, 결과를 감지할 수 있다. 이것은 기계어가 기계 동작을 일대일로 호환되도록 설계되었기 때문이다.

마음이 동작하는 원리는 신경 세포들의 정보 전달 과정에 있다. 먼저 한 신경 세포가 정보를 발신한 다음에 옆의 신경 세포가 신호를 받을 수 있다. 수많은 신경 세포들이 두뇌와 온 몸에 존재하지만 신경세포는 신호를 받은 다음에야 다시 신호를 전달할 수 있다는 인과율을 따른다. 즉 원인과 결과의 원칙을 따르기 때문에 마음이 정상적으로 동작할 수 있다.

2.3.3 기계 학습의 원리

학생이 학교에서 공부를 하거나 개가 조련사의 훈련을 받고 마약을 탐지하는 것은 누구나 이해할 수 있다. 반면에 기계가 공부하고 학습하여 어떤 능력을 갖춘다는 것은 이해하기 쉽지 않다. 그러나 어린이들이 공부하는 과정을 살펴보면 어느 정도 이해될 것이다.

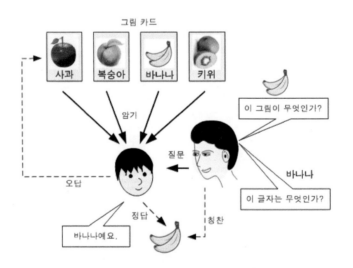

[그림 2.12] 그림 카드로 한글 공부하기

초등학교에 입학하기 전에 어린이에게 한글을 가르치는 것을 보면 [그림 2.12]와 같이 과일 그림 카드들을 보여준다. 엄마가 아이에게 사과 카드를 보여주면서 '사과'라고 읽어주고 따라 읽으라고 한다. 아이는 사과 그림을 보면서 '사과'라고 따라 읽는다. 이런 그림들을 여러 개 보여주고 읽어주기를 반복한다. 다음 단계에서는 어떤 과일 그림을 보여주고 무슨 과일이냐고 묻는다. 아이가 정답을 말했을 때 칭찬해주고 오답을 말하면 다시 정답을 알려주는 것으로 학습을 진행한다. 이런 과정을 수없이 반복하면 나중에는 아이에게 어떤 그림을 보여주든지 과일의 이름을 말할 수 있다. 이 때 정답을 말하면 칭찬을 하고 오답을 말하면 정답을 가르쳐주며 다시 암기하라고 한다.

다음에는 과일 그림이 없이 과일 이름의 글자만 가리키며 엄마를 따라서 읽어보라고 한다. 이 과정을 반복하면 아이는 한글로 적은 과일 이름을 읽을 수 있다. 단 조건은 한글을 발음하는 방법이나 초성, 중성, 종성 등 한글에 대한 어떤 설명도 하지 않는다. 그래도 아이들은 수없이 그림 카드를 보면서 학습을 반복하면 그림을 보고 과일 이름을 말할 수 있고, 글씨를 보고 과일 이름을 말할 수 있다. 이것은 수없이 반복적으로 학습한 결과 그림과 글자를 인식할 수 있는 능력이 생기기 때문이다.

기계가 학습하는 방법도 위에서 어린이가 학습을 하는 방법과 동일하다. [그림 2.13]과 같이 기계(인공지능 프로그램)에게 과일 영상과 이름을 제시한 다음에 과일의 영상만 보여주고 이름을 묻는다. 기계가 정답을 내면 점수를 주고 칭찬을 하며, 오답을 내면 정답을 다시 알려

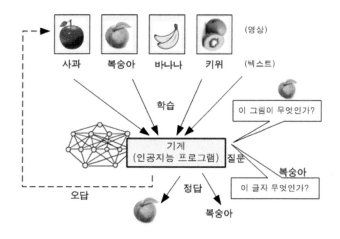

[그림 2.13] 인공지능의 지도학습

주면서 반복 학습을 시킨다. 마찬가지로 다음에는 과일의 이름만 알려주고 그림을 찾아오라고 한다. 이때도 정답을 맞추면 점수를 주고 오답을 내면 정답을 알려주면서 다시 학습을 시킨다. 이렇게 과일의 영상과 이름을 연결하는 문제를 수없이 반복하면 나중에는 어떤 영상을 보여주어도 영상의 이름을 대답할 수 있게 된다. 기계가 한 일은 정답을 맞히는 연습을 수없이 반복한 것밖에 없다. 기계가 영상의 내용이나 이름의 의미를 알고 대답하는 것은 전혀 아니다. 그러나 기계는 어떤 질문에도 정답을 내놓을 수 있다.

[그림 2.12]와 [그림 2.13]의 차이점은 무엇인가? 두 그림에서 학습하고 질문하고 답변하는 절차와 내용은 차이점이 없다. 다만 [그림 2.12]에서는 어린이의 두뇌가 학습을 하는 것인 반면에 [그림 2.13]에서는 인공지능 프로그램이 인공 신경망으로 학습을 한다는 점이 다르다. 그러나 인공지능 프로그램도 어린이의 두뇌와 같은 신경망 이론을 사용한다는 점에서는 유사하다. 신경망 이론은 제6장 인공신경망에서 설명하기로 한다.

2.4 인공지능 모델

인공지능 모델이란 인공지능 시스템을 만들기 전에 성공 가능성을 높이기 위하여 작성하는 간단한 설계도이다. 인공지능 시스템을 만들려면 많은 기자재와 시간과 인력이 소요되기 때문에 사전에 경제적으로 만드는 작은 모형이다. 시스템의 성능과 기능과 사용 방법의 용이성 등을 확인하기 위하여 수학적으로 설계하는 작업이다.

2.4.1 모델

모델(model)이란 객체의 특성(성질, 구조. 기능 등)을 간결하게(수학적, 물리적, 기능적 등) 일반화하는 표현 방식이다. 실제로 제품을 구현하려면 시간, 자원, 비용 등이 많이 드는 것을 절약하기 위하여 가상적으로 추상화하는 도구이다. 예를 들어, 패션모델은 패션 제품을 대량 생산했을 때 시장의 반응을 예상하기 위해서 새로 디자인한 패션들을 고객들에게 미리 보여주는 도구이다. 마찬가지로 모델 하우스란 실제로 주택을 완공하기 전에 미리 간단하게 지어서 고객들에게 보여주기 위한 것이다. 모델은 [표 2.3]과 같이 하드웨어 모델과 소프트웨어 모델로 구분된다. 하드웨어 모델은 패션모델, 하우스 모델 등과 같이 물리적으로 만드는 것이고, 소프트웨어 모델은 건물의 설계도처럼 앞으로 지을 건물의 구조를 축약해서 그림으로 그린 것도 되고, 방정식처럼 처리 기능을 수학 기호로 표현한 것도 된다. 소프트웨어 모델의 대표적인 것은 패션 설계도와 방정식이다. 생산하려는 옷의 디자인을 그림으로 그린 것도 모델이고, 생산하기 전에 샘플로 만든 옷을 입어서 보여주는 사람도 모델이다. 즉, 모델은 진짜가 아니고 가상적인 대용물이다. $y = ax^2 + bx + c$와 같은 2차 방정식은 x값의 변화에 따라서 변화하는 y값을 간단하게 보여주는 모델이다. 데이터 모델은 컴퓨터 응용 시스템을 개발할 때 데이터베이스를 구축하기 전에 성공 여부를 확인하기 위하여 가상적으로 만드는 자료 형식이다.

[표 2.3] 모델의 종류

모델 구분	모델 종류	목적
하드웨어	패션, 하우스, 항공기 모델	제품의 물리적인 구조, 외관 등
소프트웨어	방정식, 수식, 데이터 모델,	제품의 수학적 처리 기능 등

지능 검사 또는 적성 검사 문제 중에 다음과 같이 일련의 숫자들을 주고 다음 빈칸의 숫자를 맞추라는 유형들이 있다.

1, 3, 5, 7, 9, ( ), ·· (수열 2.1)

0, 1, 1, 2, 3, 5, 8, ( ), ·· (수열 2.2)

(수열 2.1)을 보고 즉시 (11)이라고 답을 맞히고, (수열 2.2)를 보고 (13)이라고 답을 맞히는 사람들이 있다. (수열 2.1)에서는 숫자들이 2씩 증가되는 규칙을 보고 이 규칙은 2x+1이고 x는 0부터 시작되는 정수라고 확인한다. 실제로 x값이 3이면 결과 값은 y = 2*5 + 1 = 11이 되는 것을 알 수 있다. 따라서 이 수열의 규칙은 y = 2x +1이라는 방정식이다. 이와 같은 방정식을 우리는 모델이라고 부른다. 숫자들로부터 모델을 만들면 그 다음부터는 얼마든지 몇 번째 칸에는 어떤 숫자가 오는지를 쉽게 알 수 있다. 이와 같이 모델이란 자료들로부터 만들어진 방정식이라고 할 수 있다. 인공지능은 자료가 많이 있으면 그 자료들의 규칙을 발견하고 모델을 만들 수 있다. 이렇게 만들어지는 모델을 인공지능 모델이라고 부른다. 인공지능 모델은 컴퓨터에서 실행되므로 실제로는 프로그램이다.

2.4.2 인공지능 모델

인공지능 모델은 크게 규칙기반(rule-based) 모델과 신경망(neural network) 모델로 구분된다. 인공지능 초기에는 규칙기반 모델을 위주로 발전하였으나 최근에는 신경망 모델을 위주로 발전하고 있다.

(1) 규칙기반 모델

1950년대에 인공지능 연구가 시작되었을 때는 인간의 두뇌가 무엇을 하는가에 중점을 두었다. 민스키와 매카시 등에 의하여 두뇌의 기능을 중심으로 연구되었다. 두뇌의 기능에 따라 기호와 규칙을 기반으로 논리적으로 추론하는 방법을 위주로 연구하였다. 주요 적용 대상은 수학의 정리를 증명하거나 게임, 문제해결, 자연어 처리를 기반으로 하는 기계 번역, 전문가 시스템 등이었다.

(2) 신경망 모델

신경망 모델은 인간의 신경계가 작용하는 원리를 기반으로 연구되었다. 따라서 무수하게 많은 신경 세포들이 작용하는 신호 전달 과정을 컴퓨터 프로그램으로 구현하였다. 규칙기반 모델과 함께 연구를 시작하였으나 컴퓨터 성능 등 여러 가지 문제점으로 인하여 침체에 빠졌다가 2000년대부터 활성화되기 시작하였다. 핵심 기술은 기계학습과 딥러닝이며, 현재는 딥러닝이 음성과 영상인식 등 패턴인식 연구를 주도하고 있다. 로젠블라트가 활로를 열었으나 침체하였고 제프리 힌턴 등의 노력으로 활성화되고 있다.

(3) 인공지능 모델 개발

인공지능 학습은 컴퓨터가 스스로 자료의 규칙을 찾는 기술을 말하고, 인공지능 훈련이란 학습을 구현하기 위한 과정을 말한다. 자료가 많고 훈련을 많이 할수록 인공지능 모델은 정확성이 높아진다. 즉, 인공지능 훈련은 자료의 규칙을 찾고 정확도를 높이는 방향으로 방정식을 수정해가는 과정이다. 일단 인공지능 모델을 만들고 나면 그 다음부터는 새로운 자료가 있으면 즉시 결과를 알 수 있게 되므로 매우 편리하다. 여기서 인공지능 모델이란 입력과 결과와의 관계를 식으로 표현하는 알고리즘이라고 할 수 있다.

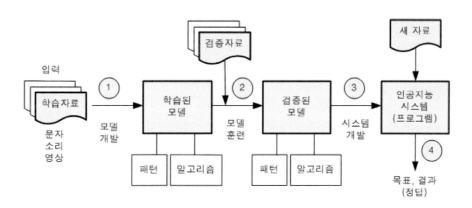

[그림 2.14] 인공지능 모델과 시스템 개발

[그림 2.14]는 인공지능 시스템을 구축하는 절차로서 처리 순서는 다음과 같다.

첫째, 입력 자료들의 규칙을 찾아내서 인공지능 모델을 구축한다. 입력 자료는 문자, 소리, 영상, 동영상 등 모두 가능하다.

둘째, 구축된 인공지능 모델의 정확성을 높이기 위하여 시험 자료와 검증 자료를 이용하여 모델을 검증하고 개선한다. 이 과정이 모델을 훈련시키는 것이다. 인공지능 모델은 학습된 자료(패턴)과 인공지능 알고리즘으로 구성된다.

셋째, 검증된 모델을 기반으로 응용 분야를 선정하고 인공지능 응용 시스템을 구축한다.

넷째, 인공지능 시스템이 구축되면 새로운 자료로 예측 작업을 수행할 수 있다. 학습에 사용되지 않은 새로운 자료가 들어오면 인공지능 프로그램이 정답을 출력한다.

첫째 단계에서의 입력 자료와 마지막 단계의 결과(목표, 정답) 사이에는 일정한 관계(규칙)가 성립하므로 프로그램으로 구현할 수 있다. 대부분의 인공지능 알고리즘은 입력과 목표(결과, 정답)의 관계를 수식(방정식, 프로그램)으로 표현할 수 있다.

2.5 인공지능 기술

인공지능 기술은 인공지능 제품을 만드는 제작 기술과, 고객들에게 제품을 잘 사용하게 하는 서비스 기술로 구분할 수 있다. 제작 기술은 기계가 인간처럼 행동하도록 만드는 기술이고, 서비스 기술은 사람들이 인공지능을 활용하는 기술이다.

(1) 인공지능 제작 기술

기계가 인간처럼 행동하려면 인간이 행동하는 여러 가지 능력을 갖추어야 한다. 이런 능력을 모두 갖추기 위해서는 [표 2.4]와 같이 다음과 같은 조건들이 필요하다.

첫째, 인공지능에게 가장 필요한 것은 인간과 대화를 나누는 것이다. 기계가 대화를 하는 것은 사람과 여러 가지 방식으로 의사소통을 하는 것이다. 우선 사람의 음성을 듣고 이해하는 음성인식 기술과 함께 사람이 쓴 문장을 읽고 이해하는 기술도 포함된다. 문장인식에는 손 글씨를 읽는 기술도 포함된다. 음성을 이해하고, 문장을 이해하고, 손 글씨를 이해하는 기술은 기존 분야에서 오랫동안 발전해 왔으므로 상대적으로 익숙한 분야이다.

[표 2.4] 인공지능의 조건

	기술 분야	내용	비고
1	자연어처리	자연어를 듣고 읽고 이해하기	음성인식, 손 글씨인식
2	영상처리	그림과 동영상을 읽고 이해하기	영상 및 동영상인식
3	정서	분위기를 읽고 감정을 이해하기	감성인식
4	학습	모르는 분야를 학습하고 행동을 결정하기	학습 능력
5	의사결정	의사를 결정하고 수행하기	선택적 결정

둘째, 기계가 인간처럼 그림을 보고 무엇인지 인식할 수 있어야 한다. 그림을 보고 인식하는 것은 동영상을 보고 인식하는 기술과 밀접하다. 기계가 물체나 영상을 인식하는 기술은 오랫동안 개발된 분야이다. 컴퓨터 비전이 여기에 속한다.

셋째, 기계가 인간처럼 감정을 표현하고 느낄 수 있어야 한다. 음성인식과 영상인식은 논리적인 분야이므로 상대적으로 어렵지 않다. 그러나 분위기와 인간의 정서를 인식하는 것은 감성적인 분야이므로 상대적으로 더 어렵다. 이것은 센서 기술을 고급화하여 해결하기도 한다. 예를 들어, 저주파수의 음성과 밝은 색과 따듯한 온도를 감지하면 온화하고 부드러운 분위기로 인식하고, 고주파 음성과 차가운 색과 낮은 온도를 감지하면 차가운 분위기로 인식할 수 있다.

넷째, 기계가 인간처럼 새로운 지식을 공부하고 학습을 하는 것은 자신의 능력을 향상시키는 중요한 기술이다. 기계가 자료를 읽고 자료들의 특징을 찾아서 특징을 기준으로 자료를 분류하는 것은 학습의 기본 단계이다. 기계의 학습 능력이 발전하면 기계가 인간을 지배하게 될 수도 있다.

다섯째, 기계에게 여러 가지 선택 사항이 주어질 경우에 인간처럼 의사결정을 해야 한다. 음성과 문장과 영상을 통하여 많은 정보를 이해하고 있더라도 복잡한 환경에서 의사결정을 수행하는 것은 어려운 분야이다.

여러 가지 기술 중에서 인공지능의 활용성을 가장 높이는 것은 자연어 처리기술(Natural language processing)이다. 기계가 인간의 언어를 알아들을 수 있고 소통하는 기술이다. 자연어 소통은 사고 역량과 연결돼 있어 컴퓨터와 지능을 위한 중요한 기술이다. 음성인식 기술과 결합해 발전하면서 검색, 자동번역과 통역, 챗봇, 인공지능 스피커, 인공지능 비서, 대화형 지능형 로봇 등 다양한 영역에서 활용되고 있다.

최근의 인공 신경망(ANN: Artificial Neural Network) 기술은 지금의 인공지능 시대를 가져오게 한 핵심 기술이다. 인공 신경망은 인간의 뇌를 모방한 컴퓨터 학습 알고리즘이다. 앞에서의 음성인식, 문장인식, 영상인식 등에 두루 적용할 수 있는 기술이다. 이것은 두뇌 신경세포인 뉴런(neuron)과 뉴런 간의 신호 연결 지점인 시냅스(synapse)를 컴퓨터 프로그램으로 재현한 것이다. 인공 신경망은 인간의 두뇌가 학습에 의해 크게 좌우된다는 점을 모방했다. 인공 시냅스의 결합으로 네트워크를 형성한 인공 뉴런이 학습을 통해 인공 시냅스의 결합 세기를 변화시켜 문제 해결 능력을 높여가는 알고리즘 구조다. 이는 딥러닝의 핵심 기술이며 인공지능이 새로운 지평을 열어 인공지능 시대를 열게 한 기술이다.

⑵ 인공지능 서비스 기술

인공지능을 구현하는 서비스 기술에는 다음과 같이 인식, 예측, 수행의 세 가지가 있다.

1) 인식 기술

인식이란 인공지능이 주어진 상황을 받아들이는 것이다. 예를 들어, 아마존의 알렉사(Alexa), 구글의 듀플렉스(Duplex), 애플의 시리(Siri) 같은 음성인식 서비스가 여기에 속한다. 음향, 영상, 동영상 등을 인식하는 기술도 포함된다. 따듯하거나 차갑다 등 부분적으로 감성적인 내용도 인식할 수 있다.

2) 예측 기술

예측이란 자료를 이용하여 앞으로 다가올 상황을 사전에 추정하는 것이다. 예를 들어, 고객의 구매 자료를 검토하여 언제 어떤 상황에서 어떤 제품들이 어떻게 잘 판매될 것을 예견하고 미리 준비하게 하는 것이다. 구글의 검색엔진, 유투브의 추천 영상 등이 여기에 속한다.

3) 수행 기술

수행이란 인공지능이 사람처럼 직접 어떤 물건을 만들거나 행동을 하는 것이다. 제조공장에서 제품을 만들거나, 식당에서 요리를 서빙하거나, 고객의 질의에 응답하거나, 상점에서 재고를 관리하는 로봇 등이 여기에 속한다.

앞으로 인공지능 제작기술 보다 오히려 서비스 기술 분야에서 더 많은 업무와 기술 인력이 필요할 것으로 생각된다.

⑶ 인공지능 기술자 요건

인공지능 시대에는 다양한 분야의 현실 문제를 해결하기 위하여 인공지능 기술자들이 더욱 많이 필요하다. 인공지능 강국이 되기 위해서는 인공지능 인력을 충분히 갖추어야 한다. 인공지능 개발 기술자가 되기 위해서는 다음과 같은 요건을 갖추어야 한다.

첫째, 교육: 컴퓨터, 수학, 통계, 전기, 전자 등 대학의 관련 학과에서 우수한 능력을 보여야 한다. 디지털에 대한 적응력이 필요하다.

둘째, 기술 능력: 알고리즘, 자료구조, 기계 학습, 딥러닝, 컴퓨터 비전, 자연어 처리 및 소프트웨어 엔지니어링 등의 지식이 요구된다. 이 능력을 컴퓨터 프로그램으로 보여주어야 한다.

셋째, 프로그래밍: Python, R, Java, C++, MATLAB 등 하나 이상의 프로그래밍 언어에 능숙해야 한다. 특정 과제에서 작성한 큰 프로그램을 보여주어야 한다.

넷째, 경력: 전문적인 프로젝트 포트폴리오, AI 시스템 및 응용 개발 업무 경험이 있어야 한다. IT 관련 기업에서 인턴 경험을 쌓으면 좋다.

[표 2.5] 인공지능 개발 기술자 요건

주 제	내 용
교 육	대학의 컴퓨터과학, 수학, 통계, 전기 등 전공자
기술 능력	알고리즘, 자료구조, 기계 학습, 딥러닝 등에 대한 이해
프로그래밍	Python, R, Java, C++, C 등 하나 이상에 숙련자
경 력	전문 프로젝트 개발, AI 시스템 및 응용 개발 업무 경험.
수학, 통계	선형 대수, 미적분, 확률과 통계 지식 등
문제 해결	복잡한 기술 문제 해결하고, 의사 결정을 내리는 능력.
의사소통	이해 관계자들과 기술 정보를 효과적으로 교환하는 능력.
적응성	빠르게 변화하는 기술과 환경에 적응하는 능력.
팀워크	팀의 다른 사람들과 효과적으로 협력하는 능력.
인지과학	신경과학, 인공지능, 철학, 심리학, 언어학 등에 대한 이해

다섯째, 수학, 통계: 선형 대수, 미적분, 확률 및 통계 지식 등이 필수적으로 요구된다. 논리적인 사고 능력이 필요하다.

여섯째, 문제 해결: 복잡한 기술 문제를 해결하고 자료를 분석하여 통찰력을 얻고 의사 결정을 내리는 능력이 요구된다.

일곱째, 의사소통 기술: 기술적 정보와 비 기술적 이해 관계자 모두에게 기술 정보를 효과적으로 전달하기 위한 우수한 의사소통 기술이 필요하다. 대인관계 능력이 요구된다.

여덟째, 적응성: 변화하는 기술에 적응하고 빠르게 변화하는 환경에서 작업할 수 있는 능력이 요구된다. 새로운 환경을 잘 받아들이는 진보적 사고가 필요하다.

아홉째, 팀워크: 팀에서 일하고 있는 다른 사람들과 효과적으로 협력하는 능력이 요구된다. 대인관계 능력이 요구된다.

열 번째, 인지력: 새로운 지식을 습득하고 이해할 수 있는 능력이 필요하다. 인지과학의 여러 분야를 이해하는 것이 좋다.

인공지능에서 앞서 가기 위해서는 [표 2.5]와 같은 요건의 기술 인력을 갖추도록 노력해야 한다. 이를 위해 인공지능 관련학과를 성장시킬 수 있는 교육과 연구 정책들이 필요하다. 산업혁명에 앞섰던 나라들이 선진국이 되었듯이 앞으로는 인공지능에 앞선 사람들과 나라들이 세상을 주도할 것이다.

(4) 코딩 기술

인공지능 시대에 살기 위해서는 인공지능 마인드를 갖추어야 하고, 이것은 인공지능 프로그램을 코딩하는 것으로 시작된다. 인공지능의 목적은 인간의 문제를 해결하는데 있으며 문제 해결은 해결 방법 선택과 함께 해결 절차에 대한 논리적인 사고를 필요로 한다. 코딩은 바로 논리적인 사고를 훈련하는 가장 좋은 방법이다. 문제 해결은 기본적으로 문제를 잘 이해하는 것과 문제를 단순화하고 복잡한 문제를 여러 개의 작은 단위로 나누고, 나누어진 작은 문제

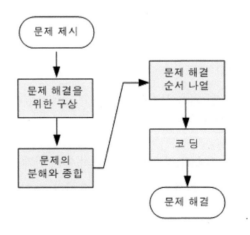

[그림 2.15] 문제 해결을 위한 코딩

들을 차례대로 해결하는 것이다. 이를 위해서는 문제를 다양한 관점에서 보고, 문제의 핵심에 접근하는 자세가 중요하다. 다양한 관점이란 자유로운 생각으로 문제를 풀어나가는 길을 찾는 것이다.

코딩(coding)이란 컴퓨터 프로그램을 구성하는 명령어들을 코드(code)로 작성하는 것이며 컴퓨터가 해야 할 일을 순서대로 나열하는 일이다. 코딩이란 사람이 생각하는 과정을 명확하게 적어나가는 일이다. 다만 문법이 컴퓨터 프로그램 문법이므로 자연어 문법과 다를 뿐이다. [그림 2.15]는 문제 해결을 위하여 프로그램을 코딩하는 절차이다. 코딩을 하는 과정에서 쌓은 논리적 사고와 경험으로 인하여 일상에서 겪는 문제 해결 능력도 향상될 것이다.

MS 창업자 빌 게이츠, 오바마 대통령, Apple 창업자 스티브 잡스 등 세계적으로 유명한 지도자들이 코딩의 중요성을 역설하고 학교에서 적극적으로 교육해야 한다고 강조하였다. 이들의 주장은 코딩이 논리적 사고력을 증진하고, 창의력을 길러주며, 문제 해결을 위한 생각과 자신감을 길러준다는 것이었다. 실제로 이 영향을 받아 일본에서는 초등학교 모든 어린이들에게 코딩 교육을 하고 있다.

2.1 다음 용어들을 정의하시오.
   1) 기계   2) 인공어   3) 기계학습   4) 로봇   5) 컴퓨터   6) 프로그램

2.2 기계의 구성 요소들을 설명하시오.

2.3 기계의 발전 과정을 설명하시오.

2.4 인공지능 프로그램과 기존 프로그램의 차이를 설명하시오.

2.5 동물 신경계의 진화 과정을 설명하시오.

2.6 인간의 지능 진화 과정을 설명하시오.

2.7 인간의 보편 문법과 기계의 기계어 문법과의 관계를 설명하시오.

2.8 인간의 마음과 기계가 소통할 수 있는 원리를 설명하시오.

2.9 어린이가 언어를 배우는 과정과 인공지능의 지도학습을 비교하시오.

2.10 인공지능 모델이 하는 일은 무엇인지 설명하시오.

2.11 인공지능 프로그램이 잘 돌아가기 위한 요소들이 무엇인지 중요한 순서대로 설명하시오.

2.12 인공지능을 서비스하기 위한 기술들을 예를 들어 설명하시오.

2.13 자연어와 인공어는 어떻게 호환되는지 설명하시오.

2.14 기존 프로그램과 인공지능 프로그램의 차이점을 설명하시오.

2.15 기계가 학습하는 방식을 설명하시오.

2.16 인공지능 기술자들이 갖추어야 하는 요건을 제시하고 설명하시오.

CHAPTER 3

인공지능의 역사

능력이 매우 뛰어난 사람을 소개할 때 우리는 컴도저(컴퓨터+ 불도저)라고 한다. 컴퓨터처럼 신속하고 정확하며 불도저와 같이 힘차게 추진하는 사람을 말한다. 인공지능은 컴퓨터에 인간의 마음을 융합한 프로그램이다. 인공지능이 발전하면 불도저에 설치할 수도 있고 비행기에 설치할 수도 있다. 인공지능이 확장되면 인간이 마음먹는 대로 기계를 움직일 수 있게 된다. 이것은 과학자들이 오랫동안 꿈꾸어온 희망이었다.

인공지능을 처음 꿈꾼 사람은 영국의 수학자 앨런 튜링이다. 튜링은 암호를 해독하기 위하여 최초로 컴퓨터를 만들었고 제2차 세계대전을 승리로 이끄는데 일조하였다. 그는 인공지능이 사람의 능력을 뛰어넘는 시기가 1990년대에 오리라고 예측했다. 그러나 그 예측은 빗나갔고 이제는 2045년경에 인공지능 시대가 오리라고 전문가들이 예측했다. 지금까지 인공지능 시대가 오기 위하여 지난 수십 년간 힘들게 노력한 역사가 있다.

제2차 세계대전 후에 컴퓨터가 보급되어 인기를 끌면서 인공지능 붐이 일었으나 곧 기술적 한계에 부딪쳐 겨울을 맞이하였다. 새로운 인공지능 기술이 소개되어 붐이 일었다가 다시 한계에 부딪쳐 가라앉기를 몇 차례 반복하였다. 사람들에게 희망과 절망을 주는 가운데 인공지능은 점차 발전을 거듭하여 실질적으로 산업계 중심에 자리를 잡기 시작하였다. 특히 인공신경망이 기계학습에서 큰 성과를 이루면서 다양한 산업에 거대한 바람을 일으키고 있다. 이제는 많은 사람들이 확실하게 인공지능 시대가 온다는 희망에 부풀어 있다. 이미 작은 인공지능들이 성공을 거듭하여 세상을 바꾸고 있기 때문이다.

T·I·P 처치-튜링 명제(Church-Turing hypothesis)

처치-튜링 명제는 사람이 계산할 수 있는 것은 기계도 계산할 수 있다는 이론[1]이다. 튜링과 처치[2]가 각각 자신들의 논문에서 주장한 내용이 [그림 3.1]과 같기 때문에 두 사람의 이름을 연결한 명제가 나왔다. 처치는 "결정 불가능한 문제"가 존재한다는 것을 주장했고, 튜링은 "기계적인 방법으로 풀 수 없는 문제"가 존재한다는 것을 증명했다. 처치와 튜링은 훗날 서로의 논제가 본질적으로 같다고 주장하였다.

[그림 3.1]에서와 같이 모든 수학 문제는 처리 절차를 명확하게 기술할 수 있는 것과 그렇지 못한 것으로 나눌 수 있다. 그 중에서 처리 절차를 명확하게 기술할 수 없는 문제는 알고리즘으로 기술할 수도 없고 당연히 기계도 해결할 수 없다. 그러나 명확하게 기술할 수 있는 문제는 알고리즘으로 기술할 수 있고, 알고리즘으로 기술할 수 있다면 당연히 튜링 기계로 해결할 수 있다는 주장이다.

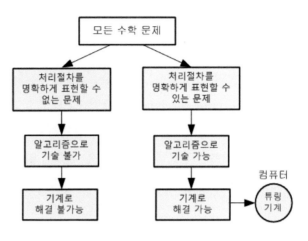

[그림 3.1] 처치-튜링 명제

3.1 컴퓨터 : 인공지능의 시작

인간처럼 사고하는 지능 기계의 개념은 그리스 신화에서도 발견된다. 고대인들도 사람처럼 생각하고 행동하는 기계에 대한 꿈이 있었다. 삼국지에는 제갈공명이 자동으로 움직이는 수레를 만들어 군수품을 이동하려 했다는 주장이 있다. 그 이후에 어느 정도 지능적인 기계장치의 로봇들이 문학 작품에 나타나게 된다. 영화에서도 미국의 인조인간과 소련의 개조인간이 경쟁하는 모습을 볼 수 있다. 이제 그 꿈이 점차 실현되고 있다. 인조인간에 대한 꿈은 아주 오래되었으나 구체적인 인공지능은 컴퓨터로 시작되었다.

3.1.1 컴퓨터의 출발

화약, 종이, 인쇄기, 나침판처럼 이 세상을 바꾼 발명품들은 수없이 많지만 컴퓨터만큼 세상을 혁명적으로 바꾼 물건은 드물 것이다. 컴퓨터가 발전하면서 앞으로 계속 세상을 바꿀 것이다. 컴퓨터는 하드웨어로 출발했지만 점차 소프트웨어로 중심이 이동하고 있으며 최종 목

---

1   The Church-Turing hypothesis: https://plato.stanford.edu/entries/church-turing/#Bib,

2   Alonzo Church(1903.06.14.~1995.08.11): 미국의 수학자, 논리학자, 프린스턴대 수학과 교수. 전산학의 이론적 기초를 세운 학자 중의 한 명.

표는 인간처럼 사고하는 것이다. 컴퓨터의 최종 종착지는 인공지능이 될 것이다.

(1) 튜링 기계

튜링이 제안한 튜링기계(Turing Machine)는 [그림 3.2]와 같이 테이프와 헤드와 제어장치로 구성된 자동기계 모델이다. 테이프는 입·출력을 담당하며, 작은 칸들로 구분되어 문자를 읽거나 쓸 수 있다. 이 테이프의 자료를 읽거나 쓰기 위해서 읽기-쓰기 헤드(read-write head)가 있으며, 이 헤드는 테이프를 왼쪽이나 오른쪽으로 움직일 수 있고 움직일 때마다 하나의 문자를 읽거나 쓸 수 있다. 제어기구란 입력된 자료에 따라 테이프와 상태를 이동하고 출력을 실행하는 장치이다. 테이프에 기록되는 문자는 임의로 0과 1 또는 a, b, c로 정의할 수 있다. [표 3.1]은 튜링기계의 이해를 돕기 위하여 컴퓨터와 비교한 것이다. 튜링 기계는 매우 단순하지만 복잡한 수학 문제를 해결할 수 있다. 다만 이것은 개념을 설명하기 위한 모델이고 튜링은 이것을 기반으로 실제 컴퓨터를 만들어 자신의 이론을 증명하였다.

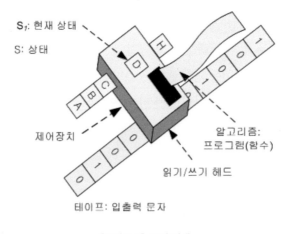

[그림 3.2] 튜링 기계

튜링은 튜링 기계 이론을 이용하여 실제로 컴퓨터를 제작하였고, 이 컴퓨터를 이용하여 독일의 에니그마(Enigma)[3]가 만든 암호를 해독했다. 과학의 역사에서 컴퓨터를 언급한 사람들

---

3 Enigma: 제2차 세계대전에서 독일군이 사용한 휴대용 전기기계식 암호 장비. 고대 그리스어로 "수수께끼"라는 뜻. 독일군은 전쟁 내내 이 암호가 완벽하다고 믿었으나 운영방법은 미숙했다. 이 암호는 전쟁 전에 일부가 폴란드 군에 누출되었으며 전쟁 중에 영국에 의하여 해독되었다.

은 많았지만 인공지능을 언급한 사람은 앨런 튜링이 처음이다. 튜링은 컴퓨터가 사람처럼 생각할 수 있는지를 판단할 수 있는 '튜링 테스트'를 제시하였다. 튜링 테스트는 사람이 컴퓨터로 대화하면서 대화 상대가 컴퓨터인지 사람인지를 구별하는 시험이다. 이 시험에서 상대방이 컴퓨터인지 사람인지를 구별할 수 없다면 그것은 사람처럼 생각하는 인공지능이라고 인정할 수 있다는 것이다. 튜링 테스트는 인공지능에 대한 최초의 연구로 간주된다. 튜링은 인공지능이 사람의 사고 능력을 추월하는 시기(특이점)를 1990년대로 예측하였다. 튜링이 인공지능을 처음 언급할 수 있었던 이유는 그가 세계 최초로 컴퓨터를 제작하고 실제 문제해결에 활용했었기 때문이다.

튜링의 최초 개발에도 불구하고 튜링의 컴퓨터는 세상에 알려지지 않았다. 따라서 이 컴퓨터는 세상에 아무런 영향을 주지 못했다. 그 이유는 영국 정부가 국제 무대에서 암호 해독기로 활용하기 위하여 컴퓨터의 존재를 계속 비밀로 했기 때문이었다.

📋 T·I·P **튜링 기계와 컴퓨터**

앨런 튜링(Alan Turing)은 1936년에 실제 기계가 아닌 추상적인 자동기계에 관한 논문[4]을 발표하였다. 그는 독일의 유명한 수학자 데이비드 힐베르트(Hilbert)가 1900년 파리 국제 수학회에서 제기한 문제를 해결한다. 힐베르트 문제란 모든 수학 문제들을 풀 수 있는 일반적인 알고리즘을 발견하는 것이었다. 튜링은 힐베르트의 문제에 대한 답은 '불가능'이라고 결론지었다. 그는 어떤 수학 문제들은 '제한된 명확한 처리과정'에 의하여 풀 수 없다는 것을 증명하였다. 그 대신 [그림 3.2]와 같은 튜링 기계(Turing machine)를 제안하고 '수학 처리 절차가 명확하게 정의'된다면 튜링 기계가 할 수 있는 일이라고 주장하였다. 이것으로 튜링은 전 세계 수학계에 큰 충격을 주었고 수학 천재로 인정을 받았다.

튜링은 튜링 기계 이론을 기반으로 컴퓨터를 제작하여 현실에서 자신의 이론을 증명하였다. 튜링은 독일군의 암호를 풀기 위하여 1943년 Bombe[5]라는 전자기계를 만들었다. 이것이 바로 세계 최초라고 알려진 컴퓨터이다. 이 컴퓨터를 이용하여 독일군의 암호를 신속하게 해독했기 때문에 영국과 연합군이 전쟁에서 승리하는데 큰 기여를 하였다.

튜링은 동성과 연애한 죄로 재판을 받고 시달리다가 자살로 생을 마감하였다. 당시에 동성연애는 국가 반역에 해당하는 중죄로 처벌을 받았다. 2013년 영국 정부는 튜링 사후 59년 만에 튜링의 '동성을 사랑한 죄'를 사면하였다. 국제컴퓨터학회에서는 해마다 컴퓨터과학에 큰 업적을 남긴 사람들에게 Turing Award[6]라는 상을 수여하여 그의 업적을 기린다. 현재 우리가 사용하고 있는 모든 컴퓨터는 튜링 기계를 기반으로 개발되었다.

---

4   "On Computable Number with an Application to the Entscheidungs(결정)-problem", 1936.

[표 3.1] 튜링기계와 컴퓨터

장치 \ 구분	튜링기계	컴퓨터	비 고
처리기	제어장치	CPU	
주기억장치	내부 상태	RAM	
보조 기억장치	테이프	디스크/테이프/…	
프로그램	전이 함수	C, C++, BASIC	추론 규칙

(2) ENIAC 컴퓨터

세상에 최초로 알려진 컴퓨터는 1946년에 미국에서 개발된 ENIAC(Electronic Numerical Integrator and Calculator)이다. ENIAC은 펜실베이니아 대학의 모클리(J.W Mauchil)와 에커트(J.P Eckert) 교수에 의해 발명되었다. 약 18,000여개의 진공관이 사용되었고 높이와 길이가 5.5*24.5미터였고, 무게가 30톤인 대형 장치였다. 미국 육군의 탄도 계산용으로 개발되었으나 풍동 설계, 일기 예보 등에 이용되었다. ENIAC의 출현은 당시 세계에 엄청난 충격을 주었다. 기계가 계산을 할 수 있다는 것은 기계가 인간처럼 사고할 수 있다는 가능성을 보여주는 것이기 때문이다. 당시 미래학자들은 컴퓨터가 앞으로 세계를 폭발적으로 변혁할 것이라고 예견하였다.

컴퓨터는 수학적 계산을 많이 하는 과학기술계에 영향을 주어 이 분야에서 우선적으로 사용하기 시작하였다. 그 다음에는 자료를 대량으로 처리하는 금융기관 등에서 업무처리용으로 사용하기 시작하였다. 인문계에서는 심리학 분야에서 인간의 사고가 정보를 처리하는 컴퓨터 프로그램과 유사하다는 판단에서 사용되기 시작하였다. 더 나아가 최종적으로는 자연과학, 사회과학, 인문과학, 예술 등 모든 분야에서 컴퓨터를 사용하기 시작하였다.

ENIAC 등의 출현으로 인하여 1950년대에 존 매카시(John McCarthy)[7] 교수를 중심으로 인

5　Bombe: 영국이 독일군의 암호를 해독하기 위하여 만든 전자장치. Bombe는 독일군 전술통신에 사용되는 Enigma라는 기계가 만든 암호를 해독했다.

6　Turing Award: 컴퓨터 과학 최고의 명예로 알려진 컴퓨터 과학의 노벨상. 국제컴퓨터학회(the Association for Computing Machinery (ACM))는 해마다 100만 달러의 상금을 수여(구글 지급).

7　John McCarthy(1927~2011): 미국 인지심리학자, 컴퓨터과학자. 1956 다트머스회의에서 처음 인공지능 용어 창안. 인공지능 연구 업적으로 1971 Turing Award 수상. LISP 프로그래밍 언어 설계 및 구현.

공지능이 활발하게 연구되기 시작되었다. 그러나 여러 차례의 침체기를 거치면서 2000년대에 들어와 다시 활성화되었다. 특히 4차 산업혁명과 함께 타오르기 시작한 인공지능의 불꽃은 상당기간 계속될 것이다.

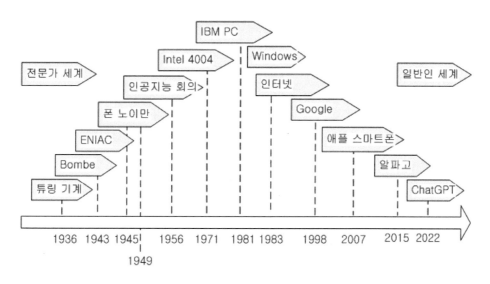

[그림 3.3] 컴퓨터 시대의 기술 혁신 이정표

⑶ 컴퓨터 시대의 기술혁신

[그림 3.3] 같이 컴퓨터가 세상에 나와서 세상을 바꾸기 시작한지 100주년이 다가오고 있다. 튜링 기계(Turing Machine)라는 컴퓨터 이론이 처음 발표되어 세상을 놀라게 한 것은 1936년이었고, 튜링이 이론을 토대로 컴퓨터를 만들어서 현실 문제를 해결한 것은 1943년이다. 튜링의 컴퓨터는 영국 정부에 의하여 비밀로 감추어졌지만 1946에 미국에서 만든 ENIAC 컴퓨터는 일반에 공개되어 큰 충격을 주었다. 폰 노이만(von Neumann)[8]이 프로그램 저장(stored program) 방식[9]으로 컴퓨터 구조를 혁신적으로 개선한 것은 1949년이었고, 이것을

---

8 von Neumann(1903~1957): 헝가리 출신 미국 수학, 물리학자. 프로그램 저장 방식의 컴퓨터 구조 개발. 최초로 순서도, 서브루틴, 몬테카를로법 사용.

9 stored program 방식: 프로그램을 실행하는 명령문을 주기억장치에 저장하고 하나씩 꺼내서 CPU에서 실행하는 방식. 이전에는 프로그램 없이 수많은 스위치와 릴레이들을 이용하여 손으로 작업을 처리하였다.

토대로 만든 컴퓨터가 EDSAC이었다. 이후 모든 컴퓨터는 폰 노이만 구조를 따라서 프로그램을 주 기억장치(main memory)에 저장하고 처리기(CPU)가 실행했다. ENIAC과 EDSAC 컴퓨터가 세상에 알려지자 관련 학자들이 인공지능에 대한 꿈을 실현하려고 노력하기 시작하였다. 1956년에는 학자들이 다트머스대학에 모여서 회의를 하고 인공지능을 연구하기 시작하였다. 1971년에는 Intel에서 intel4004라는 마이크로-콘트롤러를 발표하였다. 당시에 사용하는 컴퓨터는 대형이었으나 마이크로 컴퓨터가 나와서 세상을 바꾸기 시작하였다.

1981년에 발표된 IBM PC는 마이크로-컨트롤러를 이용하여 컴퓨터 전문가가 아닌 일반인들이 사용할 수 있도록 제작되었다. 이후로 전 세계의 모든 사무실과 가정에는 당연하게 IBM PC가 설치되어 사용하기 시작하였다. 이것은 저렴한 가격으로 보급되어 아날로그 세상을 디지털 세계로 바꾸어 놓았다. 1983년에는 인터넷이 발표되었고 1989년에는 구글의 검색 엔진이 보급되어 전 세계 사람들이 홈페이지라는 이름으로 지구적 차원에서 검색을 하고 소통을 하기 시작하였다. 2007년에 발표된 애플의 스마트폰은 사람들의 손 안에 컴퓨터를 쥐어주고 사용하도록 만들어 주었다. 누구나 휴대폰으로 인터넷의 정보세계를 공유하게 되어 세계가 점점 좁아지게 되었다. 2015년에는 알파고(AlphaGo)[10]라고 하는 인공지능 프로그램이 나와서 바둑 전문기사들을 누르고 승리하는 모습을 보고 세계인들은 큰 충격을 받았다. 2022년에는 OpenAI 회사에서 ChatGPT(v. 3.5)라는 인공지능 대화형 프로그램이 나와서 다시 세상을 바꾸고 있다.

1936년의 튜링 기계부터 1971년의 Intel4004까지는 컴퓨터 분야 전문가들 사이의 혁신이었지만, 1981년 IBM PC 이후부터는 일반인들도 사용하는 기술로 세상을 바꾸고 있다. 컴퓨터 혁명은 계속하여 세상을 놀랍게 하는 혁신 기술을 쏟아내고 있다. 지금은 인공지능 시대가 되었으므로 모든 것이 새롭게 바뀔 것이라는 호기심과 함께 어려운 기술 세계에 적응해야 한다는 작은 두려움도 되고 있다.

---

10 AlphaGo: 구글의 딥마인드가 개발한 인공지능 바둑 프로그램. 2015년 프로 바둑기사(프랑스의 '판 후이')를 이긴 최초의 바둑 프로그램.

3.1.2 인공지능의 목표

1946년 ENIAC 컴퓨터가 처음 공개되었을 때 컴퓨터에 관심이 많은 일단의 연구자들은 사람처럼 생각하고 행동하는 기계를 만들려는 생각을 추진하였다. 이것을 달성하기 위해서는 두 가지 목표가 필요하다.

첫째, 사람처럼 생각하기 위해서 사람의 학습, 추론, 판단 능력 등을 컴퓨터가 대신한다. 이것은 인공지능으로 계속 발전한다.

둘째, 사람처럼 행동하기 위해서는 사람이 걷고 뛰고 손과 발을 움직이는 동작을 기계가 대신할 수 있어야 한다. 이것은 사람의 육체적인 기능과 밀접하여 주로 로봇 발전과 관련되었다(여기서는 크게 다루지 않는다).

산업사회에서 사용되고 있는 수많은 도구들은 대부분 사람들의 육체적인 기능을 돕는 기계들이었다. 자동차, 기차, 방직기, 공장 등은 모두 사람들 대신 화물을 나르거나 제품을 만드는 기계들이었다. 사람들의 정신적인 노동을 대신해주는 도구나 기계들은 거의 없었다.

1956년 다트머스대학의 워크샵에서 처음으로 인공지능에 대한 논의가 진행되었다. 이 모임을 주도했던 존 매카시, 마빈 민스키, 클로드 섀넌, 알랜 뉴월, 허버트 사이먼 등은 큰 꿈을 그리고 계획을 세웠다. 그 목표를 실현하기 위해서는 컴퓨터 과학, 수학, 통계학, 언어학, 심리학, 전자공학, 기계공학, 생물학 등의 학문들이 긴밀하게 연계되어야 한다고 생각했다. 이 학문들은 주로 제4장에서 다루는 인지과학 범위에 속한다. 이것은 인공지능이 다수의 학문들과 융합되어야 하는 것을 의미한다.

인공지능이 사람처럼 생각하고 행동하기 위해서는 [표 3.2]와 같이 다음과 같은 요건을 갖추어야 한다.

첫째, 사람과 언어로 대화할 수 있는 능력이다. 이를 위해서는 컴퓨터가 자연어를 처리할 수 있어야 하고, 음성을 인식할 수 있어야 사람과 대화가 가능하다. 컴퓨터 내부에서는 디지털로 처리하지만 음성은 아날로그 신호이므로 음성을 인식하고 음성으로 말을 하기 위해서는 아날로그 자료를 디지털로 변환해야 한다.

둘째, 사물을 지각하고 인식하는 능력이다. 컴퓨터가 사람을 인식하고 대응하기 위해서는 각종 센서들을 통하여 외부 정보를 지각하고 인식할 수 있어야 한다. 또한 각종 반응기를 통하여 인식한 내용을 외부로 표현할 수 있어야 한다.

셋째, 학습하는 능력이다. 컴퓨터가 사람처럼 공부를 하고 판단하기 위해서는 대규모 자료들을 기반으로 특징을 추출하고 분류하는 등 학습할 수 있어야 한다.

넷째, 추론하고 판단하는 능력이다. 인공지능은 기존의 정보들을 활용하여 새로운 지식을 창출해야 하고 창출된 지식으로 상황을 판단할 수 있어야 한다.

다섯째, 이동하고 손과 발을 움직이는 능력이다. 기계가 사람과 함께 어울리면서 협동하기 위해서는 사람처럼 이동하고 손과 발을 자유롭게 동작할 수 있어야 한다.

[표 3.2] 인공지능의 요건

구분	능력	내용
1	사람과 대화	자연어를 이해하고 사용할 수 있어야
2	지각과 인식	센서들이 사물을 지각하고 인식할 수 있어야
3	학습	대규모 자료로부터 특징을 추출하고 학습할 수 있어야
4	추론과 판단	기존 정보로부터 새로운 정보를 창출할 수 있어야
5	손발 운동과 이동	기계와 협동할 수 있도록 손발을 사용하고 이동할 수 있어야

이상과 같은 세부 목표들을 모두 구현할 수 있으면 사람과 동등하거나 우수한 기능을 구사하는 것이므로 특이점이라고 할 수 있으며 인공지능이 목표를 달성했다고 말할 수 있다. 다만 그 시기가 언제 올 것인지가 숙제일 뿐이다.

3.2 제1차 인공지능 붐: 규칙기반 인공지능

인공지능 붐은 역사적으로 1950년대에 시작해서 모두 3번 일어났다. 첫 번째와 두 번째 붐은 모두 침체기를 맞았으나 2010년대에 시작한 세 번째 붐은 아직도 식지 않고 뜨겁게 타오르고 있다.

3.2.1 1950년대 후반: 추론과 탐색 시대

펜실베이니아대학의 모클리[11]와 에커트[12] 팀이 만든 ENIAC 컴퓨터의 용도는 포탄의 탄도 계산 등 국방용이었다. 그러나 포탄의 탄도 계산 외에 난수, 우주선, 풍동 설계, 일기 예보 등 다양한 용도로 사용되었다. 이후 사람들은 컴퓨터의 정보처리 능력이 사람보다 우수하다고 생각하고 인공지능을 연구하기 시작했다.

1956년에 당시 저명한 학자들이 미국 뉴햄프셔주에 있는 다트머스대학 학술회의에 모여 인공지능 프로그램을 논의하였다. 마빈 민스키와 클로드 섀넌 등과 함께 모인 연구가들이 인공지능이라는 명칭 하에 인간의 지적 기능을 모방한 기계 연구를 적극적으로 개시하였다. 이 모임에서 인공지능이라는 용어를 사용하기 시작했으므로 이것이 1차 인공지능 붐의 시작이라고 할 수 있다.

(1) 인공지능을 위한 논리와 추리

규칙기반 인공지능은 논리 기반의 처리 규칙을 따라 추론하는 문제 해결 방식이다. 논리란 사고나 추리를 이치에 맞게 전개하는 과정이다. 논리는 객관적이고 명확한 사고 법칙을 적용함으로써 언제 어디서 어떤 상황에서 누구에게라도 인정을 받을 수 있어야 한다. 논리는 규칙기반 인공지능에 이론적 기반을 제공하며, 다양한 논리연산 기법들을 사용하여 지식을 표현하고, 추론의 도구로 사용한다. 인공지능에서는 논리를 적용하는 수단으로 논리 연산을 사용한다. 논리 연산에는 명제논리, 술어논리가 있다. 명제논리는 전체가 참과 거짓인지 구별하고, 술어논리는 문장을 주어와 술어로 구분하여 참과 거짓을 구분한다. 예를 들어, "사자는 동물이다"라는 문장은 명제이다. 그 이유는 이 문장을 참이나 거짓으로 판정할 수 있기 때문이다. 그러나 "바나나는 맛있다"라는 문장은 취향에 따라서 참과 거짓이 달라지므로 명제가 아니다. "철수는 학생이다"라는 문장은 '철수'라는 주어와 "학생이다"라는 술어로 구성된 문장이다. 따라서 주어가 바뀌는 것에 따라 참과 거짓으로 바뀌는 문장이므로 술어논리라고 한다. 인공지능은 논리 연산과 추론 기법을 이용하여 새로운 정보를 만들어낸다.

---

11 John William Mauchly(1907~1980): 미국 물리학자, 펜실베니아 대학 교수. 애니악 설계.
12 John Presper Eckert Jr(1919~1995): 미국 공학자. 애니악 제작.

[표 3.3] 부울 대수의 진리표

p q	~p	$p \lor q$	$p \land q$	$p \to q$	XOR
F F	T	F	F	T	F
F T	T	T	F	T	T
T F	F	T	F	F	T
T T	F	T	T	T	F
입 력	논리부정	논리합	논리곱	조건(함축)	배타적 논리합

1) 논리 연산

[표 3.3]의 논리 부정에서 명제 p에 대한 부정은 명제 p의 반대되는 진리 값이다. 논리합에서 p, q 중에서 하나라도 T(True)면 결과가 True가 되는 것이 논리합이다. 논리곱에서 p, q 모두 True라면 결과가 True가 되는 것이 논리곱이다. 조건(함축) 연산자에서 $p \to q$ 는 'p이면 q이다'라고 읽는다. $p \to q$ 는 p가 T이고 q가 F일 때만 F이고, 그 이외에는 모두 T가 된다. 화살표 $\to$은 인공지능에서 (if p, then q)로 사용된다. "하늘이 파랗다면, 태양이 서쪽에서 뜬다"는 F(False)이다. 그 이유는 p가 T이고 q가 F이므로 결과는 F이다. "비가 오면, 소풍가지 않는다"라고 말했는데 실제로 비가 오지 않았는데 소풍을 가지 않았다면 결과가 T일까 F일까? 결론부터 말하면 T이다. 그 이유는 조건(함축)문에서는 전제가 틀렸으면 결론은 무조건 참이기 때문이다.

2) 추론

추론(inference)은 이미 알려진 사실에서 새로운 주장(정보, 결론)을 이끌어내는 과정이다. 확실한 근거에서 논리적으로 전개하기 때문에 연역적인 논리라고 한다. 추론에는 귀납법, 연역법, 유추법 등이 있다. 추론은 제 1.2.1절 지능에서 간단하게 추론이 무엇인지 내용을 설명했으므로 여기서는 사례를 들어서 설명한다.

■ 귀납법(induction)

수많은 까마귀들을 조사했더니 모두 검은색이었다. 그렇다면 "모든 까마귀는 까맣다"라고 추론하는 것이다. 개별적인 사실들을 모아서 일반적인 결론을 만드는 방식이다.

- **연역법(deduction)**

헤라클래스는 사람이다. 사람은 모두 죽는다. 이 두 문장이 참이라면 "헤라클래스는 죽는다"라는 결론을 얻을 수 있다. 즉 두 개의 전제를 연결하여 새로운 주장을 이끌어내는 방식이다.

- **유추법(analogy)**

남의 물건을 몰래 훔치는 도둑질을 하면 절도죄에 해당한다. 어떤 사람이 전기를 몰래 끌어다 사용했다. 전기가 처음 보급되었을 때는 관련 법률이 준비되지 않았다. 전기는 물건이 아니기 때문에 몰래 사용했어도 절도죄에 해당되지 않는다. 해당 법률이 없으면 처벌할 수 없고, 법을 제정해도 소급 처리는 안 된다. 이때 전기를 재화로 보고 기존 절도법으로 유추해서 처벌했다. 이와 같이 유추는 현상이 다르더라도 비슷한 현상으로 간주하여 적용하는 것을 말한다.

컴퓨터 프로그램이 상품이 되어 처음 시장에 나왔을 때도 법조계는 고민을 했다. 프로그램이 들어있는 CD를 훔쳐가지도 않고 단순히 프로그램만 복제했으므로 처벌할 법률이 마땅치 않았다. 그래서 각종 소프트웨어와 프로그램을 불법으로 복제했을 때 전기 도둑질에 유추하여 적용했다고 한다.

인공지능이 학습할 때 경험하지 못한 자료들이 있을 수 있다. 학습하지 않은 새로운 자료가 입력되면 인공지능이 처리할 수 있을까? 인공지능은 학습하지 않은 자료가 입력되어도 처리하는데 그 방법이 바로 유추법이다.

3) 추론을 통한 탐색

탐색에는 깊이 우선 탐색과 너비 우선 탐색이 있다. 모두 초기 상태에서 시작하여 목표를 찾아가는 방법이다. 깊이 우선 탐색은 초기 상태에서 계속 노드를 따라 전진하다가 탐색할 노드가 없으면, 되돌아와서 다시 계속 노드를 따라 탐색하는 방법이다. 깊이 우선 탐색은 [그림 3.4](a)와 같이 시작 노드(뿌리)로부터 시작하여 3번 잎 노드까지 탐색을 하고, 다시 두 번째 4번 노드에서 시작하여 6번 노드까지 탐색한다.

너비 우선 탐색은 시작 노드에서 시작 노드와 한 번에 연결된 모든 노드들을 방문하고, 목표를 찾지 못했으면 시작 노드에서 두 번에 연결된 모든 노드들을 방문한다. 이와 같이 시작 노드에서 일정한 거리 단위로 탐색한다. [그림 3.4](b)와 같이 시작 노드(뿌리)로부터 시작하여 뿌리에서 길이가 1인 2번과 3번 노드를 방문하고, 다시 길이가 2인 4번 5번 6번 노드를 방문한다.

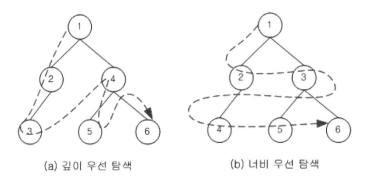

(a) 깊이 우선 탐색   (b) 너비 우선 탐색

[그림 3.4] 깊이 우선 탐색과 너비 우선 탐색

탐색은 목표를 찾는 것이 목적이다. 원하는 목표를 빨리 효율적으로 찾는 것이 인공지능의 중요한 수단이다.

⑵ 인공지능 알고리즘

알고리즘(algorithm)이란 문제 해결을 위하여 수행할 작업들을 순서대로 명시한 것이다. 인공지능 알고리즘도 마찬가지로 해결할 사항들을 순서도(flow chart), 유사코드(pseudo-code), 언어 등으로 기술한다. 알고리즘을 특정 언어의 문법에 따라서 명령어로 기술한 것이 프로그램이다. 당시에는 게임 프로그램, 일반 문제 해결기(GPS)[13]와 같은 것을 만드는 프로그램, 수식의 미분, 적분, 인수분해 등의 수식 처리 프로그램 등 많은 지능적인 프로그램이 만들어졌다. 이 시기에는 추론과 탐색이 중심 역할을 하였다. 추론은 사람의 사고 과정을 기호로 표현하고 실행하는 것이지만 그 과정이 탐색에 가까웠다. 탐색 중에서도 미로를 빠져나오는 것이 대표적이었다. 탐색 알고리즘으로는 너비 우선 탐색과 깊이 우선 탐색이 있다.

[그림 3.5]의 미로 찾기는 추론과 탐색의 대표적인 문제이다. (a)와 같은 지도 그림에서 입구로 들어선 후에 갈라지는 골목길들을 찾아서 출구로 빠져나오는 것이 미로 찾기 문제이다. 문제가 주어지면 갈림길에서 갈 길을 선택하고 막다른 골목에서 막히면 다시 갈림길까지 되돌아 와서 새로운 길을 찾아나서야 한다. 이때 갈림길마다 어느 쪽으로 갈 것인가를 결정하

---

13 GPS(general problem solver): 1950년대 말에 개발된 프로그램. 특정 문제만 해결하는 것보다 일반적인 문제 해결 기술을 이용하여 광범위한 문제를 해결하는 프로그램. 주요 특징은 엄격한 규칙보다 경험과 직관을 기반으로 문제를 해결하는 휴리스틱 검색 방법을 사용.

기 위하여 갈림길을 기준으로 분기하는 자료를 만드는 것이 (b)와 같은 문제의 표현이다. 미로 찾기 문제를 표현한 것을 (c)와 같은 탐색 트리로 탐색 방법을 결정해야 한다. 탐색 트리는 트리의 성격상 레벨이 높아질수록 노드(갈림길)들이 넓게 퍼진다. 탐색 방법에는 깊이 우선 탐색과 너비 우선 탐색의 두 가지가 있다. 깊이 우선 탐색은 탐색 트리의 레벨을 높여가면서 목표를 찾는 것이고, 너비 우선 탐색은 레벨이 같은 갈림길(노드)을 모두 탐색한 다음에 더 깊은 레벨의 노드를 찾는 방식이다. 목표 노드 G가 나타나면 입구부터 거쳐 온 노드들이 미로를 찾는 해답이 된다. 여기서는 $S \rightarrow B \rightarrow C \rightarrow G$가 탐색 결과의 해답이다.

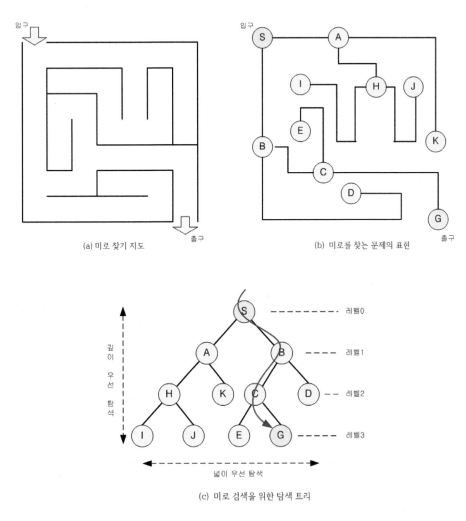

(a) 미로 찾기 지도

(b) 미로를 찾는 문제의 표현

(c) 미로 검색을 위한 탐색 트리

[그림 3.5] 미로 찾기

인공지능 연구는 1970년대에 들어서 침체하게 된다. 그 이유는 '간단한 문제'는 풀려도 복잡한 현실 문제는 풀리지 않기 때문이다. 미로를 찾는 것, 하노이 탑과 같은 퍼즐을 푸는 것, 체스를 두는 것 등은 명확하게 정의된 규칙 안에서 한 수 한 수를 생각하면 된다. 하지만 현실 문제를 푸는 것은 너무 범위가 넓고 복잡하며, 규칙도 없고 논리를 세우는 것조차 힘들었다. 예를 들어, 어떤 주식을 사면 돈을 벌 수 있는가? 회사에서 어떤 신상품을 개발하면 좋을까? 어떤 질병에 걸렸는데 어떤 치료법이 좋은가? 하는 문제들은 도저히 인공지능으로 풀 수가 없었다. 특히 미국 정부가 기계 번역은 당분간 성과가 없을 것이라고 판단하여 연구비 지원을 중단한 사실이 알려졌다. 사람들은 실망과 함께 점점 지치기 시작했고 인공지능과 관련된 문제들이 관심 밖으로 떠나갔다. 이렇게 1차 붐은 가라앉고 1970년대의 1차 겨울을 맞는다. 1차 붐의 성과를 찾는다면 인간의 생각을 컴퓨터로 구현하는 것이 매우 어렵다는 사실을 확인했다는 점이다.

3.3 제2차 인공지능 붐: 지식기반 인공지능

3.3.1 1980년대: 지식과 전문가 시스템

1980년대에는 침체에서 벗어나가 위해 문자인식이나 음성인식, 전문가 시스템 등을 개발하였고 성과가 있었다. 문자와 음성 인식에서는 패턴인식 기술이 성장하였고, 의료계와 법률계에서는 전문가 시스템이 주목을 받았다. 이와 함께 인터넷이 보급되어 웹이 등장하였고, 국제간 교류가 활발하게 되면서 번역의 필요성이 부각되었으며, 번역 작업에 통계학이 도입되기 시작하였다. 인공지능의 역할이 갑자기 증대되었다.

(1) 전문가 시스템

전문가들의 지식을 체계적으로 저장해두면 인공지능이 전문가 역할을 할 수 있을 것이라고 생각하고 많은 투자가 이루어졌다. 의사들의 전문 지식으로 병을 진단하거나, 법률가들의 전문 지식을 이용하여 판례에 따른 법률 서비스 등을 개발하였다. [그림 3.6]과 같이 지식 관리자는 특정 분야의 기본적인 자료들을 데이터베이스에 대량으로 저장하고 전문가들의 지식을 관리한다. 전문가들은 관리자를 통하여 자신들의 지식과 관련 규칙과 제약조건들을 지식 베이스(knowledge base)에 저장한다. 일반 사용자들이 정보를 요구하면 전문가 시스템은 지식 베이스를 기반으로 질의와 답변을 거친 후에 처방이나 결론을 제공하는 구조이다.

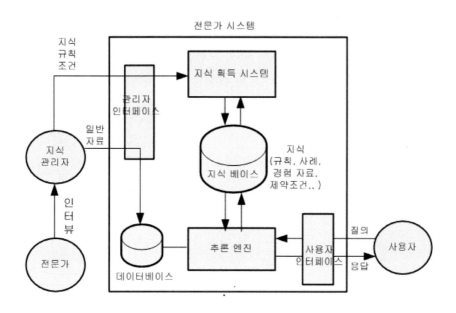

[그림 3.6] 전문가 시스템

전문가 시스템의 핵심은 지식 획득 시스템과 추론 엔진에 있다. 지식 획득 시스템은 전문가 들의 지식과 규칙들을 체계적으로 입력하고 분류하여 지식베이스를 구축하는 모듈이다. 추론 엔진은 지식베이스와 데이터베이스의 정보를 활용하여 사용자들의 요구를 추론하여 결과를 제공하는 모듈이다. 두 모듈 모두 정확한 지식베이스 구축과 사용자의 요구를 명확하게 이해하기 위하여 인터페이스를 정교하게 구축해야 한다. 지식베이스에는 지식과 규칙이 있고, 데이터베이스에는 객관적인 관련 자료들이 저장되어 있다. 전문가의 지식을 지식 베이스에 반영하는 작업을 지식 획득(knowledge acquisition)이라고 하는데, 지식 획득에는 확립된 방법이 없으며 이것이 전문가 시스템 구축에 큰 장애가 되고 있다.

전문가 시스템의 대표적인 것으로 스탠포드 대학의 Mycin이 있다. Mycin은 전염성 혈액 환자를 진단하고 항생 물질을 처방하는 시스템이다. 500가지 규칙이 준비되어 질문에 따라 대답을 해가면 감염된 세균을 특정하고 처방을 내놓는다. 이른바 전문의를 대신하는 전문가 시스템이다.

금융 분야의 시스템으로는 주택 융자 전문가 시스템이 있어서 대출 여부를 판단하는 자동 시스템이 있다. 융자 신청서를 입력하면 준비된 규칙에 의거하여 시스템이 대출 여부를 판단해 줌으로써 직원들의 업무 효율을 향상 시키고 실수를 예방할 수 있었다. 1980년대엔 미국 대기업의 2/3가 일상 업무에서 인공지능을 사용한다고 보았다. 1970년대 말에는 한국의 보험 회사들도 신규 보험의 가입 가능 여부와 보험료 계산 등을 프로그램으로 점검하기 시작하였다. 그러나 이때는 이것이 인공지능 개념이라고 생각하지 못했다.

전문가 시스템을 구축하려면 사람이 알고 있는 지식을 체계적으로 저장하고 표현하는 기술이 요구된다. 이를 위해서 의미 네트워크(semantic network)라는 기술이 연구되었다. 이것은 인간이 지식을 기억할 때 기억 구조를 나타내는 모델이다. 개념을 노드로 표시하고 개념 간의 관계를 선으로 연결함으로써 지식을 표현하였다.

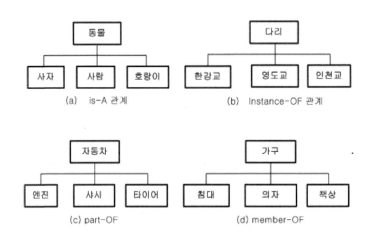

[그림 3.7] 시맨틱 네트워크

[그림 3.7]은 사물들 간의 의미 관계를 표현하는 의미 네트워크이다. is-A 관계는 하위 사물들의 개념을 일반화하는 관계이다. 사자와 사람과 호랑이의 공통적인 속성은 동물이라는 것으로 일반화(generalization)한 것이다. 즉, 사자와 사람과 호랑이 등은 is-A 동물이라는 것이다. 이것을 역으로 말하면 사자와 사람과 호랑이는 동물을 특수화(specialization)한 것이다. 즉, 동물은 is-A 사자, 호랑이, 사람 등이라는 것이다. 따라서 하위 사물들은 상위 사물의 개념을 특수화하는 관계이다. instance-OF 관계는 상위 사물의 개념을 구체적인 실체로 표현하는 관계이다. 한강교는 다리의 사례(instance)라는 것이다. part-OF 관계는 하위 사물들이

모여서 상위 사물을 완성하는 관계이다. 엔진, 샤시, 타이어 등은 자동차와 부품 관계에 있다는 것이다. member-OF 관계는 하위 사물들이 상위 사물의 구성원이 되는 관계이다. 침대, 의자, 책상 등은 가구 중의 하나라는 의미이다. 의미 네트워크에서는 이 세계에 있는 사물들의 관계를 크게 4가지로 분류하고 표현하여 더 복잡한 관계들을 표현한다. 이외에도 원인과 결과를 의미하는 cause-OF 관계도 존재하고, 포식자와 피식자를 의미하는 predator-OF 관계 등 다양한 관계들이 추가되어 복잡도가 증가하였다.

지식을 기반으로 성장하던 인공지능도 어려움에 봉착하게 된다. 인간의 상식적인 지식을 기술하는 것은 매우 방대하고 복잡하여 쉽게 할 수 없다는 것을 알게 되었다. 지식을 기술하는 것이 어렵지만 연구는 계속되어 온톨로지(ontology)[14] 연구로 발전하였다. [그림 3.8]은 '스포티지'라는 자동차를 표현하는 온톨로지 스키마의 실례이다. '스포티지'는 SUV와 instance-of 관계를 가지고 있으며, 차량의 길이는 4,440mm이다. SUV는 자동차와 isA 관계를 가지고 있다는 것을 표현할 수 있다.

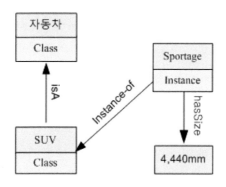

[그림 3.8] 온톨로지 스키마

지식 관련 연구들은 개념들 간의 많은 관계를 표현하는 것이 점점 어렵다는 것을 알게 되었다. 예를 들어, 의료 전문가 시스템에서 배가 아프다고 하면 배가 아프다는 표현이 너무 다양하다. 배의 어느 부분이 아픈가? 배의 부분이 위, 아래, 옆, 중앙 등 너무 많아서 표현하기도 어렵다. 어떻게 아픈가? 싸르르하게 아픈가? 콕콕 아픈가? 등으로 다양하기 때문에 표현하

---

14 ontology: 온톨로지는 원활한 의사소통을 위하여 용어의 개념을 명확하게 정리하여 기계가 처리할 수 있는 형식으로 만든 모델. 낱말에 대한 뜻과 각 낱말 사이의 관계를 잘 설명한 것(사전, 체제).

는 것이 매우 어렵다. 다양한 지식을 끝까지 기술한다는 것이 불가능하다는 주장이 팽배해지면서 1995년경에 인공지능 연구는 제2차 겨울을 맞게 되었다. 더구나 전문가 시스템을 사용하기 위해서는 막대한 유지 관리비가 들었기 때문에 기업들은 점차 포기하게 되었다.

(2) 패턴 인식

전문가 시스템을 구축하면서 지식을 많이 기술하고 축적할수록 활용할 수는 있었지만 그것은 어디까지나 기술한 만큼의 범위였다. 무한하게 많은 지식을 한없이 기술하고 축적할 수는 없었기 때문이다. 기술을 응용하거나 예외적인 사항도 잘 처리하기 위해서는 더욱 방대한 양의 자료가 축적되어야 했다. 이와는 별 개로 패턴인식(pattern recognition) 분야에서 기술이 발전되고 있었다. 음성과 손 글씨를 인식하고 자동차 번호판을 인식하는 등 패턴인식 분야에서 축적된 기술이 기계 학습이라는 이름으로 성장하고 있었다. 이중에서 컴퓨터 비전은 영상을 인식하는 기술로 발전되었다.

패턴인식은 시각과 청각정보로부터 문자, 언어, 형상 등을 기계가 자동으로 판별하는 기술이다. 패턴인식에서 인식의 기준은 특징에 있다. 대상물의 특징을 추출하여 대상이 무엇인지 인식하는 것이므로 특징이 매우 중요하다. 특징의 집합도 특징이다. 패턴인식 대상을 인식하는 절차는 [그림 3.9]와 같다. 특징은 음성의 경우에는 소리 주파수, 음색 등이 될 수 있고, 문서의 경우에는 단어들, 영상에서는 색상, 형상, 질감 등이 될 수 있다. 특징이 선택되면 거기에 맞는 적절한 인식 모델을 선정하고, 학습 자료와 정답을 이용하여 학습을 시킨다. 학습 과정에서 성적이 우수하면 인식 단계로 들어가서 실제 객체들을 인식하다.

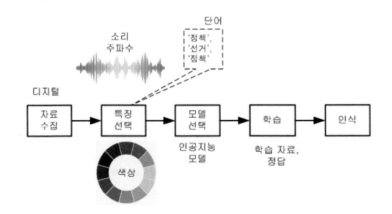

[그림 3.9] 패턴인식 절차

패턴을 인식하는 방법은 대표적으로 [그림 3.10]과 같이 구조적 방식, 통계적 방식, 신경망 방식 등 세 가지가 있다

1) 구조적 방식

패턴의 구조적인 유사성을 조사하여 유사한 객체들끼리 분류하는 방법이다. 구조적 방식은 형식문법 혹은 그래프적 관계로 설명하여 표현한다. 작은 단위의 조각들을 조합하여 점차 큰 조각으로 만들면서 그림을 인식하는 방식이다. 이것은 분류뿐만 아니라 해당 객체를 서술하기 위해서도 사용된다. 유사한 부분 패턴들로부터 구축된 복잡한 패턴의 계층적 서술을 수식화하는 접근법이라고 할 수 있다. 그림에서 보는바와 같이 'A'라는 글씨가 입력되면 왼쪽 방향 대각선과 오른쪽 방향 대각선 그리고 수평 직선 등을 조합할 수 있으면 A를 인식하는 방식이다. 이런 방식으로 문자를 인식하여 차량 번호, 주민등록번호 등을 인식할 수 있었다.

2) 통계적 방식

통계적 방식은 그림의 요소들이 수직선, 수평선, 사선, 점 등의 조합을 찾아내고 기존의 다른 모델들과 비교하여 유사한 패턴들을 연결시키는 분류 방식이다. 기존의 패턴들과 요소 단위로 비교하여 확률적으로 유사함을 찾는 방식이다.

3) 신경망 방식

신경망을 구축하고 학습 자료와 정답을 제공하고 학습을 시킨다. 많은 자료로 학습을 많이 시킬수록 정답을 맞출 확률이 높아진다. 학습 방법은 은닉층 노드들의 가중치를 조절하여 정답에 가까워지도록 반복하는 것이다. 이론적으로는 어떤 복잡한 형태도 인식할 수 있다.

1970년대와 1980년대에는 구조적 방식 위주로 연구하였으나 좋은 성과를 내지 못하였다. 1990년대에 이르러 통계적 방식이 도입되어 성과를 내기 시작하였고, 2000년대에 이르러 신경망 방식이 도입되어 더 나은 성과를 내고 있다.

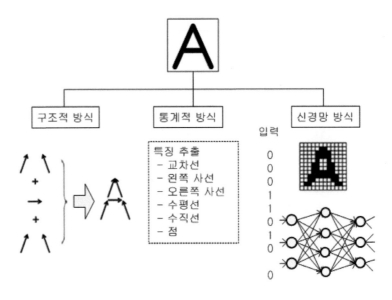

[그림 3.10] 영상 패턴인식의 세 가지 방식

(2) 웹과 통계학의 도입

1990년대에 웹의 발달로 인하여 인터넷 기업들이 다양한 분야의 연구를 진행하게 되었다. 특히 구글은 국제적인 사업의 일환으로 번역 사업을 벌였는데 여기에 새로운 방식을 도입하였다. 이른바 통계적 언어처리 방식이다. 번역할 때 문법과 의미 구조를 분석하여 문장을 번역하는 것이 아니라 기존에 번역된 자료들을 확보하여 통계적으로 번역될 확률이 높은 단어와 문장을 선택하는 방식이다. 많은 자료를 바탕으로 가장 확률이 높은 방식으로 번역하는 것이므로 자료를 많이 확보하는 것이 번역의 관건이다. 기존의 번역 기법들이 모두 성과를 내지 못한 반면에 이 방법은 전혀 새로운 기법으로 엄청난 효과를 가져왔다.

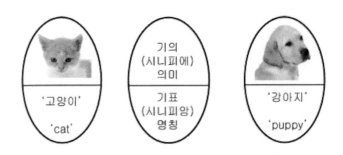

[그림 3.11] 실제 사물(기의)과 명칭(기표)의 관계

사람은 어린 아이도 '사과'와 '복숭아'를 잘 구분할 수 있다. 아기에게 사과를 보여주고 만지게 하고 먹게 하면 그 다음부터는 사과를 잘 이해하게 된다. 사과라는 말(기호)을 알아듣고 사과의 실체(의미)를 알기 때문이다. 그래서 여러 과일들 사이에 섞여 있는 사과를 가져오라고 하면 어렵지 않게 잘 가져온다. 즉 기호와 의미를 쉽게 연결할 수 있는 능력이 있다. 그런데 고성능 컴퓨터는 사과를 식별하기 힘들다. 그 이유는 사과라는 기호를 사과라는 의미와 연결시키기 어렵기 때문이다. 따라서 컴퓨터는 지식을 표현하고 활용하는 것이 쉽지 않다.

소쉬르의 구조언어학은 사물의 명칭(기호, 시니피앙)과 의미(개념, 시니피에)를 구분하고 연결함으로써 언어학의 새로운 장을 열었다. '고양이를 왜 고양이라고 부르는가?'라는 질문에 사람들은 그것이 고양이라는 사실이 진실이기 때문이라고 말했다. 그러나 소쉬르는 [그림 3.11]과 같이 고양이를 '고양이'라고 부르는 것은 특별한 의미가 있는 것이 아니고 다른 짐승들과 구별하기 위하여 다르게 부르는 것뿐이라고 주장하였다. 즉, 고양이와 강아지를 구분하기 위한 것이라는 것이다. 사물에 이름을 붙이는 것은 사물의 의미나 진실이나 철학과는 아무 관련이 없다고 했다.

이런 이유로 인하여 컴퓨터에게 기호와 의미를 표현하도록 하는 것이 매우 어렵기 때문에 지식시대는 겨울을 맞았다. 기존의 지식 표현 방식으로는 컴퓨터에게 기호와 의미를 연결시키기 어려우므로 새로운 방식이 요구되었다. 새로운 방식은 바로 구글이 자연어 처리에 사용한 통계적 처리 방식이었다. 구글은 이 방식을 이용하여 번역 작업에서 큰 성공을 이루었다.

기계 학습은 기존의 추론이나 지식 표현 방식에 의존하지 않고 대량의 자료를 기반으로 통계와 확률을 활용하여 문제 해결 방식을 배우는 것이다. 학습의 대표적인 사례는 자료(사물)를 분류하는 것이다. 기계 학습이란 인공지능 프로그램이 스스로 대량의 자료들을 필요한 기준에 따라서 분류하는 것이다. 대량의 자료로부터 '강아지'를 식별하는 방법을 학습한 다음에는 '강아지' 사진이 입력되면 즉시 '강아지'라로 분류하는 것이다.

제2차 인공지능 붐에서는 '지식'을 많이 저장할수록 잘 활용할 수 있었지만 입력한 지식 이상의 것을 얻을 수는 없었다. 더구나 비용이 너무 많이 들었다. 이런 이유로 사람들은 스스로 학습하고 새로운 지식을 만들어낼 수 있는 저렴한 인공지능을 기대하게 되었다. 그러나 이 기간 동안에 컴퓨터 하드웨어는 엄청난 발전을 이루었고 나중에 인공지능이 발전할 수 있는 튼튼한 기반이 되었다.

3.4 제3차 인공지능 붐: 학습기반 인공지능

2000년대 이후: 기계학습과 딥러닝

전문가 시스템에서 지식을 컴퓨터에 저장하고 인공지능으로 활용하는 것은 어디까지나 저장된 만큼만 가능하였다. 지식을 실용적으로 활용하기 위해서는 예외 처리도 가능해야 하는데 그럴수록 지식의 양이 방대해지고 지식 관계가 복잡해진다. 지식 베이스에 있는 자료를 응용하려면 지식이 가리키는 이름(기호)과 의미를 잘 알아야 하지만 기호와 의미를 연결하는 것은 훨씬 어려운 일이다. 기계가 사람처럼 스스로 학습하는 새로운 돌파구가 필요한 시점이었다.

3.4.1 기계학습 시대

지식 베이스가 어려움을 겪고 있는 동안 손 글씨를 인식하는 분야가 조금씩 진척을 보이고 있었고, 그 영향으로 패턴 인식이 성장하고 있었다. 1990년대에는 인터넷이 보급되고 웹이 활성화되면서 국가 사이에 웹 문서를 공유하게 되었다. 이것은 국가 간의 정보 유통으로 인

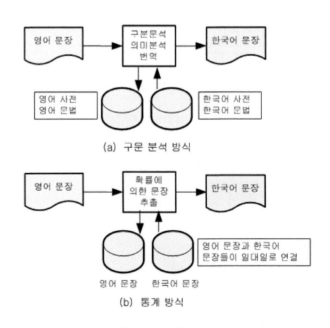

(a) 구문 분석 방식

(b) 통계 방식

[그림 3.12] 외국어 번역의 두 가지 방식

하여 자연어처리와 번역이 중요해지는 계기가 되었다. 언어 번역에는 다음과 같이 두 가지 방식이 사용되었다.

⑴ 구문 분석 방식

문장을 번역할 때 [그림 3.12](a)와 같이 구문론을 도입하여 문장을 분석하고, 의미론을 도입하여 해석을 하고, 사전을 찾아서 번역을 했다. 이것은 문장을 문법적으로 이해하고, 내용에 맞는 외국어 단어를 찾아서 변환하는 방식이다. 이 방식으로 번역하면 문장들이 어색하거나 이해하기 힘들어서 사람이 다시 손을 보아야 하는 경우가 많았다.

⑵ 통계 방식

1990년대에는 통계학이 자연어처리와 번역에 적극적으로 도입되었다. 기존에 두 가지 언어로 작성된 문서들을 대량으로 기억한 다음에 인공지능 프로그램이 [그림 3.12](b)와 같이 이런 영어 문장은 이런 한국어 문장으로 번역하는 확률이 많으므로 이렇게 번역한다는 식으로 번역 작업을 수행하는 것이다.

통계 방식으로 인하여 언어 번역 문제가 확률 문제로 바뀌었고 번역 속도와 정확도가 대폭 향상되었다. 이 작업은 문법론이나 의미론을 따지지 않기 때문에 작업이 간단하고 효율이 향상되었으며 사용자들의 반응도 좋았다.

기계 학습은 인공지능 프로그램이 스스로 학습하는 것이다. 학습이란 훈련이나 경험을 통하여 얻어지는 비교적 지속적인 행동의 변화이다. 즉 기계 학습은 기계가 스스로 학습하여 자신의 지식을 증가시키고 지적 능력을 향상시키는 것이다. 기계에게 자료를 주면 인공지능이 학습하여 얻은 새로운 지식으로 만든 답을 주는 것이다. 사람들에게 매우 유용한 기능이다. 학습의 대표적인 방법이 분류다. 자료가 입력되면 먹을 수 있는 것인지 없는 것인지를 분류하는 것을 배우는 것이 학습이다. 기계 학습은 인공지능이 대량의 자료를 처리하면서 분류 방법을 자동적으로 배우는 것이다. 1990년대의 기계학습에는 패턴인식, 데이터 마이닝 등이 주류를 이루었다. 2000년대에 들어서면 빅데이터가 등장하여 기계학습의 자료 기반을 마련해주었다.

3.4.2 신경망 시대

2000년 이후에는 신경망이 다시 관심을 끌기 시작했다. 다층 퍼셉트론에 은닉층을 추가하였더니 정확도가 증가한다는 사실이 알려졌기 때문이다. 학습 결과와 정답과의 차이를 오차라고 하는데 각 노드에서의 가중치를 변경하면 오차가 줄어들기 때문에 은닉층을 늘려서 오차를 줄이는 노력이 시작되었다.

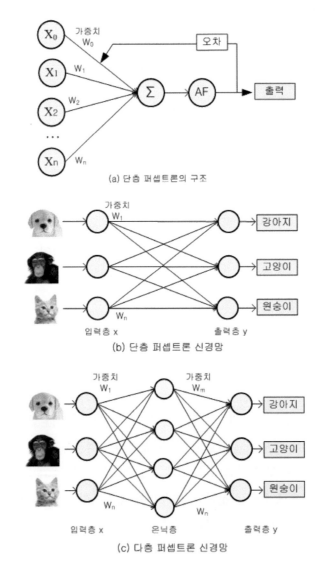

[그림 3.13] 가중치를 조절하는 신경망(퍼셉트론)

[그림 3.13](a)에서 각 노드에 들어오는 입력 값과 가중치의 합계가 어떤 기준에 도달하지 못하면 출력을 내놓지 못하고 기준을 넘으면 출력을 내서 다음 노드에 전달된다. 출력이 원하는 값이 아니면 오류로 간주하고 다시 가중치를 조절하여 오류를 감소시키는 것이 학습이다. (b)는 단층 퍼셉트론 신경망의 실례이다. 강아지 영상을 입력했을 때 결과가 '강아지'로 나오면 않으면 오차가 발생한 것이므로 가중치를 조절하여 '강아지'를 찾는다. (c)는 은닉층을 두어서 가중치를 조절할 수 있는 기회를 증가함으로써 신경망의 유연성을 증가시키는 다층 퍼셉트론이다.

단층 퍼셉트론은 XOR 문제를 해결할 수 없었으나 다층 퍼셉트론은 해결하였다. 다층 퍼셉트론은 단층 퍼셉트론보다 검색 능력이 훨씬 증가하였다.

캐나다 토론토 대학의 제프리 힌턴[15] 교수팀은 ILSVRC[16] 2012년 대회의 딥러닝 이미지 인식 프로그램 성능 평가에서 도쿄대학을 누르고 1위를 차지했다. 이것으로 제3차 인공지능 붐이 시작되었다. 이 대회는 주어진 이미지들이 무엇인지를 컴퓨터가 맞추는 것으로 정답률이 높은 팀이 이기는 경기이다. 각 팀은 천만 장의 이미지 자료를 기계학습하고 15만장의 이미지를 테스트하고 정답률을 측정하였다. 토론토 대학팀은 기존의 통계 기반 기계 학습 방식이 아닌 신경망을 이용한 방식으로 승리한 것이다. 이 승리의 원인은 제프리 힌턴 교수가 새로 개발한 딥러닝(심층학습) 방식으로 점차 정확률을 더욱 높여 가면서 인공지능의 대세로 자리를 잡는다. 이 시기는 빅데이터(Big data)가 출현하는 시기였으므로 딥러닝은 빅데이터와 함께 학계의 주류로 등장하였다. 딥러닝은 이미지뿐만 아니라 음성인식과 자연어처리에도 활용되어 효과를 보기 시작하였다.

딥러닝은 이미지 인식의 개념을 혁신적으로 바꾼 기술이다. 기존에는 이미지 인식을 위하여 이미지의 색, 모양, 질감, 구성, 배치, 구성 요소들 간의 관계 등을 분석해서 이미지를 인식하였는데 딥러닝은 단지 많은 노드들의 가중치 값들을 조절하여 학습 결과와 정답과의 차이를 줄여나가는 방식으로 학습 효과를 높인다. 이미지의 내용과 관계없이 노드들의 가중치 변경을 학습하는 것으로 원하는 결과를 얻는 것은 매우 혁신적인 방식이었다. 딥러닝의 출현으로

---

15 Geoffrey Everest Hinton(1947~): 영국 인지심리학자, 컴퓨터 과학자. 캐나다 토론토 대학교 교수. 오류 역전파 알고리즘, 딥러닝, 힌턴 다이어그램 발명.

16 ImageNet Large Scale Visual Recognition Challenge: 객체를 인지하고 이미지를 분류하는 알고리즘을 평가하는 대회.

관련 학계는 큰 충격을 받았다. 기존 방식의 연구자들은 이미지 인식을 포기해야할 정도의 충격이었다.

딥러닝이란 인공 신경망을 이용하여 자료 특성과 패턴을 학습하고, 새로운 자료에 대한 결과 (값, 분포)를 예측하는 학습 방식이다. 다만 퍼셉트론과 같은 기존 신경망에 [그림 3.14]와 같이 은닉층을 많이 추가하고 각 노드들 간의 가중치를 조절하여 인식율을 높이는 개념이 추가된 것이다. 딥러닝은 자료를 기반으로 컴퓨터가 스스로 특징을 만들고, 그 특징을 이용하여 이미지를 분류하고 인식하기 때문에 사람이 간여할 부분을 대폭 줄인 것이다. 인식 방식을 자동화한 것이다.

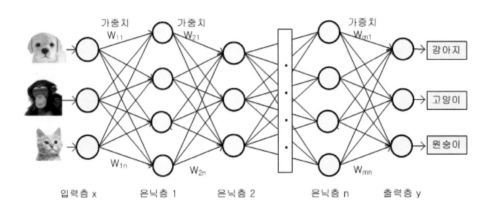

[그림 3.14] 딥러닝을 위한 심층 신경망

딥러닝은 자료를 읽고 특징을 스스로 만들어낸다. 자신이 만든 특징을 기준으로 자료들을 분류한다. 딥러닝 이전에는 사람들이 특징을 만들어주고 정답도 알려주면서 인공지능에게 정답 맞추는 방법을 학습 시켰었다. 그러나 딥러닝에서는 사람들이 특징을 만들거나 추출하는 데 관여하지 않는다. 사람의 도움을 받지 않으므로 인력을 절감할 수 있을 뿐만 아니라 객관성을 얻을 수 있게 되었다. 지금까지 사람들이 관여하던 일을 인공지능이 전담하게 된 것이다. 인공지능 역사에서 딥러닝은 매우 혁명적인 발전이었다. 그 전에는 조금씩 발전하면서 침체기를 겪었지만 딥러닝은 혁신적으로 발전하였고 계속 발전이 지속되고 있다.

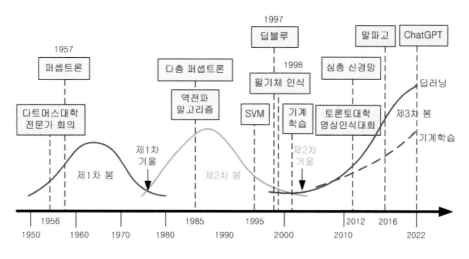

[그림 3.15] 인공지능 기술 역사

인공지능의 역사는 [그림 3.15]와 같이 두 번의 붐이 지나갔고 지금은 세 번째 붐이 불고 있다. 첫 번째 붐은 1956년에 다트머스대학에서 인공지능 전문가 회의와 퍼셉트론으로 시작되었으며, 두 번째 붐은 1980년대에 다층 퍼셉트론으로 시작되었고, 세 번째 붐은 2000년대에 기계학습과 토론토 대학에서 열린 이미지 인식대회의 딥러닝으로 시작되었다. 첫 번째 붐은 퍼셉트론이 XOR 문제를 해결하지 못한다는 한계로 끝나면서 1970년대에 겨울이 왔고, 두 번째 붐은 다층 퍼셉트론이 역전파 알고리즘으로 희망을 주었으나 당시 컴퓨터의 처리 능력이 미약했기 때문에 하드웨어의 한계로 인하여 1990년대 말에 두 번째 겨울이 왔다.

1995년에 서포트 벡터 머신(SVM)이 발표되어 인공지능 성능이 향상되었고, 1997년에는 IBM이 개발한 딥블루 컴퓨터가 러시아의 체스 챔피언 게리 카스파로프(Garry Kasparov)에게 사상 최초로 승리를 거두었다. 1995년 SVM 발표와 1998년에 필기체 인식이 효과를 내면서 붐 조성에 영향을 주었다. 1990년대에 인터넷과 웹이 보급되었으며 2000년경에는 구글을 중심으로 자연어처리에 통계처리 방식이 도입되었다. 이와 함께 추론과 지식 표현 방식에서 벗어나 자료를 확률적 통계적으로 분석하여 활용하는 기계학습이 연구되고 있었다. 기계학습은 기존의 많은 자료를 이용하여 새로운 질문에 답을 주는 기술이다. 예를 들어, 수 십 년간의 태풍과 관련된 자료가 있다면, 이 많은 자료들을 학습하고 금년도 기상 현황 자료를 주면 인공지능이 태풍의 발생과 진로에 대한 예측을 해준다. 기상청은 이 예측을 토대로 태풍을 예보하고 정부는 대책을 수립할 수 있는 것이다.

동물들은 태어나서 대부분 어미의 교육을 받으며 자란다. 아기들이 태어나서 처음 배우는 것은 분류다. 가장 중요한 것은 먹을 수 있는 것과 먹을 수 없는 것을 분류하는 것이다. 다음으로는 할 수 있는 것과 할 수 없는 것을 분류하는 것이다. 생명을 유지하는데 필요한 것이 먹는 일과 위험한 것을 피하는 일이기 때문이다. 따라서 학습의 핵심은 분류하는 것이다.

'분류한다'는 것은 학습의 기본이며 다른 말로 "Yes 또는 No라고 대답하는 일"이다. 예를 들어, 음식을 보고 "먹을 수 있는가?"라는 질문에 'Yes' 또는 'No'라고 대답하는 것을 배우는 것이 학습이기 때문이다. "저 동물이 사자인지, 사슴인지, 노루인지 대답하시오"라는 것은 3개의 "Yes No" 문제가 합쳐진 것이다. 취업 면접에서 "합격시킬 것인가?"라는 질문도 "Yes No" 문제이다.

생물은 기본적으로 생존을 위하여 이 세상의 모든 것들을 분류한다. 적인지 아군인지, 먹을 수 있는지 없는지, 위험한 것인지 아닌지, 쓸모가 있는지 없는지 등으로 잘 분류해야 생존할 수 있다. 사람도 마찬가지로 세상의 세세한 것들을 잘 분류하려고 노력한다. 즉, "Yes No" 문제를 잘 인식하고 판단하려고 한다. "Yes No" 문제를 정확하게 분류하려고 노력하는 것이 학습이고, 이 능력이 바로 지능이다.

학습이란 훈련이나 경험을 통하여 비교적 지속되는 행동의 변화이다. 기계학습에서의 학습은 사람이 특징과 정답을 주고 인공지능이 정답을 맞추도록 연습하는 것이었다. 기계학습에서 더욱 개선된 딥러닝의 학습은 많은 자료에서 스스로 특징을 찾아내고 특징을 기준으로 자료들을 분류하는 것이다.

2016년에 구글 딥마인드가 개발한 알파고(AlphaGo)가 바둑 전문기사에게 승리하면서 인공지능이 전 세계에 충격을 주었다. 1997년의 딥블루는 하드웨어 성능으로 문제를 해결한 것이었다면 2016년의 알파고는 소프트웨어로 문제를 해결한 것이다. 2022년 말에는 OpenAI에서 발표한 챗봇인 ChatGPT가 전 세계를 놀라게 하고 있다. 가장 큰 충격을 받은 곳은 구글로 주식시장까지 영향을 받고 있다. 구글 이외의 많은 챗봇 제작 회사들이 기존의 제품을 개선하기 위하여 노력하고 있다.

1990년대 초까지 그래픽카드는 단순히 CPU의 연산 결과를 그림이나 글자 신호로 변환하여 모니터 화면에 출력하는 부품으로 인식되고 있었다. 그러나 멀티미디어와 게임의 등장으로 인하여 그래픽카드의 중요성이 부각되기 시작하였다. 특히 3D 그래픽이 보급되면서 자료 처리량이 대폭 증가하여 이를 전문적으로 취급하는 전용 GPU가 개발되어 사용되기 시작하였다. 정보 처리량 증가에 대처하기 위하여 한 대의 컴퓨터에 복수 개의 GPU가 사용되기 시작했다.

GPU가 주로 2D와 3D 그래픽 연산을 지원하는 것으로 시작되었지만 부동 소숫점 연산이나 동영상 처리 등을 위하여 다양하게 사용하기 시작하였다. 가상화폐를 발굴하는 컴퓨터뿐만 아니라 이제는 일반 용도로도 널리 사용하게 되었다. 이런 GPU들을 그래픽 작업 이외에 범용으로 사용된다고 해서 GPGPU(General Purpose computing on GUP)라고 부르기도 한다. 특히 인공지능 프로그램이 신경망으로 처리하면서 자료 처리량이 대폭 증가하자 GPU를 대거 사용하기 시작하였다. 이로 인하여 GPU를 생산하는 앤비디아(NVIDIA)의 주가가 폭등하였다.

인공 신경망이 침체기를 벗어나 성장하기 시작한 것은 2000년대에 반도체 성능 향상과 GPU(Graphic Processing Unit) 등이 개발되어 컴퓨터 처리 능력이 대폭 향상되면서 신경망 처리에 청신호가 왔기 때문이다. 지금은 기계학습과 함께 딥러닝이 붐을 이끌고 있다.

1990년대에도 손 글씨와 음성 인식 등 패턴 인식에 기계학습이 적용되어 많은 연구가 진행되었는데 그 당시에 정체된 이유 중의 하나가 하드웨어의 성능 미달이었다. 폭발적으로 증가하는 연산 요구를 당시의 CPU가 감당할 수 없었던 것이다. 2000년대에는 반도체 성능이 대폭 확장되었고, GPU라는 새로운 반도체가 나와서 처리 속도에 혁신적인 발전이 있었다. 새로운 신경망에는 은닉층이 많아지고 가중치를 조절하려는 경우의 수가 기하급수적으로 늘어났지만 CPU와 GPU의 성능이 폭발적으로 향상되었기 때문에 신경망과 딥러닝 기술이 발전할 수 있었다.

3.1 다음 용어들을 정의하시오.
  1) 튜링 기계 2) 추론 3) 전문가 시스템 4) 패턴인식
  5) 신경망 6) 딥러닝

3.2 폰 노이만의 컴퓨터는 그 이전과 무슨 차이가 있는가?

3.3 인공지능의 요건이 무엇인지 설명하시오.

3.4 인공지능이 필요한 이유를 설명하시오.

3.5 제1차 인공지능 붐이 식어버린 이유는 무엇인가? 식지 않으려면 어떤 노력이 필요했을지 설명하시오.

3.6 전문가 시스템이 가장 잘 적용될만한 분야를 주변에서 찾아서 제안하시오.

3.7 전문가 시스템은 왜 널리 사용되지 않았는지 설명하시오.

3.8 시맨틱 네트워크는 왜 사용되는지, 어떻게 이용되는지 설명하시오.

3.9 패턴인식의 처리 기법들에 대해서 설명하시오.

3.10 제2차 인공지능 붐이 식어버린 이유는 무엇인가? 식지 않으려면 어떤 노력이 필요했을지 설명하시오.

3.11　패턴인식은 심층 신경망 시대에도 사용할 필요가 있는지 설명하시오.

3.12　1970년대와 1990년대의 패턴인식 기법의 차이점을 설명하시오.

3.13　구글이 인공지능 분야에서 기여한 것이 있다면 무엇인지 설명하시오.

3.14　제3차 인공지능 붐이 어떻게 진행되고 있는가? 과거처럼 식지 않으려면 어떤 노력이 필요했을
　　　지 설명하시오.

3.15　인공지능에서 GPU의 역할을 설명하시오.

CHAPTER 4

인지과학과 융합

인공지능은 인간의 지능이 기계와 융합한 것으로 인지력(perceptivity, 認知力)을 기반으로 한다. 인지력은 동물이 내부/외부 자극을 받아서 자극의 내용을 알아가는 능력이다. 인지과학은 인간이 정보를 수용하고 처리하는 과정을 연구하는 학문이므로 인지력과 지능에 관련된 분야를 다룬다. 인지과학은 [표 4.1]과 같이 신경과학, 인공지능, 심리학, 언어학, 철학, 인류학 등으로 구성된다. [그림 4.1]에서와 같이 신경과학은 신경계가 만들어내는 마음을 다루고, 인공지능은 인간처럼 행동하는 기계의 마음을 다루고, 심리학은 인간의 행동을 제어하는 마음을 다루고, 언어학은 인간의 생각을 표현하는 방식을 다루고, 철학은 인간의 마음이 담는 우주의 궁극적인 실체를 다루며, 인류학은 오랜 역사 속에서 인간 집단의 마음과 문화를 다룬다. 이들의 공통점은 인간의 행동을 지배하는 인간의 마음(생각)을 다루는데 있다. 인지과학은 공통적으로 인간의 마음이 어디서 기원하였으며 어떻게 성장하고 어떻게 정보를 처리하는지를 연구한다.

이 장에서는 인지과학의 6개 분야 중에서 인공지능과 밀접한 신경과학, 인공지능, 심리학, 언어학, 철학 등에 대하여 기술한다. 이들 학문을 잘 융합해야 인간의 마음과 지능을 이해하고 인공지능을 만들 수 있다. 이 학문들의 공통점은 지능에 있으므로 인공지능과 매우 밀접하다.

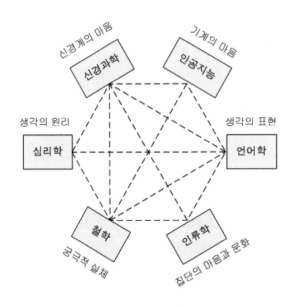

[그림 4.1] 인지과학의 구성과 흐름

[표 4.1] 인지과학의 여러 분야

학문	내역
신경과학	신경계의 정보 처리 체계를 연구
인공지능	기계가 인간의 마음을 수행하는 체계를 연구
심리학	인간의 행동을 연구
언어학	인간의 의사소통 체계를 연구
철 학	우주의 궁극적인 실체를 연구
인류학	집단의 마음과 문화를 연구

4.1 신경과학

신경과학(neuroscience)이란 동물 신경계의 정보 처리 체계를 연구하는 학문이다. 인간의 행동은 마음의 지배를 받고, 마음은 신경계의 지배를 받으므로 인간의 행동을 이해하려면 신경계를 알아야 한다.

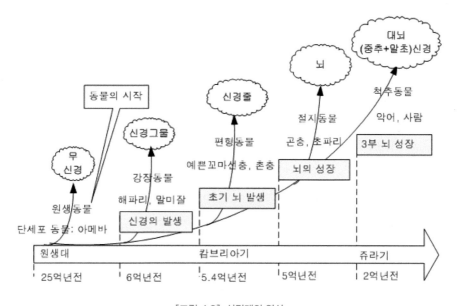

[그림 4.2] 신경계의 역사

4.1.1 신경계의 진화

동물과 식물의 차이는 움직임에 있고, 움직임은 신경계(nervous system)에 의해서 이루어진다. 동물의 역사는 신경계의 역사이다. [표 4.2]와 같이 동물이 출현하여 원생동물에서 척추동물까지 진화를 하는데 이 전체 과정은 신경계가 진화한 역사와 동일하다. [그림 4.2]와 같이 단세포 동물이 출발하였을 때는 신경이란 것이 없었다. 다세포동물이 되어 여러 세포들을 제어하여 움직일 필요가 생김에 따라 신경세포가 만들어지기 시작하였다. 해파리와 같은 자포동물[1]은 신경그물이 만들어져서 몸을 분산 방식으로 제어하였다. 선충과 같은 편형동물[2]은 신경세포가 많아져서 신경줄이 생기고 신경줄이 모이는 곳에서 신경센터(초기의 뇌)가 형성하기 시작하였다. 초파리와 같은 절지동물[3]은 눈을 만들고 뇌와 연결하며 진화하였고, 물고기와 같은 척추동물이 되면 본격적으로 뇌가 성장하기 시작한다. 뇌가 중앙에서 정보를 처리하고 행동을 결정하는 중요한 조직으로 성장한 것이다. 척추동물은 파충류, 포유류, 영장류를 거치면서 3부 뇌(뇌간, 변연계, 신피질)를 완성한다.

[표 4.2] 신경계의 진화

동물		신경계의 내용	비고
원생동물		신경 없음. 헛발로 이동하고 먹이를 취함.	향화학성
자포동물		신경그물을 이용하여 세포들이 수축하고 팽창	신경의 시작
편형동물		신경줄과 원시적인 뇌를 이용하여 운동	학습 시작
절지동물		뇌와 눈의 발달	신속한 이동
척추동물	파충류	척수 위에 뇌간 생성	생명의 뇌
	포유류	뇌간 위에 변연계 생성	감정의 뇌
	영장류	변연계 위에 대뇌피질 생성	이성의 뇌

---

1   자포동물(cnidaria): 히드라, 산호, 말미잘, 해파리 같은 해양 서식 동물. 몸에 빈 공간이 있어 강장동물로 불렸으나, 먹이를 잡을 때 사용하는 자세포를 가지고 있어 자포동물로 부른다.
2   편형동물(扁形動物): 플라나리아, 촌충, 선충 등. 몸이 단순하고 납작하고 좌우 대칭인 동물.
3   절지동물(Arthropoda): 곤충류, 거미류, 게, 새우류, 지네류 등.

신경계는 행동을 지배하는 조직이므로 운동하지 않는 식물에는 존재하지 않는다. 동물은 왜 움직일까? 동물은 유기물(有機物)[4]을 먹어야 살 수 있으므로 남을 잡아먹어야 한다. 남을 잡아먹으려면 이동해야 하고, 이동하려면 운동해야 하고, 운동을 하려면 자신의 몸을 효과적으로 제어할 수 있는 신경이 필요하다. 또한 번식을 하기 위해 배우자를 만나려면 이동해야 한다.

해파리의 신경세포는 [그림 4.3]과 같이 전신에 분포되어 그물을 이루고 있어서 신경그물이라고 한다. 신경그물을 이용하여 몸의 각 부분을 함께 움직여서 원하는 방향으로 수영하며 이동할 수 있다. 중앙집중식 뇌가 없으므로 분산방식으로 몸을 제어한다.

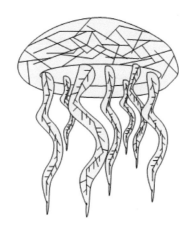

[그림 4.3] 자포동물 해파리의 신경그물

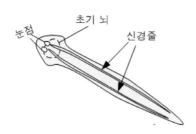

[그림 4.4] 편형동물 선충의 신경계

[그림 4.4]는 선충과 같은 편형동물의 신경계이다. 신경줄이 전신에 걸쳐 있고 머리 부분에서 신경줄이 모여서 작은 신경센터(초기 뇌)를 이루고 몸을 제어한다. 눈은 아직 없지만 빛에 반응하는 신경세포들로 이루어진 눈점이 뇌에 연결되어 있다. 예쁜 꼬마선충[5]의 경우에 전체 세포의 수가 1,000개 정도인데 그중에서 신경세포가 302개이다. 이 신경계를 이용하여 몸을 중앙에서 제어하고 이동한다.

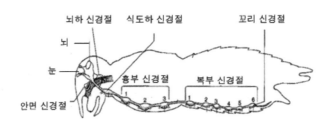

[그림 4.5] 곤충 메뚜기의 신경계

절지동물은 몸의 앞쪽에 있는 마디들의 신경들을 융합하여 뇌가 만들어졌다. 이와 함께 편형동물 시절의 눈점들이 발달하여 머리 부분에 붙어있던 홑눈들이 점진적으로 융합하여 겹눈으로 진화하였다. [그림 4.5]는 메뚜기(절지동물)의 뇌가 신체의 마디마다 분포되어 있는 신경절과 연결되어 있다. 이것은 곤충의 마디 신경절들이 자율적으로 마디를 움직이면서 뇌의 제어를 받는 것을 의미한다. 그림에서와 같이 곤충의 겹눈은 뇌와 가깝게 연결되어 있다. 눈은 몸 밖의 원거리에 있는 정보를 확인하기 위하여 뇌의 일부인 신경이 확장된 신경 조직이다.

4.1.2 신경계의 구조

신경세포(neuron, 神經細胞)는 동물이 운동하기 위하여 다른 세포들에게 신호를 전달하는 세포 조직이다. 사람의 몸에는 수천억 개의 신경세포가 모여서 신경계를 구성한다. 신경계는 몸을 움직이기 위하여 만든 조직이지만 오랫동안 조금씩 기능이 발전하여 정보처리 조직이 되었고 더욱 발전하여 [표 4.3]과 같이 사람이 생각하고 사고할 수 있는 의식을 운영하는 체계적인 기능으로 발전하였다.

---

5   예쁜 꼬마선충: 세포 분화과정을 밝히는 실험모델로 유명한 선형동물. 크기는 약 1mm로 성충이 되는데 약 3일이 소요되며 평균수명은 2~3주.

[표 4.3] 신경계의 구조

신경계	하부 조직		내역
중추신경계	두뇌		정보를 받아들여서 해석하고 판단하는 기관
	척수		두뇌와 말초신경계를 연결하는 통신 선로
말초신경계	체성신경	감각신경	감각기관으로부터 정보를 수용
		운동신경	골격근의 운동을 제어
	자율신경	교감신경	운동 기능을 활성화시키는 신경
		부교감신경	운동 기능을 안정시키는 신경

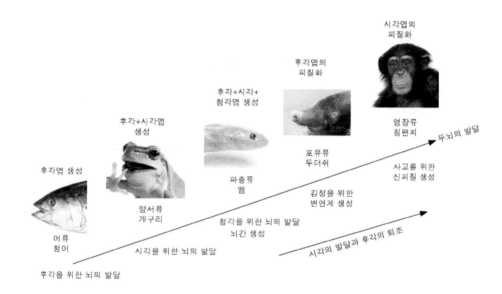

[그림 4.6] 척추동물의 두뇌 발달

척추동물의 뇌는 [그림 4.6]과 같이 후각 세포의 성장으로 시작된다. 바다의 동물들이 원거리에 있는 포식자와 먹이 정보를 얻기 위하여 물속에서 후각 기능을 발달시킨 것이 뇌의 후각엽이다. 포식자나 피식자의 냄새가 물에 녹아서 전달되면 후각 세포가 인식하고 후각엽에서 냄새를 인지하는 방식이다. 양서류가 물 밖에 나와서 정보를 얻기 위해서는 후각만으로는 부족했기 때문에 시각 기능을 더욱 발달시킨 것이 시각엽이다. 파충류가 되어 물 밖으로 완전히 나왔을 때 먼 곳에서 오는 소리를 듣기 위하여 청각엽을 발달시킨다. 따라서 뇌의 앞부분에 후각엽이 있고 다음에 시각엽이 있고 뒤에 청각엽이 위치한다. 초기 포유류는 후각엽을 대폭 성장시켜 구피질을 만들었고, 영장류는 시각엽을 크게 확장시켜 신피질을 만들어 3부 뇌를 완성한다([그림 4.9] 3부 뇌의 구조 참조). 이 과정에서 후각 기능은 퇴조하고 점차 시각 기능이 발전한다. 개가 냄새를 잘 맡는 것은 후각엽이 발달한 채로 남아 있기 때문이고, 개의 콧등이 항상 습하고 차가운 것은 물속에서 냄새 분자를 잘 녹이기 위해서 만들어졌기 때문이다. 야생 짐승들은 후각 기능이 매우 뛰어나다.

(1) 신경세포

신경세포는 여러 가지의 형태가 있지만 기본적으로 [그림 4.7]과 비슷한 구조를 가지고 있다. 신경세포는 몸체인 세포체와 가지를 치고 있는 섬유질들로 구성되어 있다. 나뭇가지 같은 수상돌기는 정보를 받아들여 세포체로 전달한다. 축색돌기는 세포체의 정보를 다른 신경세포나 근육 또는 내분비선[6]으로 전달한다. 신경세포는 수상돌기에서 정보를 입력하여 축색돌기로 정보를 출력한다. 축색돌기는 매우 긴 것은 약 1m 정도까지 되는데 이에 비하여 수상돌기는 세포체에 붙어있을 정도로 매우 짧다.

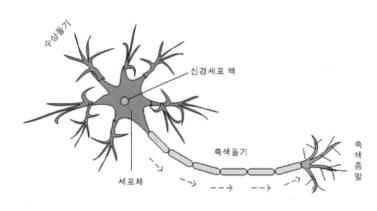

[그림 4.7] 신경세포의 구조

[그림 4.8]과 같이 축색돌기와 다음 수상돌기가 만나는 곳이 시냅스(synapse)이다. 시냅스에는 두 돌기 사이에 매우 좁은 간격이 있다. 이 간격은 수백만 분의 일 밀리미터도 안 된다. 멀리 있는 신경세포의 축색돌기가 수상돌기와 만나는 사이를 따라서 신경전달물질(neuro-transmitter)[7]이

---

6 내분비선(內分泌線): 동물의 몸 안에서 호르몬을 분비하는 기관.

분비되어 두 돌기를 연결해준다. 신호 강도가 높을수록 흥분상태가 되어 신경전달 물질이 많이 분비된다. 신경전달 물질이 다음 신경세포로 전달되면 그 신경세포는 다시 흥분 상태에 이르고 다른 신경세포로 신경전달 물질을 배출함으로써 정보를 전달한다.

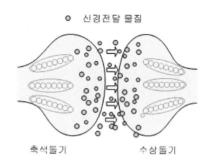

[그림 4.8] 시냅스의 구조

[표 4.4] 신경세포의 종류

종류	기능	비고
감각뉴런	외부의 자극이나 내부의 정보 입수	센서에 해당
연합뉴런	한쪽 신경세포의 정보를 다른 신경세포에게 전달	통신망에 해당
운동뉴런	정보를 받아서 근육 운동을 실행	작동기에 해당

[표 4.4]와 같이 신경세포는 기능에 따라서 감각뉴런(sensory neuron), 운동뉴런(motor neuron), 연합뉴런(interneuron)으로 구분된다. 감각뉴런은 외부의 자극이나 내부의 정보를 받아들이는 신경세포이고 운동뉴런은 정보를 받아서 행동으로 옮기는 신경세포이다. 연합뉴런은 신경세포의 정보를 받아서 다른 신경세포로 전달하는 신경세포이다. 신경계의 신경세포들은 유비쿼터스 시스템(ubiquitous system)의 센서, 통신망, 작동기(actuator)에 해당하는 기능을 수행한다.

---

7 신경전달물질(neuro-transmitter): 신경세포에서 분비되는 신호 물질. 시냅스를 통하여 인접한 신경세포의 전위를 높이거나 낮추는 역할을 한다. ex) 아세틸콜린, 아민, 뉴로펩타이드.

(2) 중추신경계

신경계는 천억 개 이상의 신경세포로 연결되어 있으며 중추신경계(central nerves system)와 말초신경계로 구분된다. 중추신경계의 핵심을 이루는 두뇌는 정보를 받아들여서 해석하고 반응을 결정한다. 사람의 뇌는 3부 뇌라고 해서 [그림 4.9]와 같이 뇌간, 변연계, 대뇌피질의 세 부분으로 구성된다. 이들의 별명은 기능에 따라서 생명의 뇌(뇌간), 감정의 뇌(변연계), 이성의 뇌(신피질)라고 부른다.

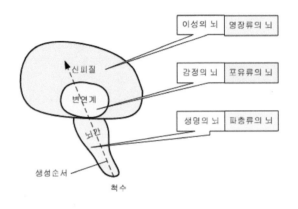

[그림 4.9] 3부 뇌의 구조

뇌간(brain stem)은 척수(척추에 위치하는 중추신경) 위에 있으며 심장박동과 호흡 등 생명을 유지하는 일을 한다. 척수는 두뇌와 말초신경계를 연결하는 정보 고속도로이다. 변연계(limbic system)는 뇌간과 대뇌 사이에 위치하며 감정을 조절한다. 신피질(neocortex)은 대뇌에서 이성적인 사고를 하는 뇌이다. [표 4.5]와 같이 3부 뇌의 생성 순서는 뇌간, 변연계, 신피질의 순서로 쌓이며 발생하였다.

[표 4.5] 3부 뇌의 생성과 기능

뇌 이름	기능(별명)	생성 동물	생성 시기
뇌간	생명의 뇌	파충류	5억 년 전
변연계(구피질)	본능의 뇌, 감정의 뇌	포유류	2~3억 년 전
신피질	이성의 뇌	영장류	500만 년 전

⑶ 말초신경계

말초신경계(peripheral nerves system)는 척수와 신체의 말단에 있는 수용체[8]나 실행기[9] 사이를 연결한다. 수용체는 눈, 코, 피부와 같이 신체 말단 조직에 존재하면서 감각 정보를 입력하는 조직이며, 실행기는 근육이나 내분비선과 같이 전달받은 명령을 실행하는 조직이다.

말초신경계는 [표 4.3]과 같이 체성신경계[10]와 자율신경계[11]로 구성된다. 체성신경계는 감각기관에서 정보를 받아들이는 감각신경과 골격근의 운동을 제어하는 운동신경으로 구성된다. 자율신경계는 내장의 평활근, 심장근육, 분비선 등을 조절하며, 교감신경계와 부교감신경계로 구성된다. 교감신경계는 사람이 위험에 처했을 때 민첩하게 행동하도록 도와주는 기능을 하며, 부교감신경계는 사람을 진정시키는 역할을 한다. 교감신경계와 부교감신경계는 서로 균형을 맞추어 신체가 안전하고 안정된 상태를 유지하도록 도와준다.

4.2 인공지능

지능(知能)이 두뇌에서 실행되는 사고라면 인공지능은 기계에서 실행되는 사고이다. 인간 고유의 영역으로 인식되어 오던 지능을 컴퓨터가 실행할 수 있도록 지금까지 많은 연구가 진행되었다. 인공지능은 기계에서 지능이 동작하는 것이므로 기계와 지능에 대한 구체적인 이해가 필요하다.

인간의 지능을 간단하게 정의하면 다음과 같다.

- 지능은 합리적으로 사고하고 문제를 해결하는 능력.
- 두뇌에서 정보를 처리하는 능력
- (기존 정보로부터 새로운 정보를) 추론하는 능력.

---

8 수용체(accepter): 자극이나 유도물질에 의해 반응을 일으키는 동물의 물질이나 조직.

9 실행기(executer): 동물이 외계에 대하여 능동적인 활동을 가능하게 조직. 근육, 분비선, 발광기, 발전기 등. 활동은 세포 내에 저장되는 화학 에너지에 의존.

10 체성신경계(somatic nervous system , 體性神經系): 감각을 느끼고 운동하는 것과 같이 의식의 지배를 받는 말초신경계.

11 자율신경계(autonomic nervous system , 自律神經系): 피돌기, 내장운동과 같이 무의식의 지배를 받는 말초신경계.

지능의 정의들을 정리하면 '기존의 지식이나 경험을 기반으로 추론하여 문제를 해결하는 능력'이다. 문제를 해결하기 위해서는 많은 정보와 사고력이 요구된다. 기계란 무엇인가? 기계란 '유용한 일을 하는 복잡한 도구'이다. 컴퓨터는 정보를 처리하는 일을 하므로 생각하는 기계이다.

인공지능을 간단하게 정의하면 다음과 같다.

> • 인공지능은 기계에서 인간의 지능을 실현하는 기술이다.

인공지능의 목표는 다음과 같다.

> • 인간이 수행하는 지능적인 과제를 기계가 수행한다.
> • 컴퓨터를 더 유용하게 사용한다.

전자는 인공지능 자체가 목적이 아니라 (자연)지능을 연구하기 위한 수단이 목적이다. 후자는 지능에 대한 지식을 컴퓨터에 적용해서 컴퓨터를 더 유용하게 사용하는 것이 목적이다. 컴퓨터과학의 목표는 정신노동을 수행하는 인간과 유사한 기계를 만드는 것이고, 인공지능의 목표는 사람처럼 생각하는 컴퓨터를 만드는 것이며, 로봇공학(robotics)[12]의 목표는 사람처럼 행동하는 기계를 만드는 것이다.

4.2.1 인공지능의 기반 학문

인공지능은 다음과 같이 기호논리학, 튜링 기계, 신경망 모델, 컴퓨터 이론, 기호체계 가설 등이 모여서 성립되었다.

(1) 기호논리학

일반 논리학 또는 형식논리학(formal logic)은 일상 언어를 사용하기 때문에 복잡성과 오류가 발생할 수 있다. 기호논리학(symbolic logic)은 일상 언어를 사용할 때 발생하는 애매함과

---

12 로봇공학(robotics): 사람과 유사한 모습과 행동을 하는 기계에 관한 학문.

오류 등을 없애기 위하여 기호를 사용하는 논리학이다. 인공지능은 기호논리학에 기원을 두고 있다. 현대논리학이 기호를 많이 사용하는데서 기호논리학 또는 수리논리학이라는 명칭이 사용되었다. 사람들이 사용하는 논리를 기호로 표현할 수 있다면 기계는 기호를 이용하여 논리를 추론할 수 있다. 독일의 철학자 라이프니츠(Leibniz)[13]는 두뇌의 사고 작용을 기호로 표현할 수 있으면 논리적인 계산으로 풀 수 있다고 생각하였다.

아리스토텔레스의 3단 논법과 같이 기존의 형식논리학은 같은 말이라도 다르게 해석할 수 있는 중의성 문제가 있다. 논리학을 새로운 차원에서 발전시키려는 노력이 영국의 드 모르간(Morgan)[14]과 조지 부울(Boole)[15]에 의하여 시작되었다. 부울은 수학이 수와 양의 학문이 아니라 기호를 사용하는 하나의 방법론이라고 규정하였다. 기호논리학은 추론할 때 기호를 사용함으로써 비논리적인 요소를 완전히 배제할 수 있었다.

부울 대수는 컴퓨터과학에서 볼 때 알고리즘(algorithm)[16]의 기반이 된다. 부울 대수는 한 가지 명제에 관하여 참이나 거짓 두 가지 중에서 하나만을 인정하는 논리이다. 복잡한 논리식도 참을 의미하는 '1'과 거짓을 의미하는 '0'으로 표현할 수 있어서 논리회로를 만들고, 이를 확장하여 컴퓨터도 만들 수 있고 정보도 처리할 수 있다. [표 3.3]은 부울 대수로 두 자료를 연산하는 이진 연산의 실례이다.

⑵ 튜링 기계

기호논리학을 현실 문제에 적용하여 대폭 발전시킨 사람은 앨런 튜링(Turing)이다. 튜링은 1936년에 자동기계 이론(automata theory)을 발표하였다. 자동기계 이론은 모든 추론의 기초가 되는 형식 기계의 개념을 최초로 정립한 것이다. 튜링은 인간이 사고하는 과정을 흉내 내서 정보를 처리하는 기계(Bombe)를 고안하였다. 이 기계가 제2차 세계대전에서 독일군의 암호를 해독하였고 우리가 지금 사용하는 컴퓨터의 원형이 되었다.

---

13 Gottfried Leibniz(1646~1716): 독일의 철학자, 수학자, 외교관, 정치가. 수학에서 미적분법의 창시자로 미분 기호와 적분 기호를 창안.

14 드 모르간(Augustus de Morgan, 1806~1871): 영국 수학자, 논리학자, 대학교수. 집합론을 다룬 '드 모르간 법칙' 창안.

15 George Boole(1815~1864): 영국의 수학자. 기호논리학의 창시 및 부울 대수(Boolean algebra) 전개.

16 algorithm: Mohammed ibn Musa Al-Khowarizmi라는 AD 825년대 아랍의 수학자의 이름을 따서 만든 단어.

(3) 신경망 모델

인간의 몸은 신경계가 지배하고 있으며 신경계(nervous system)는 수많은 신경세포들이 모여서 하나의 망을 이루고 있어 신경망(neural network)이라고 한다. 인간의 사고는 신경망에서 일어나므로 신경망에 대한 연구는 오래 전부터 추진되어 왔다.

1943년에 매커럴(McCulloch)[17]과 월터 피츠(Pitts)[18]는 신경망 이론에 관한 논문을 발표하였다. 여기서는 신경세포를 논리적인 단위로 동작하는 기능으로 보는 형식 모델을 제시하였다. 이 신경망 모델에서 신경세포로 구성되는 신경망이 기호논리학의 모든 논리들을 조작할 수 있는 가능성을 보여 주었다. 신경망 모델은 인간의 뇌를 그대로 반영하지는 못하였지만 뇌를 논리학의 원리에 따라서 동작하는 것으로 모형화 하는데 성공하였다.

(4) 컴퓨터 이론

현재 우리가 사용하고 있는 컴퓨터 기술은 제2차 세계대전 전에 튜링에 의하여 태동되었으며, 제2차 세계대전 후에는 세 사람의 위대한 노력으로 본격적으로 발전하게 되었다. 이들 세 사람은 [표 4.6]의 폰 노이만(von Neumann), 노버트 위너(Wiener), 클로드 섀넌(Shannon) 등이다.

튜링이 디지털 컴퓨터의 이론 모델을 창안하였다면, 디지털 컴퓨터의 논리적 구조를 확립한 사람은 폰 노이만이다. 1946년에 미국 펜실베니아대학에서 모클리(Mauchly)와 에커트(Eckert)가 공식적으로 세계 최초의 컴퓨터인 ENIAC을 제작하였다. 폰 노이만은 이에 자극을 받아서 새로운 방식의 컴퓨터를 설계하였다. ENIAC은 새로운 문제를 처리하려면 수천 개의 스위치를 며칠 동안 조작해야 하는 운영하기 힘든 구조였다. 폰 노이만은 스위치 조작 대신에 프로그램을 작성하여 기억장치에 넣고 프로그램과 자료를 차례대로 불러내서 처리하는 프로그램 내장(stored program) 방식의 모델을 발표하였다. 프로그램 내장 방식은 수많은 스위치 조작을 없애고 프로그램을 작성하면 즉시 실행할 수 있는 컴퓨터로 바꾸어 놓았다. 이후로 프로그램 내장 방식은 모든 디지털 컴퓨터의 표준이 되었다.

---

17 Warren McCulloch(1898~1969): 미국 신경물리학자, 인공두뇌학자. Pitts와 함께 신경망 연구

18 Walter Pitts(1923~1969): 미국의 인지심리학자. McCulloch와 함께 신경망 연구.

[표 4.6] 주요 컴퓨터 이론

컴퓨터 이론	주장	내역
자동기계론	앨런 튜링	추상 기계를 이용하여 정보처리 기계를 모델링
컴퓨터 구조론	폰 노이만	프로그램 내장 방식으로 디지털 컴퓨터 설계
인공두뇌학	노버트 위너	신경과학을 이용하여 기계를 지능화
정보이론	클로드 섀넌	2진법의 비트(bit)를 이용하여 정보를 계량화

(5) 기호체계 가설

1956년에 다트머스대학(Dartmouth College)[19]에서 '생각하는 기계'에 대한 워크숍이 개최되었다. 이 워크숍에서는 인간처럼 사고할 수 있는 컴퓨터 프로그램을 개발하기 위하여 존 매카시(John McCarthy), 마빈 민스키(Marvin Minsky), 허버트 사이먼(Simon)[20], 앨런 뉴웰(Newell) 등 네 명이 모임을 가지고 인공지능 연구를 시작하였다. 앨런 뉴웰은 인간의 마음을 정보처리 시스템으로 보았고, 허버트 사이먼은 인간의 마음을 기호 조작 시스템으로 보았으므로 두 사람의 생각은 동일하였다. 뉴웰과 사이먼은 공동으로 연구하여 1956년에 LT(Logic Theorist)라는 프로그램을 개발하였다. 이것은 기호논리학의 정리를 증명하는 프로그램이다. 이들은 계속 연구를 진행하여 GPS(General Problem Solver)라는 프로그램을 개발하였다.

GPS는 인간이 문제를 해결하는 과정을 모형화한 프로그램이다. 두 사람은 인간과 컴퓨터가 문제를 해결할 때 둘 다 기호를 조작하는 방식이 비슷하여 이를 기호 조작 시스템이라고 결론지었다. 이들의 연구에 의하여 기호체계 가설을 요약하면 [표 4.7]과 같다.

기호체계 가설은 기호학[21]을 기반으로 하며, 인간의 문명과 마음은 기호로 구성되어 기능한다고 하는 주장[22]이다. 기호체계 가설에서 컴퓨터는 인간의 두뇌, 프로그램은 인간의 마음에 해당한다. 뉴웰과 사이먼이 체계화한 기호체계 가설은 인공지능의 핵심적인 개념이 되었다.

---

19 Dartmouth College: 미국 뉴햄프셔주에 기독교에서 설립한 대학. 1769년 영국 식민지 시절에 설립. 명문 아이비리그 8개 대학 중의 하나.

20 Herbert Alexander Simon(1916~2001): 미국 경영학자. 카네기멜론대학 경영학, 행정학, 컴퓨터과학, 심리학 교수.

21 Semiotics, 記號學: 인간의 생각을 표현하고 전달하는 기호와 기호의 조합으로 이루어지는 법칙, 관계, 작용, 해석 등을 연구하는 학문.

22 C. Morris(1901~1978): 미국 철학자, 기호학자, 대학 교수. "인간의 지성은 기호의 기능과 정확하게 동일하다."고 주장.

[표 4.7] 기호체계 가설

번호	내 역	주 장
1	인간의 마음은 정보를 처리하는 시스템이다.	앨런 뉴웰
2	정보처리(마음)는 기호를 조작하는 과정이다.	허버트 사이먼
3	컴퓨터 프로그램은 기호를 조작하는 시스템이다.	기호논리학
4	인간의 마음은 컴퓨터 프로그램으로 모형화할 수 있다.	인지심리학

4.3 심리학

심리학은 인간의 행동을 연구하는 학문이고 행동은 마음에 의해 결정된다. 심리학은 철학에서 비롯되어 늦게 독립하였기 때문에 역사는 짧지만 급성장을 이루었다. 최근에는 컴퓨터에서 영감을 얻어 인공지능을 위한 학문으로 발전하고 있다.

4.3.1 심리학의 발전

'너 자신을 알라'는 소크라테스의 주장은 인간의 감각이 정확하지 않으므로 감각만으로는 신뢰할 수 있는 지식을 얻을 수 없다는 것이다. 인간의 감각은 오류를 많이 범하기 때문에 감각에 의한 지각은 불완전한 지식을 제공할 수 있다. 소크라테스는 합리적인 사고나 내성법(內省法, introspection)[23]을 써야 오류를 피하고 참된 지식을 얻을 수 있다고 생각했다.

플라톤(Platon)[24]은 마음은 신체와 분리될 수 있으며 신체가 죽은 후에도 영속되며, 지식은 태어날 때부터 가지고 나오는 것이라고 생각하였다. 이 사상은 헬레니즘(Hellenism)[25]의 영혼불멸설[26]과 관련이 있다. 그는 지식이 선험적(a priori)[27]으로 얻어지는 것이라고 생각했다.

---

[23] 내성법(introspection): 의식의 내용을 알기 위하여 자신을 깊이 관찰하는 심리학 실험 방법.

[24] Plato(BC 428~348): 고대 그리스 철학자. 소크라테스의 제자. 영원불변의 개념인 idea를 통해 존재의 근원을 찾으려 함. 이원론자.

[25] Hellenism: 알렉산더 대왕의 영향으로 나타난 그리스와 중동의 융합 문명. 그리스 문화와 정신을 의미.

[26] 영혼불멸설(靈魂不滅說): 사후 세계를 긍정하는 종교에서 영혼이 불멸한다는 신앙. ex) 기독교.

[27] 선험적(先驗的, a priori): 경험하기 이전에 알 수 있다는 의미. 칸트 인식론의 근본 개념.

반면에 아리스토텔레스는 두 스승의 생각과 달리 '영혼은 신체와 분리될 수 없다'고 생각했다. 그는 지식은 선험적인 것이 아니라 경험으로부터 얻어진다고 생각했다. [표 4.8]와 같이 플라톤이 이원론[28]을 주장한 반면에 아리스토텔레스는 일원론[29]을 주장하였다.

[표 4.8] 플라톤과 아리스토텔레스의 세계관

주제	플라톤	아리스토텔레스
세계의 근본원리	이원론	일원론
지식의 근원	선험적	경험적
시대 환경	전쟁으로 비참한 시기	안락한 궁전 생활
신분	귀족	알렉산더 대왕의 스승
계승자	데카르트	존 로크

아리스토텔레스 이후 2,000년간 주목할 만한 연구가 없다가 프랑스의 르네 데카르트가 다시 이원론을 주장하였다. 데카르트는 신체와 철저하게 분리된 마음이 신체 사망 후에도 존재할 수 있다고 했다. 과학자였던 데카르트는 동물을 해부해보고 두개골 안에 있는 액체가 영혼을 담고 있다고 생각했다. 데카르트의 이원론은 대륙의 합리주의를 형성하는 계기가 되었다.

현대에 이르러 심리학이 과학으로 자리를 잡기 시작하였다. 현대 심리학의 태동부터 지금까지의 발전 과정 중에서 [표 4.9]와 같이 인지과학과 관련이 깊은 것들을 중심으로 살펴본다.

(1) 구조주의 심리학

빌헬름 분트(Wundt)[30]와 동료들은 마음을 자연 현상과 마찬가지로 과학적으로 연구하고자 하였다. 물이나 햇빛, 고체에 대한 물리적 또는 화학적 실험을 통하여 마음을 연구하였다. 이들은 마음을 구조(構造)로 보고, 마음을 이루고 있는 본질적인 요소들을 파악하고자 했다. 마음을 연구하는 실험 과정에서 의식의 내부를 들여다보고 분석하고 기술하는데 전념하였다. 이런 실험 방법을 내성법이라고 한다. 분트는 실험실에서 사람이 어떤 소리를 듣고 건반

---

28 이원론(二元論, dualism): 모든 존재는 상호 독립하는 두 개의 원리에서 비롯된다는 입장.

29 일원론(一元論, monism): 모든 존재는 하나의 원리나 기원에서 비롯된다고 생각하는 입장.

30 Wilhelm Wundt(1832~1920): 독일 라이프치히대학 심리학자. 실험 심리학을 확립.

을 누르는 시간을 측정하였다. 이것은 인지를 감각과 지각이라는 요소로 구성된 구조로 파악하고, 지각하는데 소요되는 시간을 측정하는 실험이었다.

[표 4.9] 심리학의 분야별 주제

심리학	주요 주제	비고
구조주의 심리학	마음에서 본질적인 요소를 찾는다.	마음 = 구조
기능주의 심리학	마음이 나타나는 현상에서 기능을 찾는다.	마음 ≠ 구조
행동주의 심리학	모든 행동(마음)은 자극에 대한 반응이다.	자극 → 반응
정신분석	마음은 무의식에서 큰 영향을 받는다.	의식 〈 무의식
인지심리학	마음은 정보를 처리하는 프로그램이다.	마음 = SW

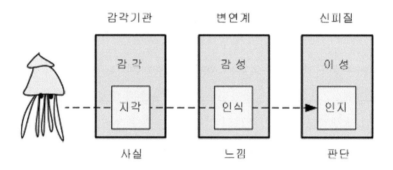

[그림 4.10] 사물의 지각, 인식, 인지 과정

[그림 4.10]과 같이 지각은 감각기관을 통하여 어떤 사물이 있다는 사실을 알게 된 것이고, 인식은 그 사물로부터 어떤 느낌을 받은 것을 말하고, 인지는 그 사물이 무엇이라는 판단까지 하는 것을 의미한다. 예를 들어, 내가 어떤 상자에 손을 넣었는데 차갑고 물컹한 물건이 손에 닿았다면 내가 지각한 것을 의미하고, 그 사물이 어쩐지 기분 나쁘다는 느낌이 들면 나의 감성이 작용하여 인식된 것이며, 그 사물이 오징어라는 사실로 판단이 되면 내가 오징어를 인지했다고 말할 수 있다.

(2) 기능주의 심리학

기능이란 기본적으로 '실체'에 대립하는 개념이므로 기능주의(機能主義)의 입장은 실체, 본질, 제일 원인[31]의 인식을 불가능한 것이라 본다. 기능주의는 오직 기능, 작용, 현상으로 존재를 파악하고 인식이 가능하다는 불가지론의 입장이다. 기능주의 입장에서는 고정적인 '구조' 개념을 배제하고 관계, 작용, 발생, 변동 등의 동적 사상을 중시한다.

구조주의 심리학이 의식을 구조로 보고 이를 구성하고 있는 내용을 본질적인 요소로 분석하는 것이라면 기능주의 심리학은 구조 개념이 없으므로 의식을 요소로 분석하지 않고 의식의 기능을 분석하려고 한다. 기능주의 심리학은 정신을 별개의 조각으로 나눌 수 없는 하나의 것으로 보았다. 의식의 정적인 구성요소보다는 의식이 변화하는 환경에서 어떠한 행동과 기능을 하는지를 고려한다.

윌리엄 제임스(James)[32]는 의식의 흐름이 유동적이고 지속적이라고 생각하였으며, 의식은 기본 요소들로 분리될 수 없다고 확신하였다. 존 듀이(Dewey)[33]도 기능주의에 기여하였다. 제임스와 듀이는 다윈의 진화론의 영향을 크게 받았다. 특히 진화론에서 주장하는 '적자생존의 원칙'은 행동과 속성이 자연환경에 잘 조화되는 생물들이 살아남아서 다시 그 속성들을 다음 세대에 전해 줄 수 있다는 적응적 기능의 개념으로부터 영향을 받았다. 기능주의는 프래그머티즘(pragmatism)[34]을 위시하여 다른 학문들에도 영향을 주었다. 기능주의자들의 실험 방법은 구조주의와 마찬가지로 내성법이었다.

(3) 행동주의 심리학

러시아의 이반 파블로프(Pavlov)[35]가 실험실에서 개에게 먹이를 주는 실험을 했다. 파블로프가 종을 칠 때마다 개에게 먹이를 주면, 개는 종소리만 들어도 침을 흘리는 것을 발견하였다. 파블로프의 실험실은 공개된 대상이고 실험 결과는 측정 가능하였다. 이 실험으로 행동주의[36] 심리학이 관심을 끌기 시작했다.

---

31 제일 원인(第一原因, first cause): 아리스토텔레스 철학의 궁극 목적인 순수형상. 자연계 최고의 원리, 모든 운동의 궁극적 원인. 신을 우주 최초의 창시자로 보는 철학 용어.

32 William James(1842~1910): 미국 심리학자. 빌헤름 분트와 함께 근대 심리학의 창시자.

33 John Dewey(1859~1952): 미국 철학자, 교육학자. 프래그머티즘 확립.

34 pragmatism: 실용주의. 관념의 의미는 관념이 초래하는 결과에 있다고 생각하는 입장.

35 Ivan Pavlov(1849~1936): 러시아 생리학자. 소화와 신경지배의 연구로 노벨생리·의학상 수상.

36 행동주의: 심리학의 대상을 의식에 두지 않고, 사람 및 동물의 객관적 행동에 두는 입장

행동주의(行動主義) 심리학의 창시자인 존 왓슨(Watson)[37]은 실험을 과학적으로 관찰하고 측정이 가능하고, 외적인 행동으로 제한해야 한다고 주장하였다. 행동주의는 생물의 모든 행동을 자극에 대한 반응으로 본다. 자극과 반응이 반복되면 신경계에 영향을 주고 습관이 되어 뇌 속에 저장된다. 따라서 저장된 다음에는 생각만 해도 자극을 받은 것처럼 반응한다. 자극에 대한 모든 반응과 이 과정에서 얻은 습관을 [그림 4.11]과 같은 형식으로 이해하였다.

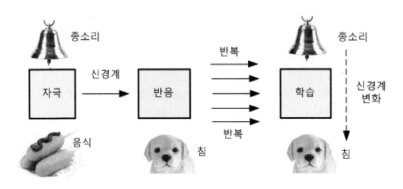

[그림 4.11] 자극과 반응에 의한 학습

심리학자들은 '심리학이 행동주의에 의하여 과학이 되었다'라고 말한다. 그 이유는 행동주의로 인하여 인간의 행동을 과학적으로 관찰하고 관찰한 자료를 객관적으로 분석하는 방법이 정착되었기 때문이다. 행동주의가 발전하면서 행동이 중심이 되고 인간의 마음은 연구 대상에서 제외되어 1940년대 말까지 심리학에서 완전히 배제되었다.

스키너(Skinner)[38]는 강화 개념을 이용하여 행동주의를 더욱 발전시켰다. 강화는 자극에 이어서 주어지는 자극인데 이 자극에 따라서 반응의 빈도가 증감된다. 스키너는 모든 생물들이 강화를 받아서 특정한 행동을 하도록 학습된다고 주장하였다. 코끼리와 곰이 서커스에서 재주를 부리고 축구를 할 수 있는 것은 모두 강화된 학습의 결과이다. 그러나 행동주의 심리학은 지나치게 기계론(mechanism)[39]적이라는 비판을 받았다.

---

37 John Watson(1878~1958): 미국의 행동주의 심리학 주창자. 내성법에 반대하고 철저한 과학적 실험을 주장.

38 Burrhus Skinner(1904~1990): 미국의 행동주의 심리학자. 가설보다 선행 조건과 결과와의 관계만을 기술하는 입장.

39 기계론(機械論, mechanism): 모든 사상을 기계적 운동으로 환원해서 설명하려는 입장.

(4) 정신분석

정신분석(精神分析, psychoanalysis)은 지그문트 프로이드(Freud)[40]에 의하여 시작되었다. 프로이드는 신경과 의사로서 환자들을 진료하면서 인간의 행동과 마음에 대하여 이해하게 되었다. 다른 심리학자들은 실험실에서 연구를 진행한 반면에 프로이드는 직접 환자들을 치료하며 연구하였다. 프로이드는 환자들이 자신의 행동에 대한 동기를 거의 모르고 있다는 사실에 주목하였다. 그는 의식으로 치료할 수 없었기 때문에 무의식에 중점을 두고 치료 방법을 연구하였다.

프로이드는 인간의 행동을 결정하는 것은 의식보다 무의식이 더 많은 영향을 줄 수 있다고 생각하였다. 인간이 수행하는 많은 행동 중에는 자기도 모르게 무의식적으로 수행하는 일이 적지 않다고 생각했다. 길에서 어른을 만나면 공손하게 인사하고, 불편한 사람을 만나면 자기도 모르게 불편해지는 것은 무의식의 발로라고 주장하였다.

정신분석에 의하면 [그림 4.12]와 같이 의식(consciousness)은 빙산에서 물 위에 있는 부분과 같고 무의식(unconsciousness)은 물에 잠겨 있는 부분과 같아서 크기가 1/7밖에 되지 않는다. 의식은 잠에서 깨어있는(각성) 상태이고, 무의식은 각성되지 않은 상태이다. 무의식은 오랜 역사 속에서 인간의 본능과 경험이 쌓여서 만들어진 욕망의 덩어리이다. 무의식적인 욕망(원초아, id)은 끊임없이 욕구를 분출하지만 현실 사회에서 살고 있는 사람(자아, ego)은 이상(초자아, super-ego)을 실현하기 위하여 욕망을 억누르며 살아야 한다.

[그림 4.12]와 같이 전의식은 의식과 무의식의 경계에 있으면서 쉽게 의식화될 수 있는 상태이다. 예를 들어 꿈속에서 본 사물들을 간신히 기억할 수 있는 상태를 말한다. 원초아(id)는 본능적인 욕구이므로 쾌락 원칙에 따라 움직인다. 사람은 본능적으로 생존에 필요한 것을 추구하며 아닌 것은 회피한다. 원초아는 이기적이며 즉각적인 만족을 원한다.

자아(ego)는 사고, 감정, 의지의 주체로서의 '나'이다. 사람은 현실 사회를 살기 때문에 현실적이어야 하고 미래를 계획해야 한다. 의식 상태에서 살아가는 자아는 충동적인 욕망인 원초아를 적당하게 눌러야 한다. 원초아를 무조건 누르기만 하면 갑자기 한꺼번에 분출될 수 있으므로 적당히 충족시켜가며 눌러야 한다.

---

40 Sigmund Freud(1856~1939): 오스트리아 신경과 의사, 정신분석 창시자. 꿈의 해석 집필.

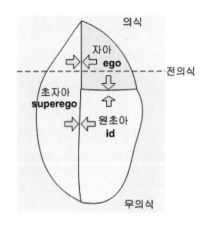

[그림 4.12] 인간의 정신 구조

초자아(super-ego)는 세 살부터 발달하여 사춘기 이후에 완전히 성숙된다. 초자아는 이상적인 삶을 살아가려는 욕망이므로 무의식적인 욕망을 누르려고 한다. "세 살적 버릇이 여든까지 간다"는 속담은 정신분석에 근거를 두고 있다고 할 수 있다. 원초아와 자아가 이기적인데 반하여 초자아는 이타적으로 타인도 고려한다.

[표 4.10] 정신분석의 핵심 3요소

핵심 요소	내역	비고
초자아(super-ego)	양심과 이상을 추구하는 주관자로서의 나	의식/전의식/무의식
자아(ego)	사고, 감정, 의지의 주관자로서의 나	의식/전의식/무의식
원초아(id)	욕구가 있는 본능적인 에너지	무의식

원초아(id)는 자아(ego)를 통하여 욕망을 실현할 수 있지만 초자아(super-ego)도 자아를 통하여 이상을 실현해야 한다. 자아는 이상과 욕망을 동시에 추구하기 때문에 선택적 판단을 해야 한다. 따라서 자아는 초자아와 원초아의 압력 속에서 최선의 타협점을 찾아가면서 갈등을 지속한다.

사람들은 낮 동안에는 무의식적으로 일상생활을 하는 경우가 많고 일상적이지 않은 일을 할 때는 의식적으로 행동하게 된다. 출근하는 길에 반가운 사람을 만나면 무의식적으로 미소를 짓고 위험한 상황을 만나면 의식적으로 회피한다.

(5) 인지심리학

인지심리학은 "인간의 마음이 어떻게 동작 하는가"를 연구한다. 구체적으로 '인간의 마음이 어떻게 환경과 나를 알고 지식을 갖게 되는가?'와, '그 지식으로 어떻게 문제를 해결하는가?'를 연구한다. 인간은 대상을 인식하고 기억하고 학습하고 언어를 사용하고, 문제를 해결하는 등의 마음을 움직이는 활동으로 생활을 영위한다. 마음이란 인간이 내적이나 외적인 자극으로 정보를 획득하고 가공하고 표현하는 두뇌의 정신활동이다. 마음은 이러한 정보처리 활동과 그 대상이 되는 정보들로 이루어진다. 마음의 활동에 의해 두뇌에 표현되는 정보를 표상(表象, representation)이라고 한다.

인지심리학은 다양한 학문들의 영향을 받아서 정보처리적인 관점을 수용하였다. 정보처리적 관점이란 컴퓨터가 정보를 처리하는 도구이며, 인간의 마음도 정보를 처리하는 도구(프로그램)로 보는 것이다. 따라서 인지심리학자들은 인간의 마음을 컴퓨터라고 정의한다. 여기서의 컴퓨터는 소프트웨어를 말한다. 인지심리학자들은 컴퓨터가 숫자 계산의 의미를 넘어 상징(symbol)을 조작하는 체제로 파악한다. 또한 인간의 마음도 상징을 조작하는 체계로 개념화할 수 있다고 생각한다. 인간의 사고과정은 명확하고 구체적인 절차로 기술될 수 있으며, 이렇게 기술된 것을 컴퓨터가 실행할 수 있다고 생각한다.

4.3.2 정보처리체계

정보처리체계(IPS, Information Process System)는 자료나 정보를 수신, 처리, 저장 및 배포하기 위해 함께 작동하는 상호 연결된 구성 요소의 집합이다. 대표적인 예가 컴퓨터와 사람이다. 사람의 정보처리체계란 사물을 지각하고, 지각한 것을 뇌 속에 표상하고, 표상한 것을 상징으로 변환하고, 상징을 조작하며, 조작한 결과를 저장하거나 출력하는 체계이다. 지각한 것을 표상하고, 표상을 상징으로 바꾸고, 상징을 조작하고, 표상과 상징을 저장하거나 출력하는 일련의 과정이 정보처리과정이다.

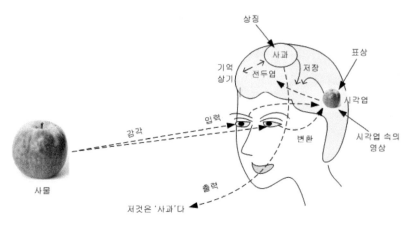

[그림 4.13] 사물의 표상과 상징

[그림 4.13]은 사람이 외부에 있는 사물을 보고 '사과'라고 말하는 인지 과정을 보여준다. 사물이 감각기관인 두 눈을 통하여 들어온 감각 신호를 두뇌의 시각엽에 전달한다. 시각엽에서는 두 눈에서 전달된 신경 신호를 조합하여 영상을 만들고 표상으로 저장하고, 표상을 전두엽으로 보낸다. 전두엽은 표상된 정보를 기존에 기억된 정보를 상기하여 '사과'라는 상징으로 인지한다. 사물 자체가 두뇌에 들어올 수 없으므로 시신경으로 감각된 영상 신호를 두뇌의 정보처리체계에 맞추어 내부 형식으로 표현된 것을 표상(representation)이라고 한다. 감각기관으로 입력된 사물을 두뇌가 특정한 상징이라고 이해하는 것을 인지라고 한다. 사람이 사물을 인식하고 '사과'라는 표상과 상징을 만들고, 입으로 '사과'라고 출력하는 전체 과정이 정보처리체계다. 사람과 컴퓨터의 정보처리체계가 유사하기 때문에 인지심리학에서는 인간의 마음을 컴퓨터라고 한다.

4.4 언어학

언어학(linguistics)은 인간의 마음을 표현하는 방식을 다루는 학문이다. 사람은 언어로 생각하고, 언어로 말하고, 언어로 글을 쓴다. 언어가 없으면 생각도 못하고, 말도 못하고, 글도 쓸 수 없다. 언어는 어디서 온 것일까? 사람은 언어를 어떻게 습득하는가? 어느 날 언어를 모두 잊어버린다면 어떻게 생각하고 어떻게 대화할 것인가? 동물들은 언어 없이 어떻게 무리를 지어 공동생활을 하는가? 어휘가 많으면 생각이 넓고 깊을까? 지구상에는 여러 가지 언어가 있는데 모든 언어들의 기능과 어휘는 다 일대일로 대응이 될까? 언어와 사고는 어떤 관계에 있는가? 이런 질문에 답할 수 있는 것이 언어학이다.

언어는 다음과 같이 두 가지로 요약할 수 있다.

- 언어는 소리와 문자를 이용하여 사람의 생각을 표현하는 의사소통 체계이다.
- 언어는 상호 의사를 전달하는 기호 체계이다.

언어 정의의 공통점은 모두 생각을 대상으로 한다는 점이다. 의사(意思), 관념(觀念), 사고(思考) 등은 생각을 다른 말로 표현한 것이기 때문이다. 언어는 생각을 표현하는 도구이고 생각을 표현하는 구체적인 방법은 기호이므로 언어는 기호 체계라고 할 수 있다. 달리 표현하면 언어는 관념을 표현하는 기호 체계이다. 따라서 인간의 마음은 기호를 조작하는 체계라고 할 수 있다. 언어를 활용하는 측면에서 보면 언어는 인간의 사고와 세계관을 인식하고 이해하는 도구라고 할 수 있다.

언어학을 정의하면 다음과 같이 두 가지로 요약할 수 있다.

- 언어학은 언어의 형태와 구조, 의미를 연구하는 학문이다.
- 언어학은 인간의 마음의 구조와 성장과 성숙을 연구하는 학문이다.

언어를 과학적으로 연구하는 것은 언어를 관찰하고 실험을 통하여 언어의 형태와 구조와 의미, 변화 과정을 이해하는 일이다. 사람은 언어로 생각하므로 정신적으로는 언어로 성장한다고 볼 수 있다. 따라서 인간의 언어를 연구하는 것은 인간의 마음이 성장하는 과정을 연구하는 것과 같다.

4.4.1 언어와 사고의 관계

사람은 언어로 사고한다. 언어결정론자들은 아무리 깊은 사고를 한다고 해도 언어의 범위를 벗어나지 못한다고 주장하고 인지언어학자들은 사고가 깊어지면 언어 능력을 확장한다고 주장한다. 구조 언어학과 생성 언어학의 경우에, 언어는 사고(마음의 작용 방식)와 독립된 자율적인 기호 체계라고 이해하여 그 의미나 문법을 언어 자체의 문제로 해결하려고 한다.

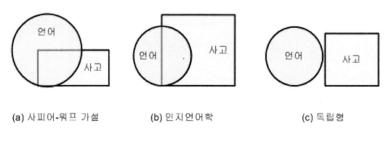

(a) 사피어-워프 가설	(b) 인지언어학	(c) 독립형

[그림 4.14] 언어와 사고의 관계

1) 언어와 사고 관계 이론

언어와 사고의 관계는 여러 가지 방법으로 연구되고 있으나 여기서는 인지과학의 입장에서 [그림 4.14] 및 [표 4.11]와 같이 대표적인 이론만 살펴본다. 언어와 사고의 주도권에 관한 이론에는 여러 주장이 있다. 사고가 언어를 주관하는지 또는 언어가 사고를 생성하는지, 언어와 사고가 독립하는지에 관한 이론은 다양하다.

[표 4.11] 언어와 사고의 관계 이론

이론	내역	비고
사피어-워프 가설	언어가 사고를 결정	Sapir, Whorf
사고-언어 독립	언어와 사고는 독립적	Noam Chomsky
인지언어학	사고가 언어 구조를 결정	George Lakoff

2) 구조주의 언어학

구조주의 언어학(言語學, linguistics)은 20세기 전반의 언어학계를 지배했던 페르디낭 드 소쉬르[41]의 이론으로 당시에는 매우 새로운 이론이었다. 이는 언어의 구성요소들 간의 관계에서 언어를 이해하려는 학문이다. 언어는 구성요소들 간의 관계의 차이에 의하여 의미가 결정된다는 것이다.

소쉬르 이전에는 어원의 의미를 발견하기 위하여 언어의 기원을 추적하다가 어원의 늪에서 헤어나지 못하였다. 소쉬르 이전에는 언어란 사물에 붙여지는 이름이므로 언어는 사물과 대

---

41 Ferdinand de Saussure(1857~1913): 스위스의 언어학자. 제네바대학 교수. 구조주의 언어학의 선구자.

응되는 개념으로 이해하고 있었다. 당시에 진리란 머릿속의 관념이 실제 사물과 정확하게 일치할 때 성립하는 것으로 이해하고 있었기 때문이다. 따라서 언어를 진리를 추구하는 방편으로 간주하고 언어에서 진리를 찾았던 것이다. 소쉬르는 이런 주장들을 배격하고 언어란 다른 것들과 관계의 차이에서 의미가 부여된다고 주장하여 언어학계에 충격을 주었다.

구조주의(structuralism)에도 문제가 있다. 구조주의는 통사론(syntax)[42]에서 중의성이 나타나는 것을 해명하지 못하였다. 예를 들어 다음 문장을 살펴보자.

> I like her cooking.
> Labour isn't working.

이 문장들은 여러 가지 의미를 가질 수 있다. 첫 번째 문장은 "그 여자가 요리하는 것을 좋아하는 것"인지 "그 여자의 요리를 좋아하다는 것"인지 애매하다. 두 번째 문장은 1970년대 영국 보수당의 선거 포스터에 있는 문구다. 포스터에는 실업 수당을 받으려는 노동자들이 길게 줄을 서서 기다리고 있다. 어떤 사람은 이 문장을 '노동은 힘든 것이 아니다'라고 이해하지만 다른 사람은 "노동당은 일하지 않는다"로 이해할 수 있다.

4.4.2 변형생성문법과 보편문법

행동주의 심리학자 스키너(Burrhus F Skinner)[43]는 아이들이 어른들의 말을 듣고 모방하여 언어를 습득한다는 모방 학습 이론을 주장했다. 당시에는 이 이론이 지배적이었다. 아이들은 모방하면서 잘하면 칭찬을 듣고 못하면 꾸지람을 들으며 언어를 효과적으로 습득한다고 주장했다. 그러나 아이들은 이전에 한 번도 들어본 적이 없는 문장을 문법적으로 정확히 만들 수 있다. 촘스키[44]는 이 사실을 실험으로 확인하였다. 스키너의 주장대로라면 아이들은 어른 말의 근사치를 내어야 하며 얼마간의 무작위 실수를 해야 한다. 그러나 일반적으로 이와 같

---

42 통사론(統辭論, syntax): 소리 단위들이 결합하여 단어를 구성하고, 단어들이 결합하여 문장을 구성한다. 각 요소들이 결합되어 문장을 구성하는 문법 규칙.

43 Burrhus F Skinner(1904~1990): 미국 행동주의 심리학자 대학 교수. 조건반사 원리에 의한 학습 연구. 쥐를 대상으로 실험한 스키너 박스로 유명.

44 Avram Noam Chomsky(1928.12.7 ~): 미국의 언어학자. 변형생성문법 이론 주창. 비판적 지식인.

은 일은 일어나지 않는다. 아이들은 매우 정연한 방식으로 언어를 습득한다. 어른 말의 근사치를 내지도 않고 얼마간의 무작위 실수도 하지 않는다. 아이들은 어른들의 말이 틀렸다고 (문법이 틀렸다고) 지적하기도 한다.

아이들은 언어 능력을 타고나는데, 다른 사람들로부터 일정량의 언어 자극을 받으면 언어 수행이 가능해진다. 즉 발화하는 언어 기능이 작동하는 것이다. 스키너 이후의 언어학에 대한 이론들을 살펴보기로 한다.

(1) 변형생성문법

촘스키는 오랜 연구 끝에 변형생성문법(變形生成文法, transformational generative grammar) 이론을 발표하였다. 변형생성문법은 생성문법과 변형문법을 합한 것이다. 생성문법은 영어 문장의 형성을 지배하는 규칙들을 철저하게 명시적이며 기계적으로 기술하는 것이다.

변형문법은 언어 구조가 심층구조(deep structure)와 표층구조(surface structure)로 구성되는 것을 전제로 한다. 변형규칙에는 두 구조의 관계가 중요하다. 심층구조는 문장 요소들 간의 관계성을 나타내는 구절 구조로, 문장이 실제로 서술되는 방식과는 독립적이다. 표면구조는 문장의 음소 구조에 연결된 문장 통사구조로, 문장 요소들의 조직을 실제 발화되는 것과 가장 가깝게 명세화 하는 구조이다. 사람 마음의 심층에는 언어 능력이 있으며 이 능력은 상황에 따라 변형규칙에 의하여 표층에 나타난다는 것이다. [그림 4.15]에 있는 문장의 예를 살펴보자.

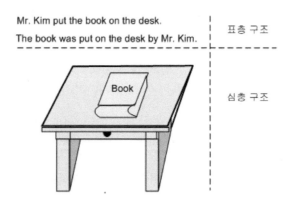

[그림 4.15] 변형 문법의 실례

'김씨가 책을 책상 위에 놓았다'라는 문장과 '책은 김씨에 의하여 책상에 놓였다'라는 문장의 표면구조는 다르지만 의미적 심층구조는 같다고 볼 수 있다. 심층구조가 같은데 표면구조가 다른 것은 심층구조에 다른 변형규칙을 적용한 결과이다.

변형생성문법의 성과는 다음과 같다.

첫째, 인간의 마음이 모듈로 조직되어 있다.
둘째, 인간의 지식은 경험에 의하지 않고 대부분 본유적이다.

(2) 보편문법

촘스키의 보편문법(普遍文法, universal grammar)은 사람들의 머릿속에 내장되어 있는 매우 특수한 문법 규칙을 말한다. 촘스키는 사람들의 언어 능력은 인간 생태의 일부이며 사람의 유전자에 내장되어 있다고 주장한다. 대부분의 언어학자들은 인류의 어떤 조상들이 언어 능력을 발전시켜 왔으며 모든 인간은 태어나면서 언어 능력을 갖게 되었다고 믿는다.

보편문법은 아주 특수해서 인류의 모든 언어들을 배우고 쓸 수 있는 보편적인 능력을 가지고 있다. 사람들은 누구나 어느 나라에서 태어나든 그 나라의 언어를 배울 수 있으며, 이주를 하게 되면 다시 그 나라의 언어를 배울 수 있다. 다만 늦게 배울수록 학습 효과가 적을 뿐이다.

보편문법이 내재적이라는 촘스키의 견해를 '언어 생득설'이라고 한다. 그러나 언어 생득설은 아직까지 논란이 많고 인지과학의 주제와 크게 관련이 없으므로 더 이상 논하지 않는다.

(3) 언어와 뇌

외과의사 폴 브로카(Broca)[45]는 실어증이라는 언어 장애를 가진 환자들을 만나게 되었다. 실어증 환자들은 문법에 맞추어 매우 힘들여서 천천히 말 하는데 발음이 분명하지 않아서 알아듣기 어려웠다. 이런 증상을 보이는 환자들을 검사한 결과 [그림 4.16]과 같이 모두 왼쪽 두뇌의 특정한 부분에 부상을 입은 것을 알 수 있었다. 브로카는 이 영역이 문장의 문법적인 구

---

45 Paul Broca(1824~1880): 프랑스 외과의사. 언어 중추의 소재 발견.

조를 제공하며 음성기관을 통제하는 미세한 근육들에 대한 기능을 맡고 있다고 생각하였다. 이 생각은 사실로 확인되었다.

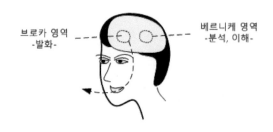

[그림 4.16] 뇌의 언어 영역

신경과 의사 칼 베르니케(Wernicke)[46]는 매우 다른 형태의 실어증을 앓고 있는 환자들을 만나게 되었다. 이 환자들은 말은 빠르고 유창하게 하는데 그 내용은 의미가 통하지 않았다. 이들을 검사한 결과 왼쪽 두뇌의 특정한 부분에 부상을 입은 것을 알 수 있었다. 이 영역은 청각피질과 시각피질로부터 전달된 언어 정보를 해석하는 기능을 맡고 있다. 실제로 이해와 일상적인 어휘 사용을 주관하고 있는 영역으로 확인되었다.

4.5 철학

철학은 궁극적인 실체를 연구하는 학문이다. 철학은 현실 문제에 직접 도움이 되지 않지만 모든 문제를 근본적으로 해결하는데 도움을 준다. 단기적으로는 도움이 안 되지만 장기적으로 중요한 문제를 해결하기 때문에 가치가 있다. 철학(哲學)에서 '哲'자는 다음과 같이 세 글자를 결합한 것이다.

哲 = 才 + 斤 + 口

손 수변 '才'에 도끼 근 '斤'에 입 구 '口'자로 합성되어 있다. 이것을 풀이하면 손으로 도끼

---

46 Carl Wernicke(1848~1904): 오스트리아 신경정신과 의사. 언어 중추의 소재 발견.

를 잡아서 찍듯이 분명하게 말한다는 의미이다. 철학에서 가장 중요한 작업은 각 낱말의 정의를 분명하게 하는 것이다. 영문자 definition의 의미도 내려놓는다는 뜻의 접두사 'de'와 경계와 끝을 의미하는 라틴어 'fine'를 합한 말이다. 어떤 낱말의 뜻과 다른 낱말과의 경계를 분명하게 구분한다는 의미이다. 그리스 사람들이 철학은 지혜를 사랑하는 학문이라고 한 것은 지혜가 사물의 개념과 정의를 분명하게 설명하기 때문이다. 그리스에서 민주주의가 발전한 것도 그리스인들이 매사를 분명하게 정의하고 명확한 언어를 사용하며 생활하기 때문일 것이다.

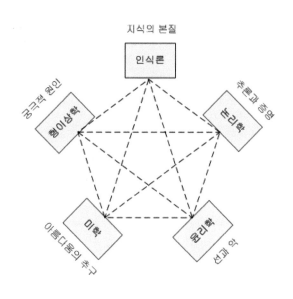

[그림 4.17] 철학 주요 분야의 흐름

4.5.1 철학의 주요 분야

철학은 여러 가지로 세분할 수 있으나 여기서는 [표 4.12]와 같이 연구 대상을 기준으로 다섯 가지로 분류한다. [그림 4.17]은 철학의 각 분야들이 서로 깊은 관계를 가지고 있다는 것을 시각적으로 기술한 것이다.

첫째, 관심 있는 사물과 사상을 인식하기 위하여 인식론이 필요하다.
둘째, 자신의 생각과 논리의 타당성을 확립하기 위하여 논리학이 필요하다.

셋째, 자신이 얻은 결론을 사회에 적용할 수 있는지 알기 위해 윤리학이 필요하다.

넷째, 자신의 결과물이 아름다운지를 알기 위하여 미학이 필요하다.

다섯째, 세상을 보는 눈이 넓어졌을 때 궁극적인 문제를 해결하기 위하여 형이상학이 필요하다.

T·I·P 철학의 제 분야

인식론(認識論, epistemology)

'사람이 알 수 있는 것은 무엇인가', '어떻게 알 수 있는가'에 관한 것이 주제다. 즉, 지식을 얻는 과정과 생각하는 것에 관하여 연구한다. 무엇을 '안다'라고 하는 것이 무엇을 의미하는지 또 어떻게 알 수 있는지를 연구하므로 '앎'에 관한 학문이다. 이런 것들은 생각을 통해서 알 수 있으므로 '생각'에 관한 학문이다. 인식의 대상이 관념적이라는 관념론[47]과 실재적이라는 실재론[48]이 있다.

형이상학(形而上學, metaphysics)

그리스어 'meta'와 'physika'의 합성어로 자연의 세계를 넘어선 이데아(idea)[49]의 세계를 의미한다. 플라톤의 이데아는 영원불변의 실체이며 진실한 존재이고 궁극적인 목적이다. 이데아의 세계는 이성만이 파악할 수 있는 영원불변의 세계로서 경험의 세계를 존재하게 한다. 이데아와 인간과 세계의 궁극적인 원인을 연구한다.

미학(美學, esthetics)

아름다움을 연구하는 학문이다. 고전적인 미학은 아름다움이 무엇인지 아름다움의 본질을 묻는 형이상학이었으나 근대 미학은 감성적 인식에 의한 아름다움의 현상을 추구한다. 예술은 아름다움을 표현하고 행위 하는 것이므로 예술도 미학에 속한다.

윤리학(倫理學, ethics)

도덕의 기원과 원리를 대상으로 인간의 행위에 대한 규범을 연구한다. 개인은 사회 구성원으로서 사회가 갖는 생활방식에 따라가야 하므로 윤리학은 사회생활을 위한 갈등해소와 의사소통 수단이다. 물리가 사물의 이치이듯이 윤리는 사람들 사이의 이치이다. 사람들의 행위에 대하여 옳고 그름의 답을 준다.

논리학(論理學, logic)

추론과 증명의 법칙을 연구한다. 기존 지식에서 새로운 지식을 만드는 것이 추론이고, 추론의 정당성을 확인하는 것이 증명이다. 진리에 도달하려면, 추론이 정확해야 하고 추론의 정확성을 증명해야 한다. 진리를 얻기 위하여 정당성을 확보하는 방법이다.

---

47 관념론(觀念論, idealism): 객관적인 실재보다 주관적인 정신, 이성의 우위를 주장하는 인식론.

48 실재론(實在論, realism): 주관보다 주관과 독립된 객관적인 존재를 인정하고 그것을 올바른 인식의 기준으로 삼는 인식론.

49 이데아(理念, idea): 플라톤 철학에서 영혼의 눈으로만 볼 수 있는 세계. 고귀한 인간의 이성만이 파악할 수 있는 영원

이들 각 분야는 다른 분야와 깊은 관계가 있으므로 다른 분야들을 잘 알아야 한다.

> **T·I·P 인식과 인지**
>
> 인식(認識)은 외부 정보를 수동적으로 수용하는 과정이므로 능동적인 지적 과정들을 다 포함하지 못한다. 사물을 인식했다는 것은 수동적으로 사물의 일부를 수용했다는 의미이므로 다 알았다고(사물을 인지했다고) 할 수는 없다.
>
> 인지(認知)란 무엇인가? 인지의 기본 개념은 앎이다. 인지는 보다 능동적인 과정을 의미하며 지적 과정 전체를 포괄하는 심리적 과정이다. 따라서 인지는 인식을 포함하는 더 큰 개념이다. 인간의 인지란 육체적인 면과 정신적인 면이 모두 포함된다.
>
> 마음이 생물학적 신경계를 떠나서 생각할 수 없기 때문에 신경과학이 중요하고, 또한 마음이 정신을 떠나서 생각할 수 없으므로 심리학이 중요하다. 인간의 인지는 일종의 저장장치로 책과 노트 등을 활용하고 있다. 책이나 컴퓨터 앞에서 글을 읽고 있으면 인지 활동이 활발해지는 것을 알 수 있다.

이러한 주제의 질문들은 삶에서 자주 부딪치는 문제는 아니다. 그러나 인생의 장기적인 행로에서 단편적인 일들을 모두 성공하고도 불행한 삶을 사는 사람들이 있다. 이것은 전투(전술)에 승리하고도 전쟁(전략)에서 실패한 것과 같은 경우이다. 철학은 전술적인 문제보다 전략적으로 인생의 기반을 쌓고 방향을 제시해주는 학문이다.

[표 4.12] 철학의 주요 분야

분 야	내 역	비 고
인식론	지식의 본질과 근거에 관한 내용	무엇을 알 수 있는가?
논리학	추론과 증명의 법칙에 관한 내용	무엇이 옳은가?
윤리학	선과 악에 관한 내용	무엇을 해야 하는가?
미 학	아름다움, 감각, 예술 등에 관한 내용	무엇을 바라는가?
형이상학	궁극적인 원인에 관한 내용	나는 누구인가?

불변하는 진리의 세계. 모든 존재와 인식의 근거가 되는 초월적 실재.

4.5.2 인식론과 논리학

인식은 새로운 사실을 알아가는 과정이고 논리는 알아가는 과정의 정당성을 세우는 일이다. 따라서 논리가 정당해야 인식이 가능해진다. 인식론과 논리학의 관계를 살펴본다.

(1) 인식론

인식이란 대상을 아는 일이며, 인지는 대상을 알고 해석하여 판단까지 하는 일이므로 인식은 인지보다 작은 개념이다. 인식론이란 인식에 의하여 얻어지는 지식의 기원과 성질 그리고 그 범위를 연구하는 학문이다. 인식론은 인식의 기원을 이성(理性)에 두고 있는 합리론과 인식의 기원을 경험에 두고 있는 경험론으로 구분할 수 있다. 인식론은 사람이 인식을 하는데 중요한 요소가 두 가지라고 하는 이원론과 하나라고 하는 일원론으로 구분할 수 있다. 이원론은 합리론과 통하고 일원론은 경험론과 통한다. 이 절에서는 이원론(합리론)과 일원론(경험론)을 중심으로 인식 방법론을 설명하고자 한다.

그리스의 소크라테스와 조선의 조광조[50]는 이상주의자였다. 그들은 열심히 학문과 이상을 추구하였으나, 현실에서는 뜻을 이루지 못하고 죄인이 되어 사형을 당하였다. 플라톤은 스승의 죽음을 겪으며 스승을 사형시킨 사람들을 증오하였고, 이퇴계[51]는 가장 존경하던 대선배의 억울한 죽음을 목격하고 낙향하여 학문과 교육에 전념하였다. 플라톤과 이퇴계는 매우 어려운 여건에서 살면서 이상주의자였던 스승과 선배의 죽음을 목격하고 이상은 현실과 다를 수밖에 없다는 이원론을 주장하였다.

아리스토텔레스는 알렉산더 대왕의 스승으로 풍요로운 궁정 생활을 하면서 기득권층에서 성장하였다. 이율곡(李栗谷)[52]은 아홉 차례의 과거에 모두 장원하여 벼슬길에 올랐으며, 국왕의 두터운 신임을 바탕으로 40세에 당시의 정국을 주도하게 된다. 아리스토텔레스와 이율곡은 현실 세계에서 책임을 져야 하는 지도자 입장이므로 현실적일 수밖에 없었다. 따라서 이상과 현실을 조화롭게 연결해야 하는 일원론을 주장하였다.

---

50 趙光祖(1482~1519): 조선 중종 때 대사헌. 도학 정치 실현을 위해 개혁을 추진했으나 훈구 세력의 역습으로 사형 당함.

51 李滉(1501~1570): 조선 중기의 유학자, 문인. 이기호발설로 이기이원론 주장.

52 李珥(1536~1584): 조선 중기의 유학자, 정치가. 기발이승일도설로 이기일원론 주장. 성학집요, 격몽요결 집필.

일원론(一元論, monoism)

세계를 유일한 근본 원리로 설명한다. 몸과 마음은 떼어놓고 생존할 수 없으므로 본질적으로는 하나다. 현실에 있는 몸이지만 열심히 노력하면 이상을 추구할 수 있기 때문에 몸과 마음을 하나로 본다. 사람은 누구나 현실에 살면서 노력하면 이상을 이룰 수 있다고 생각한다.

이원론(二元論, dualism)

세계를 서로 독립적인 두 개의 근본 원리로 설명한다. 몸과 마음은 전혀 이질적인 것이기 때문에 별개라고 생각한다. 몸은 현실에 담고 있지만 마음은 이상을 추구할 수 있기 때문에 하나로 보기가 어렵다. 현실과 이상이 공존하는 세상이다.

이율곡의 이기일원론은 현실을 중시했고 이황의 이기이원론은 이상을 중시했다.

합리론(合理論, rationalism)

우연을 배척하고, 이성적이고 논리적인 것을 중시한다. 현실 세계보다 이데아의 세계, 즉 형상[53]과 원리를 존중한다. 눈에 보이는 말(馬)과 마음의 눈으로 보이는 말이 따로 있으며, 눈에 보이는 말이 질료[54]이고 마음으로 보는 말이 형상이다. 플라톤은 모든 사람들은 일정한 지식이 프로그램으로 만들어진 상태로 태어난다는 본유 관념을 주장하였다.

경험론(經驗論, empiricism)

인식의 근원을 오직 경험에서만 찾는다. 아리스토텔레스는 이데아의 세계보다 인간에 가까운 감각되는 자연물을 존중하는 현실주의 입장을 취하였다. 따라서 말(馬)은 구체적인 말밖에는 존재하지 않는다. 질료 이외에 형상이 따로 존재하지 않는다. 영혼 불멸성에 대하여 아무런 보장을 하지 않는다.

독일의 합리론을 물리치고 현실을 지배한 것은 영국의 경험론이었다.

존 로크(locke)[55]는 플라톤의 본유 관념을 부정하고 경험론을 주장하였다. 본유 관념이란 사람이 태어나면서부터 가지고 나오는 선천적인 능력이다. 그는 인지는 감각과 반성이라는 경험을 통하여 얻어지는 습득 관념이라고 주장했다. 정제두[56]는 처음에는 주자학[57]을 공부하

---

53 형상(形相, eidos): 경험의 세계에 있는 특정 사물을 그 사물답게 만드는 원인. 존재하는 사물에 내재하는 본질. 플라톤 철학에서의 이데아.

54 질료(質料, matter): 형상을 구성하는 구체적인 재료. 아리스토텔레스 철학의 기본 용어.

55 John Locke(1632~704): 영국의 철학자 정치사상가. 계몽철학과 경험론의 원조.

56 정제두(鄭齊斗, 1649~1736): 조선 후기 유학자, 양명학자. 지식과 행동의 통일을 주장하는 양명학을 체계화.

였으나 뒤에 지식과 행동의 통일을 주장하는 양명학[58]을 연구하여 사상적 체계를 세웠다. 마음이 기(氣)이고 마음을 갖춘 도덕성을 이(理)라고 하는 주자학의 이원론에 반하여 양명학은 마음(氣)이 곧 이(理)라고 하는 경험론적 일원론을 주장하였다.

서양 철학은 이성을 중시하는 플라톤 철학과 경험을 중시하는 아리스토텔레스 철학으로 구분된다. 동양의 유학은 이성을 중시하는 주자학과 경험을 주장하는 양명학으로 구분된다. 유럽에서 영국의 경험론과 대륙의 합리론이 인식론의 주류를 이루며 절충을 모색하고 있는 동안, 신대륙(미국)에서는 프래그머티즘이라는 전혀 새로운 인식론이 대두되고 있었다.

(2) 실용주의 : 프래그머티즘

관념이나 사상을 행위와 관련하여 파악하는 입장을 실용주의(實用主義, pragmatism)라고 한다. 실용주의는 미국의 철학 정신을 반영하는 사조로, 실제(practice)에 관심을 둔다. 인간의 사고는 실제 행위로 옮겨갈 수 있는 활동이다. 따라서 사고는 목적이 아니라 목적을 위한 수단이라고 본다.

실용주의 창시자인 찰스 퍼스(Peirce)[59]는 '무엇을 아는가(know-what)'보다 '어떻게 아는가(know-how)'에 관심을 두었다. 다시 말하면 내용보다 실제 결과에 비중을 두고 있다. 퍼스에 의하면 개념이란 그 개념으로부터 나오는 실제 결과에 지나지 않는다. 퍼스는 모든 인식은 그 이전 인식의 제한을 받는다고 했다. 따라서 인식은 순간적으로 이루어지지 않고 해석을 해야 한다.

사람은 기존의 인식을 소재로 현재의 생각을 구성한다. 이것은 기호과정을 의미한다. 기호과정이란 이전 인식이 다음 인식의 소재로 연속되는 과정이다.

갈색이며 우는 동물 → 닭 → 토종닭

---

57 주자학(朱子學): 남송의 주희가 집대성한 유교 주류의 성리학. 이와 기의 개념으로 우주와 인간의 생성과 심성의 구조, 인간의 자세 등을 연구하는 학문.
58 양명학(陽明學): 명나라 중기의 양명 왕수인이 이룩한 신유가 철학. 인식과 실천은 하나라는 지행합일을 주장.
59 Charles Sanders Peirce(1839~1914): 미국의 철학자, 논리학자, 프래그머티즘 창시자.

이와 같이 인식은 기호를 매개하는 과정이다. 퍼스는 이런 관점에서 유럽의 합리론은 인간의 주체성이 개입할 여지가 없다고 보았다. 그는 인식과 행위가 결부된다는 점을 주목하였다. 어떤 개념을 이해하고자 한다면 그 개념이 어떤 효과나 결과를 가져오는지 고찰해 봐야 한다는 것이다. 기호과정에서 어느 것이 타당한가라는 질문은 의미가 없다. 중요한 것은 경험적으로 결과가 좋아야 한다는 것이다.

(3) 본질과 현상

우리가 어떤 것을 안다고 하는 것은 무엇을 안다는 것인가? 그 사물의 본질인가 현상인가? 본질과 현상은 같은 것인가 다른 것인가? 본질은 무엇이고 현상은 무엇인가? 본질과 현상의 두 가지 주제는 앞으로 논의할 모든 주제에서 끊임없이 제기될 것이므로 확실히 이해할 필요가 있다.

본질과 현상을 정의하면 다음과 같다.

- 본질은 사물에 존재하면서 사물의 존재를 가능하게 하는 필수 요소이다.
- 현상은 사물의 존재가 외부에 나타나는 모습이다.

본질을 강조하면 원리주의자가 되기 쉽고 현상을 추구하면 실용주의자가 되기 쉽다. 본질을 더 추구하는 것이 합리론이라면, 현상을 더 추구하는 것은 경험론이다. 본질에 더 가치를 둔 것을 이원론이라고 하면, 현상에 더 가치를 둔 것은 일원론이라 할 수 있다. [그림 4.18]은 인간이 이성으로 본질을 파악하고, 감성으로 현상을 파악하는 기능과 함께 각각 관련된 사상들을 보여준다. 인간이 사물의 참된 실재인 본질을 알 수 없다고 주장하는 불가지론과, 사물의 존재를 기능으로 파악하려는 기능주의 이후에는 본질의 개념이 불명확해졌다.

본질(本質, essence)

어떤 사물이 그 사물로 존재하기 위해서 없어서는 안 되는 핵심 성질이다. 따라서 본질은 그 사물에만 존재하는 고유한 존재이므로 실체(substance)라고도 한다. 인간의 본질은 무엇인가? 인간의 본질은 이성이므로 인간을 '이성적 동물'이라고 한다. 본질은 그 사물들의 공통성을 의미하는 것으로 사물에 존재하면서 그 사물을 구성하는 필수 요소이자 원인이다.

현상(現象, phenomenon)

일상적인 용어로는 외부에 나타나는 모양(象)을 의미하지만 철학에서는 두 가지 의미가 있다. 첫째, 사물이 외부에 나타나는 사실로 자연과학의 대상이 되는 모든 것을 의미하며 둘째, 인간의 의식 안에 존재하는 사실로 관념적인 사실을 의미한다. 형이상학에서는 어떤 사물이 있다면 본질은 그 사물의 참된 실재이고 현상은 참된 실재의 가상적인 모습(象)이라고 보았다. 따라서 [그림 4.18]과 같이 현상은 경험의 세계에 속하므로 감각적 인식으로 볼 수 있으나 참된 실재인 본질은 감각적으로 볼 수 없고 이성적 인식으로만 파악할 수 있다.

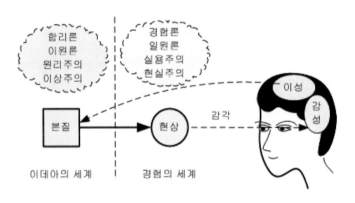

[그림 4.18] 본질과 현상

인식론의 종류는 많으나 여기서는 인지과학의 관점에서 설명하였다. 합리론, 경험론, 실용론이 발전한 동기는 시대적 상황에 크게 좌우되었다는 사실을 확인할 수 있다. 송나라는 이민족의 침입과 전쟁 패배의 어려운 현실 속에서 주자학의 이원론을 주장하였으며, 중국을 통일한 명나라는 현실 세계를 장악하였으므로 양명학의 일원론을 주장하는 것이 대표적인 실례다.

정언적 삼단논법(定言的三段論法)

조건을 붙이지 않고 확정적으로 주장하는 세 개의 명제로 구성된다. "모든 사람은 죽는다"(대전제) "소크라테스는 사람이다"(소전제) "소크라테스는 죽는다"(결론)의 형식이다. 일반화하면, "모든 S는 P이다"(대전제) "어떤 A는 S이다"(소전제) "모든 A는 P이다"(결론)로 표현된다. [표 4.13]과 같이 S는 전제에서 쓰이나 결론에서는 사용하지 않는 것으로 두 전제를 매개(媒介)하는 개념이다. 정언(定言)이란 조건을 붙이지 않고 확정적으로 주장하는 명제라는 뜻이다.

가언적 삼단논법(假言的三段論法)

어떤 사건의 발생을 가정하고 결과를 주장한다. [표 4.14]와 같이 "비가 오면 소풍가지 않는다"(대전제) "비가 왔다"(소전제) "소풍가지 않았다"(결론)의 형식이다." 여기서 소전제가 "소풍갔다"라면 결론은 "비가 오지 않았다"로 된다. 가언적 판단은 전건이 성립하면 후건이 성립되는 것을 의미하기 때문에, 전건이 성립되지 않았을 때는 후건의 성립을 따지지 않는다. 예를 들어 소전제가 "비가 오지 않았다"라면 결론은 "소풍을 갔다"와 "소풍을 가지 않았다"가 모두 성립한다.

(4) 논리학

우리가 일상적으로 나누는 대화에는 논리에 맞지 않는 주장들이 많이 있다. 상대방의 주장이 틀린 것 같은데 틀린 점을 지적하지 못해서 억울한 경우가 있으며, 나의 주장이 옳은데 옳다는 것을 증명하지 못해서 억울한 경우도 있다. 이런 억울함을 해결할 수 있는 수단이 논리학이다. 서로 자신의 주장이 옳다고 주장할 때는 상대방의 추론 과정에 오류가 있다는 것을 지적해야 논쟁에서 이길 수 있다. 논쟁할 때 중요한 것은 자신의 주장이 논증에 의하여 진리가 보전되었음을 증명하는 것이다.

[표 4.13] 정언적 삼단논법

구분	명제
대전제	모든 사람은 죽는다.
소전제	소크라테스는 사람이다.
결 론	소크라테스는 죽는다.

[표 4.14] 가언적 삼단논법

구분	명제	
대전제	비가 오면 소풍가지 않는다.	
소전제	비가 왔다.	비가 안 왔다.
결론	소풍갔다(×) 소풍가지 않았다(○)	소풍갔다(○) 소풍가지 않았다(○)

논리학(論理學, logic)은 추론과 증명의 법칙을 연구하는 학문이다. 다시 말하면 진리를 보증하는 논증의 학문이다. 추론(推論, reasoning)은 기존의 사실로부터 새로운 사실(결론)을 도출하는 과정이다. 결론이 정당하려면 추론 과정에서 오류가 없어야 하며, 오류가 없다는 것을 확인하는 과정이 증명이다. 증명(證明, proof)은 특정한 공리를 가정하고, 그 가정에서 어떤 명제가 참이라는 것을 확인하는 과정이다. 공리(公理)는 증명할 필요 없이 자명한 진리로 인정되는 사실이다.

- **거짓말쟁이의 역설 liar paradox**

신약성서 <디도서> 1장 12절에 "그레데인 중에 어떤 선지자가 말하기를, 그레데인들은 항상 거짓말쟁이야"라는 말이 있다. 이 경우에 선지자 자신이 그레데인이므로 그레데인이 거짓말쟁이라는 것을 긍정할 수도 부정할 수도 없는 모순을 낳는다. 또 다른 거짓말쟁이의 역설로 "한 남자가 자기는 거짓말을 하고 있다"고 말한다. 이런 경우 "그가 말한 것은 참인가 거짓인가?"는 고대 그리스 철학자의 역설이다.

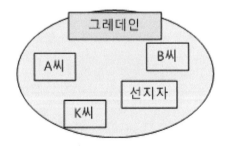

[그림 4.19] 거짓말쟁이의 역설

러셀은 거짓말쟁이의 역설을 집합 이론의 관점에서 체계적으로 정리하였다. 러셀은 이 문제를 집합과 집합의 원소 문제로 보았다. 러셀은 역설을 해결하기 위하여 유형이론(theory of types)을 고안하였다. 유형이론은 집합과 원소의 혼동을 금지한다. [그림 4.19]에서 그레데인의 집합에는 A씨, B씨, K씨, 선지자 등의 원소가 있는데 그 집합의 원소인 선지자가 '그레데인들은 항상 거짓말쟁이야'라고 자신의 상위 집합을 정의하는 것은 유형이론의 법칙을 위반한 것이다. 이런 잘못을 범하지 않는 것이 역설의 해결법이다.

4.1 다음 용어들을 정의하시오.
　　1) 인지력　　　2) 신경계　　　3) 초자아　　　4) 행동주의
　　5) 구조주의　　6) 언어

4.2 중추신경계와 말초신경계의 역할과 기능을 설명하시오.

4.3 두뇌 발달에서 시각과 후각의 역할과 기능을 설명하시오.

4.4 3부 뇌의 구성과 기능을 설명하시오.

4.5 기호체계가설을 설명하고 컴퓨터 이론과 비교하시오.

4.6 튜링 모델과 신경망 모델의 차이점을 설명하시오.

4.7 신경망 모델과 튜링 모델의 차이점을 비교하시오.

4.8 언어와 사고의 관계를 설명하시오.

4.9 구조주의의 장점과 문제점을 설명하시오.

4.10 인식과 인지의 뜻과 함께 차이를 설명하시오

4.11 변형생성문법과 보편문법의 관계를 설명하시오.

4.12 행동주의의 장점과 문제점을 설명하시오.

4.12 프래그마티스트와 원리주의자를 비교하시오.

4.13 당신은 본질을 추구하는가 아니면 현상을 추구하는가? 이유를 설명하시오.

4.14 인지심리학과 컴퓨터의 관계를 설명하시오.

4.15 사람이 사물을 인식하는 과정을 설명하시오.

4.16 철학과 인공지능의 관계를 설명하시오.

4.17 사람과 컴퓨터를 정보처리적 관점에서 비교하시오.

4.18 일원론과 이원론을 비교하시오.

4.19 본질과 현상의 관계를 설명하시오.

4.20 러셀은 거짓말쟁이의 역설을 어떻게 극복했는지 설명하시오.

4.21 어부가 "눈이 오면 낚시하지 않는다."고 말했다. 그런데 눈이 오지 않았는데 어부가 낚시하지 않았다. 어부가 낚시하지 않은 것은 타당한 행동인가 아닌가?

CHAPTER 5

인공지능 수학

선진국들이 높은 경제 수준을 이룩하고 문명과 문화를 자랑하고 있는 핵심 기반에는 수학이 있다. 그들은 수학을 통해 모든 자연 현상을 간편하고 명확한 수식으로 표현하고 정리하려고 한다. 수학의 특징은 문제와 현실을 명확하고 간단하게 기술하는데 있다. 이를 위해 수학은 기호를 많이 사용한다.

인공지능을 공부하는데 수학이 반드시 필요한 것은 아니다. 그러나 수학에 대한 기본적인 지식이 있으면 인공지능을 더 쉽게 이해할 수 있다. 그 이유는 인공지능에서 사용하는 많은 논리들이 수학에 기반을 두고 있기 때문이다. 이 장에서는 인공지능에 필요한 수학의 기초를 서술하여 인공지능을 쉽게 접근하도록 한다. 인공지능에서 사용하는 벡터, 행렬, 미분 등의 선형대수와 확률과 통계의 기본 개념들을 알아두면 매우 편리하다. 수학과 멀리했더라도 이번 기회에 알아두면 여러 면에서 큰 도움이 될 것이다.

선형(線型)이란 집합의 원소들을 1열로 나열하거나 1차식으로 표현하는 것을 의미하며, 대수(代數)란 숫자 대신 문자를 사용하여 간단하게 표현한다는 뜻이다. 따라서 선형대수(linear algebra)란 숫자들을 문자를 이용하여 1차식으로 표현하여 문제를 해결하는 계산방식이다. 선형대수는 벡터 공간과 그 변환을 다룬다. 선형 변환, 행렬, 연립 방정식 등을 다루므로 인공지능에서 많이 이용하는 내용이다. 주어진 상태를 숫자로 표현하고 덧셈과 곱셈 등의 연산 후에 나타나는 변화와 구조를 이용하여 현실 문제들을 해결한다.

확률은 동일한 원인에서 특정한 결과가 나오는 비율이므로 한정된 자료를 바탕으로 전체를 예측하는 수단으로 활용된다. 통계는 집단의 구체적인 상태를 숫자로 나타낸 것이므로 집단의 상태를 파악하고 개선하는데 사용하는데 편리하다. 통계를 바탕으로 확률을 활용하면 전체를 학습하고 예측하는데 매우 유용하다. 학습의 목적이 판단이나 행동하는 능력을 향상하는 것이므로 확률과 통계는 매우 중요하다. 학습은 경험이나 훈련을 바탕으로 특정 작업이나 행동하는 능력을 향상시켜 준다. 학습을 잘하려면 기본적인 수학을 잘 이해하는 것이 좋다. 수학은 인공지능뿐만 아니라 현대 디지털 생활에도 매우 유용하다.

5.1 수학 기초

수학을 공부하는데 마주치는 어려움 중 하나가 수학 기호(記號, sign)들이다. 수학 기호들이 이해하기 어렵다고 하는데 사실은 복잡한 내용을 알기 쉽게 표현한 것이 기호이다. 따라서 어렵다고 생각하기 전에 천천히 기호를 살펴보면 오히려 쉽게 이해할 수 있다. 특히 인공지능을 만들려면 프로그램 작성 과정에서 확률과 통계가 자주 나온다. 확률과 통계를 보면 수식과 수학 기호들이 많아 나오기 때문에 딱딱하고 어렵게 느껴진다. 고로 기초 수학부터 천천히 공부하면 쉽게 이해할 수 있다.

📑 T·I·P 기호와 상징

기호(sign)

기호는 사물의 의미를 직접 나타내는 표지이다. 길거리에 있는 교통 표지판들이 대표적인 기호이다. 세계 어느 나라에 가더라도 교통 표지판을 보면 그것이 의미하는 것을 쉽게 이해할 수 있도록 만들었다. 언어를 기호라고 하는 것도 언어로 작성된 문장을 읽으면 그 문장이 의미하는 것을 바로 알 수 있기 때문이다. 아라비아 숫자도 대표적인 기호이다. 기호를 논리학에 적용하여 문장에 명확성을 부여한 것이 기호 논리학이며, 기호 논리학이 알고리즘을 표현하고 전기공학과 융합하여 컴퓨터가 탄생하였다.

상징(symbol)

상징은 사물의 의미를 간접적으로 나타내는 표지이다. 각 나라의 국기들은 다른 사람들이 보면 설명을 듣기 전에는 그것이 무엇을 의미하는지 알 수 없다. 각 나라의 국기는 나름대로 그 나라의 전통과 애국심을 고취하는 내용을 간접적으로 전하고 있기 때문에 상징물이라고 한다. 금반지와 보석은 사랑을 상징한다. "빼앗긴 들에도 봄은 오는가?" 이 문장은 나라를 잃은 슬픔을 봄이라고 하는 계절을 통하여 간접적으로 표현하기 때문에 상징이라고 한다. 컴퓨터는 기호 논리학에 기반하기 때문에 기호로 작성된 문서들은 잘 처리하지만 상징으로 만들어진 문서들은 쉽지 않다. 이것은 인공지능이 앞으로 해결해야할 분야이다.

수학은 수, 양, 공간, 구조, 논리 등의 개념을 다루는 학문으로 대수학, 해석학, 기하학 등으로 구성된다. 대수학(代數學)은 한자말 그대로 숫자를 대신하는 문자를 이용하여 수식을 푸는 학문이다. 문제를 해결할 때 숫자 대신 문자를 이용하면 훨씬 쉽기 때문에 대수학이 나온 것이다. 해석학(解析學)은 미적분학과 극한, 급수, 연속성 등을 연구하는 학문이다. 기하학(幾何學)은 공간의 수리적 성질을 연구하는 학문이다. 전 세계가 점점 좁아지고 있기 때문에 공간에 대한 개념을 잘 익혀두면 실생활에도 큰 도움이 된다.

5.1.1 다항식과 2차식

인공지능 분야에서 자주 사용하는 수학의 기본적인 용어들을 살펴본다.

(1) 항(項), 상수, 변수, 차수, 계수

인공지능 분야에서는 다양한 모양의 수식을 다룬다. 우선 항(項)이라는 개념이 있다. 항이란 숫자나 문자 또는 그들의 곱으로 표현되는 식이다. 예를 들어, 4, 5, x, x/5, 4y, b^2 등을 항이라고 한다. 여기서 4는 상수라고 하고, x는 변수라고 한다. 상수는 변하지 않는 값이고, 변수는 변하는 값을 의미하며 영문자로 표현한다. 여기서 변수가 곱해진 횟수를 차수라고 한다. xy, x^2 등은 변수가 두 번 곱해졌기 때문에 차수가 2이다. 4나 5는 변수가 곱해지지 않았으므로 차수가 0이다. 각 항에서 변수에 해당하는 문자를 제외한 부분을 계수라고 한다. 예를 들어, 4y의 계수는 4이고, x/5는 계수가 1/5이다. 4, 5 항은 계수가 각각 4와 5이다.

(2) 단항식, 다항식, 1차식, 2차식

항이 하나인 수식은 단항식(monomial expression)이고 항이 여러 개인 수식은 다항식(polynomial expression)이다. 예를 들어, 4, 4x, 6y2, 3xy2 등은 각각 단항식이고, 4 + 4x, 3 + 2xy, 5a + 7a2b 등은 다항식이다. 1차식(primary equation)은 수식의 항 중에서 가장 높은 차수가 1인 수식이고, 2차식(quadratic equation)은 가장 높은 차수가 2인 수식이다. ax + b라는 수식을 살펴보자. 여기서 a, b는 상수이고 x는 변수이다. 따라서 변수 x의 차수가 1이므로 ax + b는 1차식이다. 여기서 a는 2이고 b는 3이라고 가정하면 y = 2x + 3이라는 수식이 된다. [그림 5.1]은 이 수식을 그림으로 그린 것이다. 여기서 이 직선이 y축을 지나는 절편은 1이고 기울기는 1/2이다.

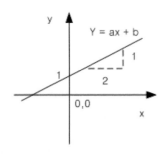

[그림 5.1] 1차식(함수)의 그림

[그림 5.2]의 $y = ax^2 + bx + c$라는 수식을 살펴보자. 여기서 a, b, c는 상수이고 x는 변수이다. ax^2은 변수 x가 두 번 곱해졌으므로 차수가 2이고, bx는 변수가 한 개이므로 차수가 1이고, c는 상수만 있으므로 차수가 0이다.

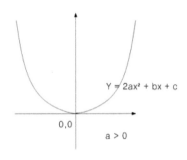

[그림 5.2] 2차식(함수)의 그림

인공지능에서 1차식과 2차식이 필요한 이유는 자료들을 분류할 때이다. [그림 5.3]과 같은 세 가지 자료들이 있을 때 이들을 분류하는 방법을 살펴본다. (a)는 붉은색 자료와 검은색 자료가 위와 아래로 분리되어 있으므로 1차식 직선을 그어서 분류할 수 있다. 그러나 (b)는 위와 아래가 아니라 왼쪽과 오른쪽으로도 분리되어 있어서 직선으로 이 둘을 분리하기 어려우므로 2차식이 필요하다. (c)는 검은색 자료들이 붉은색 자료들 사이에 들어가 있으므로 더욱 분리하기 어렵고 3차식이 필요하다. 따라서 자료의 분포에 따라서 1차식과 2차식 등의 여러 그래프를 사용할 필요가 있다.

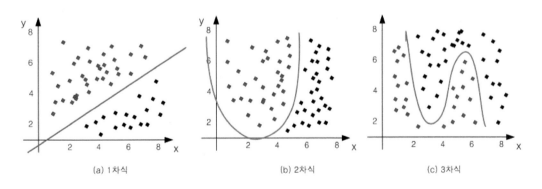

[그림 5.3] 세 가지 자료 분포와 분류

5.1.2 함수

인공지능에서 자주 나오는 용어 중의 하나가 함수(function)이다. 함수는 [그림 5.4](a)와같이 입력과 출력이 있는 시스템에서 둘 사이의 관계를 기술하는 기능이다. 입력값 x를 알려주면 출력 값 y를 알려주는 것이 바로 함수이다. 따라서 알고 싶은 값 y가 있을 때 적절한 함수 f(x)에 x를 입력하면 알 수 있다.

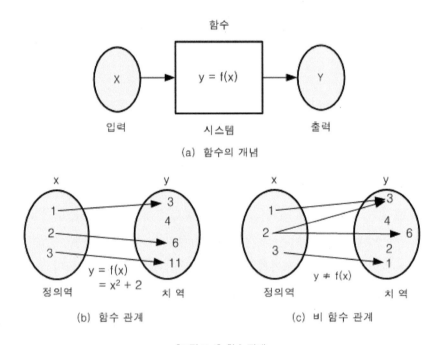

[그림 5.4] 함수 관계

함수에는 주로 1차 함수, 2차 함수 등이 자주 사용된다. 함수를 달리 표현하면 한 영역의 모든 원소들이 다른 영역의 원소와 1대1 대응되는 관계이다. 함수를 수식으로 표현하면 y = f(x)이다. x의 모든 값마다 1대1 대응되는 y의 값이 있다면 y = f(x)를 함수라고 한다. [그림 5.4](b)와 같이 x 영역의 모든 원소에 대하여 일대일 대응되는 y 영역의 값들이 있으면 함수 관계이다. 그러나 (c)와 같이 x 영역의 어느 한 원소가(2) y 영역의 두 원소(3,6)와 관계가 있기 때문에 함수 관계가 아니다. 그 이유는 x 영역의 한 원소 2가 y 영역에서는 3도 되고 6도 되는 애매함을 갖고 있기 때문이다. 함수 관계는 정의역과 치역이 1대1의 명확한 관계를 가져야 성립한다.

(1) 선형함수

선형함수(linear function)는 직선으로 그릴 수 있는 함수이다. [그림 5.1]과 같이 1차식으로 표현할 수 있는 수식이 선형함수이다. y = ax + b의 형태로 그릴 수 있는 함수가 1차 함수 또는 선형함수이다. 이 세상에는 일정한 비율로 변화하는 현상이 많기 때문에 이런 분야에 선형 함수를 사용하면 문제 해결이 쉽게 된다.

(2) 비선형함수

비선형함수(nonlinear function)는 직선으로 그릴 수 없는 함수이다. [그림 5.2]처럼 2차식 이상으로 표현할 수 있는 수식이 비선형함수이다. 비선형함수는 $y = ax^2 + bx + c$ 처럼 차수가 2 이상인 수식으로 그릴 수 있는 함수이다. 이 세상에는 급격하게 변화하는 현상도 상당히 많기 때문에 이런 분야에 비선형 함수를 사용하면 문제 해결이 쉽다.

(3) 지수함수

지수함수(exponential function)는 변수가 거듭제곱 이상의 변수로 표현되는 함수이다. 즉 [그림 5.5]와 같이 $y = a^x + b$의 형태로 표현된다. 여기서 a는 1이 아닌 양의 상수라야(a > 0, a ≠ 1) 하고, x는 실수 값을 가지는 변수라야 한다. a가 만약 1이라면 a^x 의 모든 값들이 1이 되기 때문이다. a > 1일 때 그래프는 오른쪽으로 가파르게 올라가고, 0 < a < 1일 때는 오른쪽으로 가파르게 내려간다. 지수함수는 로그함수의 역함수이다. 이런 현상이 나타나는 분야가 많기 때문에 사용한다.

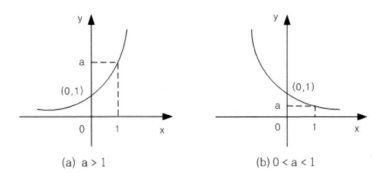

[그림 5.5] 지수 함수 $y = a^x$

(4) 로그함수

로그함수(logarithmic function)는 지수함수의 역함수이다. y = a^x에서 x와 y의 자리를 바꾸면 x = a^y가된다. [그림 5.6]과 같이 이 식을 로그함수로 표기하면 y = log_a^x가 된다. 여기서 y는 a를 밑으로 하는 x의 로그함수라고 한다. 여기서 x를 진수(또는 역대수)라고 하며, a > 0, a ≠ 1이고, x > 0이다.

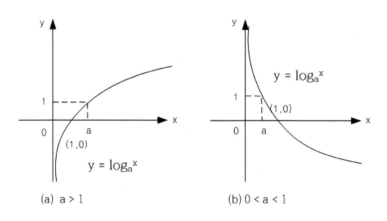

[그림 5.6] 로그 함수 y = log_a^x

(5) 시그모이드 함수

시그모이드 함수(sigmoid function)는 입력된 자료를 0과 1 사이의 값으로 출력하는 비선형 함수이며, 미분 가능한 연속성을 가진 함수이다. 인공신경망의 활성화 함수(AF, Activation Function)로 자주 사용된다. 시그모이드 함수의 식은 다음과 같다.

$$S_a(x) = \frac{1}{1+\exp^{-ax}}$$

시그모이드 함수는 x가 음수 쪽으로 가면 갈수록 분모가 양의 무한대가 되어 결과적으로 y값은 0에 가까워진다. 반대로 x가 양수 쪽으로 커질수록 분모는 1에 가까워지므로 y값은 1에 가까워진다. x가 0일 때는 분모가 2가 되므로 y값은 0.5가 된다. 여기서 a값이 커지면 커질수록 그래프의 변화가 더 커진다. 중요한 것은 [그림 5.7]과 같이 x가 양으로 커지면 y값은 1이 되고, 음으로 커지면 0이 되고, x가 0이면 y값은 0.5가 된다는 사실이다. 이것은 신경망에서 출력 노드의 값이 무엇이든지 결과 값은 0이나 1또는 0과 1 사이의 값으로 만들어준다는 사실이다. 이 함수는 다층 퍼셉트론이나 딥러닝 학습에서 중요한 활성 함수 역할을 한다.

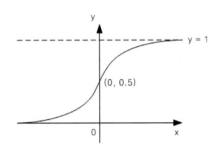

[그림 5.7] 시그모이드 함수

⑹ 삼각함수

삼각함수(tirgonometric function)는 삼각형에서 각의 크기와 변의 길이 사이의 관계를 나타내는 함수이다. 주로 직각 삼각형에서 각의 크기가 변수가 되는 함수로 사용된다. 각의 크기는 두 가지 방식으로 사용된다. 도수법은 원을 한 바퀴 도는 각의 크기를 360°로 사용한다. 호도법은 원의 반지름 길이가 호의 길이가 되는 각의 크기를 1라디안(radian)으로 사용한다. 삼각함수에서는 각을 표현할 때 도수법과 호도법을 주로 사용한다. 도수법은 일상적인 계산에서 자주 사용하고 호도법은 고급 수학 계산에서 자주 사용한다. 라디안은 많은 삼각 방정식을 단순화하고 도와 라디안 사이를 변환할 필요가 없어서 고급 수학에서 편리하다.

> **T·I·P 삼각함수와 삼각측량**
>
> 삼각함수는 삼각법에서 나왔다. 삼각법(tirgonometry)은 삼각형의 변과 각 사이의 관계에 따른 여러 가지 기하학적 도형을 연구하는 수학이다. 삼각법에서 삼각비(trigonometric ratio)는 직각삼각형의 빗변은 밑변, 높이와 일정한 비율을 항상 유지하고 있음을 보여준다. 삼각법은 오래전부터 실생활에서 많이 이용되었다. 삼각측량(triangular surveying)은 두 점 사이의 거리를 구하려고 할 때, 두 점 사이의 거리를 직접 구하지 않고, 다른 거리와 각을 구한 후 삼각법을 적용하여 거리를 구하는 방법이다. [그림 5.8](a)와 같이 나무나 산의 높이를 측량할 때 이용할 수 있고, (b)와 같이 나무나 산까지의 거리를 모를 때도 두 지점 A와 B에서 나무 끝을 보는 각도를 구하여 높이를 쉽게 구할 수 있다.
>
> 고대 이집트에서는 주기적으로 나일강이 범람하였고 농토가 유실되면 다시 토지 경계를 명확하게 복원할 필요가 있어서 측량기술이 발달했다고 한다. 홍수로 강이 범람하여 농지가 유실되면 유실된 토지를 측량하여 세금을 감면해주었다고 한다. 이집트 뿐만 아니라 고대 황하강, 티그리스강과 유프라테스강의 경우에도 이와 같은 이유로 삼각함수와 기하학이 발달하게 되었다.

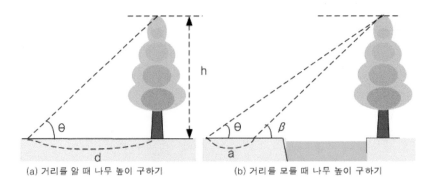

(a) 거리를 알 때 나무 높이 구하기　　　　(b) 거리를 모를 때 나무 높이 구하기

[그림 5.8] 삼각측량의 실례

반지름의 길이가 1이면 원의 둘레는 2π 이다. 원을 한 바퀴 돌면 360°이므로 이것은 원둘레가 2π 라디안에 해당한다. 따라서 1라디안은 360°이고 2π 라디안=360°가 성립한다. 이것을 자주 사용하는 각도에 따라 도수법과 호도법을 비교한 것이 [표 5.1]이다.

[표 5.1] 도수법과 호도법 비교

도수법	0°	30°	45°	60°	90°	180°	360°
호도법	0	$\pi/6$	$\pi/4$	$\pi/3$	$\pi/2$	π	2π

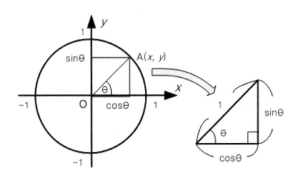

[그림 5.9] 원과 삼각함수

[그림 5.9]에서 원점 O를 중심으로 반지름 1인 원이 있다. 선분 OA가 x축과 만드는 각을 θ 라고 할 때 $\cos\theta$ = x, $\sin\theta$ = y, $\tan\theta$ = y/x이다. 왼쪽 원에서 삼각형을 크게 확대해서 각 변의 길이를 측정한 것이 오른쪽 삼각형이다. 오른쪽 삼각형은 빗변의 길이가 1이므로 밑변의 길

이는 $\cos\theta$ 이고 높이는 $\sin\theta$ 이다. 따라서 $\tan\theta = \sin\theta / \cos\theta$ 라는 식을 얻을 수 있다. 또한 피타고라스 정리에 의하여 빗변의 자승은 각 양변의 자승의 합계와 같으므로 $\sin\theta^2 + \cos\theta^2 = 1$ 이라는 공식을 얻을 수 있다. 다음의 두 식들은 삼각형에서 매우 유용하게 사용할 수 있다.

$$\tan\theta = \sin\theta / \cos\theta$$
$$\sin\theta^2 + \cos\theta^2 = 1$$

삼각형에서는 30°와 60°를 많이 사용하고 있으므로 [그림 5.10]과 같이 삼각함수를 계산하였다. 사인 30°는 빗변 분에 수직선이므로 1/2이 되고, 사인 60°는 $\frac{\sqrt{3}}{2}$ 이 된다.

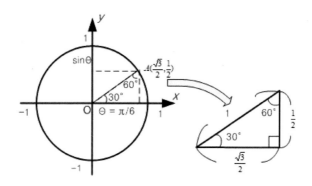

[그림 5.10] 30°와 60°와 90°로 구성된 삼각형의 삼각함수

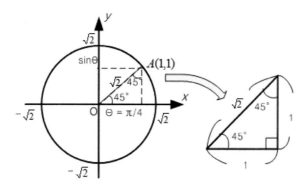

[그림 5.11] 45°와 45°와 90°로 구성된 삼각형의 삼각함수

또한 자주 사용하는 45°를 기준으로 [그림 5.11]과 같이 삼각함수를 계산하였다. [그림 5.10]과 [그림 5.11]에서 구한 사인, 코사인, 탄젠트 값들을 정리한 것이 [표 5.2]이다.

[그림 5.12]는 그래프의 가로축을 θ로, 세로축을 y로 두었을 때 사인 커브(y = sin Θ)와 코사인 커브(y = cos Θ)를 그래프로 그린 것이다. 사인 커브(y = sin Θ)와 코사인 커브(y = cos Θ)는 180°(2π)마다 같은 파형이 반복되는 것을 알 수 있다. 이들 커브들은 소리, 음성, 영상, 동영상을 디지털로 처리하는데 중요한 기반이 된다.

[표 5.2] 삼각함수의 sinθ, cosθ, tanθ 값

θ	0	30°($\pi/6$)	45°($\pi/4$)	60°($\pi/3$)	90°($\pi/2$)
$\sin\theta$	0	$1/2$	$1/\sqrt{2}$	$\sqrt{3}/2$	1
$\cos\theta$	1	$\sqrt{3}/2$	$1/\sqrt{2}$	$1/2$	0
$\tan\theta$	0	$1/\sqrt{3}$	1	$\sqrt{3}$	–

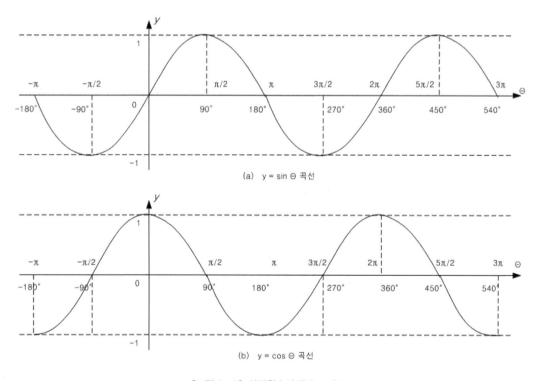

(a) y = sin Θ 곡선

(b) y = cos Θ 곡선

[그림 5.12] 삼각함수의 주요 그래프

5.1.3 수열

수열(數列, sequence)은 숫자들을 어떤 규칙에 따라 나열해 놓은 것이다. 인공지능에서는 수열을 많이 사용하는데 그 이유는 수열을 사용하는 것이 많은 숫자들을 다룰 때 훨씬 편리하기 때문이다. 많은 숫자들을 개별적으로 다루려면 번거롭고 시간도 많이 걸린다. 수열을 일정한 규칙에 따라 잘 정리해 놓으면 한꺼번에 처리하기 편리하다. 수열을 이루고 있는 숫자를 항(項)이라고 하고, 각 항을 번호순으로 나열하여, a_1, a_2, a_3, $\cdots$, a_n으로도 쓴다.

(1) 등차수열의 합계

(1, 2, 3, 4, 5, 6, 7,,,)은 1씩 증가하는 수열이고, (1, 3, 5, 7, 9, 11, $\cdots$)은 2씩 증가하는 수열이다. 이와 같이 각 항들의 차이가 일정한 수열을 등차수열이라고 부른다. 앞의 수열의 규칙은 $a_{n+1} = a_n + 1$이고 두 번째 수열의 규칙은 $a_{n+1} = a_n + 2$이다.

다음 등차수열의 합계를 계산하기로 하자.

$$S = 1, 3, 5, 7, 9, 11, 13, 15$$

이 숫자들을 개별적으로 모두 합하면 되지만 수열이 큰 경우에는 쉽지 않으므로 다음과 같이 공식을 만들어 사용하면 편리하다. 다음 그림과 같이 수열을 두 개 준비해서 거꾸로 합하면 두 개의 수열이 합산되고 각 항의 합계는 16이 된다. 전체 항의 수는 8개이므로 16*8/2 = 64가 된다. 이것을 일반화하면 등차수열의 합계 공식이 나온다. $S = n(a_1 + a_n)/2$. 즉, 첫 항과 마지막 항을 더하고 항의 갯수로 곱한 다음에 2로 나눈 것이 합계다.

$$
\begin{array}{r}
S = \quad 1 + \ \ 3 + 5 + \ \ 7 + \ \ 9 + 11 + 13 + 15 \\
+\ )\ S = 15 + 13 + 11 + \ \ 9 + \ \ 7 + \ \ 5 + \ \ 3 + \ \ 1 \\
\hline
2S = 16 + 16 + 16 + 16 + 16 + 16 + 16 + 16
\end{array}
$$

$$S = \frac{1}{2} n(a_1 + a_n) \quad \cdots\cdots\cdots\cdots 등차수열의\ 합$$

수열 a_1, a_2, $\cdots$, a_{n-1}, a_n이 있을 때 이 수열의 합은 ($a_1 + a_2 + a_3 + \cdots$, $a_{n-1} + a_n$) 이고 이것을 $\sum_{k=1}^{n} a_k$와 같이 표현한다. 다음은 이 기호를 이용하여 1부터 1씩 증가하여 n까지 합산하는 수식이다.

$$\sum_{k=1}^{n} k = 1 + 2 + 3 + 4 + \ldots + (n-1) + n = \frac{1}{2} n(n+1)$$

[그림 5.13]은 신경망에서 수열을 이용하여 노드의 신호 입력 합계를 계산하는 방식이다. 앞 계층에서 연결된 모든 연결선을 따라서 앞 노드들의 신호 x_k가 입력되면 각 노드의 가중치 w_k를 곱하고 합산한 결과인 $y = \sum_{k=1}^{n} a_k w_k$를 노드에 y로 입력한다.

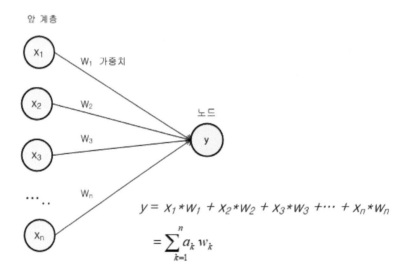

[그림 5.13] 신경망 노드의 입력 신호 계산

(2) 등비수열의 합계

3, 6, 12, 24, 48, 96, 192, … 이 수열은 항이 이어질 때마다 2배로 증가한다. 이와 같이 일정한 비율로 바뀌는 수열을 등비수열이라고 한다. 이 수열에서는 $A_n = 2 * a_{n-1}$로 규정할 수 있다. 여기서 증가하거나 감소하는 비율을 공비라고 하며 r로 표현한다. 공비를 이용하여 등비수열을 표현하면 a, ar, ar^2, ar^3, …, ar^n의 형태가 된다.

다음 등비수열을 합산해보자.

$$S = 3 + 6 + 12 + 24 + 48 + 96 + 192$$

이 수열을 두 배 곱한 다음에 앞의 수열에서 다음과 같이 빼기를 해본다. 여기서 S는 381이 되고, 이 식을 일반화하면 다음과 같다.

$$
\begin{aligned}
S &= 3 + \quad 6 + \quad 12 + \quad 24 + \quad 48 + \quad 96 + \quad 192 \\
-)\ 2S &= 3*2 + 6*2 + 12*2 + 24*2 + 48*2 + 96*2 + 192*2 \\
\hline
-S &= 3 \qquad\qquad\qquad\qquad\qquad\qquad\qquad\qquad -192*2
\end{aligned}
$$

$$a_n = ar^{n-1} \qquad\cdots\cdots\cdots\cdots\text{등비수열의 제n항}$$

$$S_n = \frac{a(r^n - 1)}{r - 1} = \frac{a(1 - r^n)}{1 - r} \qquad\cdots\cdots\cdots\text{등비수열의 합}$$

다음은 수열 a_1, a_2, $\cdots$, a_{n-1}, a_n이 있을 때 이 수열의 전체 곱은 $(a_1 * a_2 * a_3 * \cdots, a_{n-1} * a_n)$이고 이것을 $\prod_{k=1}^{n} a_k$와 같이 아래의 식으로 표현한다.

$$\prod_{k=1}^{n} a_k = a_1 * a_2 * a_3 * a_4 * \ldots * a_n$$

5.1.4 집합과 원소

집합(set)이란 반복이나 순서가 허용되지 않는 객체들의 모임이다. 예를 들어 1, 3, 5, 7, 9라는 자연수가 모여 있다고 하자. 이 자연수의 모임을 {1, 3, 5, 7, 9}라고 표현할 수도 있고, {3, 7, 5, 1, 9}라고 표현할 수도 있고, {1, 9, 5, 7, 3}로 표현할 수도 있지만 집합에서는 이들을 모두 동일한 모임으로 취급한다. 그 이유는 집합에서는 순서나 반복을 허용하지 않기 때문이다. 즉 원소(element)들의 순서가 바뀌거나 반복이 많이 있어도 모두 같은 내용이라고 보는 것이다. 집합을 이루고 있는 요소들을 원소라고 한다. 집합에는 이름을 붙일 수 있다. A라는 집합은 A = {1, 3, 5, 7, 9}라고 표현할 수 있다.

집합의 모든 원소들을 다 기재하지 않고 서술적으로 표현할 수도 있다. 즉 A= {x| x는 10보다 작은 자연수 중의 홀수}라고 표현할 수 있다. 원소의 수가 많을 때는 서술적 표현이 적합할 수 있다. 어떤 원소 x가 집합 A에 속한다면 x∈A라고 표현하고, 속하지 않는다면 x∉A라고 표현할 수 있다. 두 개의 집합 A, B가 있을 때 A가 B에 완전히 속한다면 A⊂B라고 표현하고, 속하지 않는다면 A⊄B라고 표현하고, 두 집합이 동일하다면 A = B라고 표현한다. 원소가 하나도 없는 집합을 공집합(null set)이라 하고 기호로 φ로 표기한다. 따라서 φ는 모든 집합의 부분 집합이다.

두 개의 집합 A, B가 있을 때 집합 A와 집합 B 모두에 속하는 원소가 있다면 이 원소들의 집합을 A와 B의 교집합(intersection set)이라 하고, A∩B라고 표현한다. 그리고 A와 B 둘 중의 어느 한 집합에 소속된 원소가 있다면 이 원소들의 집합을 합집합(union set)이라 하고, A∪B로 표현한다. 집합 A에서 집합 B에 속한 원소들을 제외한 것을 차집합(difference of sets)이라 하고 A-B로 표현한다. 전체 집합을 U라 하고, 집합 A가 있을 때 U에서 집합 A의 원소가 아닌 집합을 여집합(complementary set)이라 하고 $\overline{A}$로 표현한다. 이들을 벤 다이어그램으로 표현하면 [그림 5.14]와 같다.

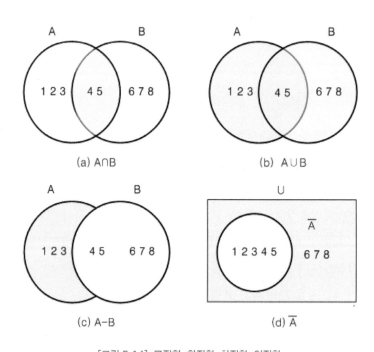

[그림 5.14] 교집합, 합집합, 차집합, 여집합

[그림 5.14](a)에서 A = {1,2,3,4,5}이고 B = {4,5,6,7,8}이므로 두 집합의 교집합은 $A \cap B$ = {4, 5}이다. (b)에서 두 집합의 합집합 $A \cup B$ = {1,2,3,4,5,6,7,8}이다. (c)에서는 집합 A에서 집합 B의 원소들을 제외하면 A−B = {1,2,3}이다. (d)에서는 전체 집합 U = {1,2,3,4,5,6,7,8}이므로 여기서 집합 A = {1,2,3,4,5}가 아닌 여집합은 $\overline{A}$ = {6,7,8}이다.

5.1.5 미분

미분(differentiation)은 어떤 흐름이나 운동에서 순간적인 움직임을 표현하는 방법이다. 즉, 순간적인 시간 차이로 인하여 발생하는 결과를 알고 싶을 때 사용한다. 자동차가 시속 100km로 달리다가 가속기를 밟으면 더 빨라지고 제동기를 밟으면 천천히 달린다. 이 때 자동차가 빨라지는 비율(가속도)을 알고 싶으면 시간 단위로 빨라지는 속도의 차이를 측정하면 된다. 1초에 1km씩 빨라질 수도 있고 2km씩 빨라질 수도 있다. 이 때 1초 단위로 빨라지는 속도의 양은 현재 속도와 1초 후의 속도 차이를 계산하면 되므로 이것을 미세한 차이라는 뜻으로 미분이라고 부른다. 미분은 기하학적 관점에서 주어진 곡선의 접선을 구하는 것과 같은 의미이다. 여기서 접선이란 곡선을 스치듯이 만나는 직선이다.

y = ax + b와 같은 1차식은 직선이므로 모든 x값에 대하여 기울기는 a로 동일하다. 따라서 모든 순간에서의 움직임도 a이다. 이것은 어떤 지점에서 x가 증가함에 따라 y가 어느 정도 증가하는지를 나타내는 식을 의미한다. 1차식에서는 x값이 달라져도 기울기가 같기 때문에 증가율(미분 값)은 0이다. $y = ax^2 + bx + c$와 같은 2차식은 곡선이므로 x 값에 따라서 기울기가 달라진다. 따라서 x 값이 다르면 기울기는 달라진다. 미분은 어떤 함수의 특정한 지점에서의 기울기를 구하는 수단이다. 예를 들어 $y = x^a + b$라는 식을 x에 관해 미분을 하는 식은 $y' = ax^{a-1}$이 된다.

[그림 5.15]는 $y = (x-1)^2 = x^2 - 2x + 1$ 이라는 식과 함께 미분한 y'= 2x − 2 식의 그림을 보여준다. 미분한 y'식의 기울기는 2이다. 따라서 x 값이 1이 변할 때 y값은 2씩 변한다는 의미이다.

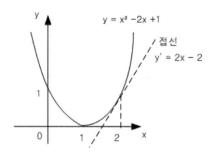

[그림 5.15] 2차식의 미분 개요

[그림 5.16]은 차량의 속도 함수 $y = 10x^2$을 미분한 식 $y' = 20x$을 보여준다. 차량이 달리고 2초 후의 속도는 $y = 10*2^2 = 40km$이고, 이 때 미분한 값은 $y' = =20x = 20*2 = 40$이다. 2.5초 후의 속도는 $y = 10*2^{2.5} = 62.5km$이고, 이 때 미분한 값은 $y' = 20x = 20*2.5 = 50$이다. 즉 2초에서의 미분 값은 40km이고 2.5초에서의 미분 값은 50km이다. 따라서 2초에서의 속도 변화율 40km보다 2.5초에서의 변화율 50km가 더 크다는 것을 알 수 있다. 실제로 그래프에서 2초보다 2.5초에서 곡선의 기울기가 더 가파른 것을 볼 수 있다.

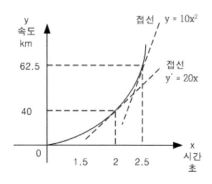

[그림 5.16] 2차식의 미분(차량 가속도)

인공지능에서는 질의에 대한 답변을 했을 때 답변의 정확도가 높아졌는지 또는 낮아졌는지를 확인하기 위하여 미분을 사용한다. 신경망의 출력 함수에서 기울기를 측정했을 때 답변이 좋은 방향으로 이동하는지 또는 나쁜 방향으로 이동하는지를 판단할 필요가 있다. 이 때 손실함수의 기울기 변화를 검사(미분)하여 손실을 줄이는 기법을 신경망의 경사하강법(Gadient Descent)이라고 한다.

5.2 선형대수

선형대수(linear algebra)에서 선형(線型)이란 직선을 의미하고, 대수(代數)는 숫자 대신 문자를 이용한다는 의미다. 선형이란 1차식을 의미하고, 비선형이란 2차식 이상의 고차식을 의미한다. 1차식은 수열과 같이 $a_1, a_2, \cdots, a_{n-1}, a_n$ 숫자가 나열된 것이다. 선형대수는 벡터, 벡터 공간, 선형 변환, 행렬, 연립선형 방정식 등을 주요 대상으로 하는 대수학의 한 분야이다. 인공지능에서 선형대수가 필요한 이유는 방대한 양의 자료를 비교적 간단하게 표현할 수 있고, 컴퓨터로 계산하기 쉽기 때문이다. 인공지능에서 필요한 선형대수는 주로 벡터와 행렬이므로 이를 중심으로 설명한다.

5.2.1 벡터와 행렬

벡터(vector)는 여러 개의 자료를 한 줄로 묶어놓은 것이다. 프로그래밍에서 자료들을 하나의 열에 담아둔 것을 배열이라고 하는데 이것도 벡터라고 할 수 있다. 벡터의 정의는 크기와 방향으로 정해지는 양이다. 즉, 여러 개의 자료들을 한 줄로 묶어 놓으면 방향성이 부여되기 때문이다. 자료가 여러 개로 묶여있지 않으면 당연히 방향성이 없고 양만 있으므로 이런 것을 스칼라(scalar)라고 한다. 인공지능에서는 많은 자료들을 다루기 때문에 당연히 한 줄로 묶어서 처리하는 것이 편리하기 때문에 벡터를 많이 사용한다.

벡터를 하나의 문자로 표시하는 방법은 **a, b**,...처럼 소문자를 굵게 표시하거나, $\vec{a}$, $\vec{b}$ 처럼 문자 위에 짧은 선을 표시하기도 한다. 벡터의 구체적인 성분을 나열하는 방법은 [그림 5.17]과 같이 가로로 나열하는 것과 세로로 나열하는 방법이 있다. 옆으로 나열하는 것을 행벡터라 하고, 위아래로 나열하는 것을 열벡터라고 한다.

$$a = (a_1, a_2, a_3, \cdots, a_n), \quad b = \begin{bmatrix} b_1 \\ b_2 \\ b_3 \\ \cdot \\ \cdot \\ \cdot \\ b_n \end{bmatrix}$$

[그림 5.17] 벡터의 원소 표기 방법(행벡터와 열벡터)

(1) 벡터의 덧셈과 뺄셈

벡터끼리 계산할 때는 항상 서로 대응하는 성분끼리 계산을 한다. (식 5.1)은 열벡터의 덧셈을 예로 든 것이다. 두 벡터에서 서로 같은 순서에 있는 성분끼리 덧셈을 한다. 따라서 성분의 수가 다르면 계산을 할 수 없다.

$$\begin{bmatrix} 1 \\ 2 \\ 3 \end{bmatrix} + \begin{bmatrix} 4 \\ 5 \\ 6 \end{bmatrix} = \begin{bmatrix} 1+4 \\ 2+5 \\ 3+6 \end{bmatrix} = \begin{bmatrix} 5 \\ 7 \\ 9 \end{bmatrix}$$ ·· (식 5.1)

벡터 성분의 수를 차원이라고 한다. (식 5.1)의 벡터는 모두 3차원이므로 계산이 가능하다. (식 5.2)는 3차원의 열벡터를 뺄셈한 것이다. (식 5.3)은 스칼라곱 계산이다. 스칼라는 방향이 없이 크기만 있는 개념이므로 모든 성분에 스칼라 값을 곱한다.

$$\begin{bmatrix} 4 \\ 5 \\ 6 \end{bmatrix} - \begin{bmatrix} 1 \\ 2 \\ 3 \end{bmatrix} = \begin{bmatrix} 4-1 \\ 5-2 \\ 6-3 \end{bmatrix} = \begin{bmatrix} 3 \\ 3 \\ 3 \end{bmatrix}$$ ································· (식 5.2)

$$2\begin{bmatrix} 1 \\ 2 \\ 3 \end{bmatrix} = \begin{bmatrix} 1*2 \\ 2*2 \\ 3*2 \end{bmatrix} = \begin{bmatrix} 2 \\ 4 \\ 6 \end{bmatrix}$$ ···································· (식 5.3)

벡터끼리 연산하는 방법으로 내적이 있다. 내적이란 벡터에서 서로 대응되는 성분끼리 곱한 다음 그것들을 모두 더하는 것이다. [그림 5.18]과 같이 같은 차원의 벡터끼리만 내적을 할 수 있다.

$$a = \begin{bmatrix} a_1 \\ a_2 \\ a_3 \\ . \\ . \\ . \\ a_n \end{bmatrix}, \quad b = \begin{bmatrix} b_1 \\ b_2 \\ b_3 \\ . \\ . \\ . \\ b_n \end{bmatrix} \text{ 일 때}$$

$$\langle a, b \rangle = a_1 b_1 + a_2 b_2 + \cdots + a_n b_n = \sum_{i=1}^{n} a_i b_i$$

[그림 5.18] 벡터의 내적

벡터의 내적을 이해하기 위해서 [예제 5-1]을 풀어본다.

예제 5-1

1) 벡터 a와 b의 내적 ⟨a, b⟩를 구하시오.

$$a = \begin{bmatrix} 1 \\ 2 \\ 4 \end{bmatrix}, \quad b = \begin{bmatrix} 3 \\ 5 \\ 2 \end{bmatrix}$$

내적 $\langle a, b \rangle$는 다음과 같이 계산할 수 있다.

$$\langle a, b \rangle = 1 \text{x} 3 + 2 \text{x} 5 + 4 \text{x} 2 = 3 + 10 + 8 = 21$$

(2) 행렬의 덧셈과 곱셈

벡터가 여러 개의 자료들을 한 줄에 저장하는 1차원 배열이라면 행렬(matrix)은 [그림 5.19]와 같이 같은 벡터를 여러 줄로 쌓아놓은 2차원 배열의 사각형이다. 많은 자료들을 복잡하게 계산해야 할 때 행렬은 간단하게 표현하고 처리할 수 있다. 따라서 인공지능처럼 복잡한 자료와 수식을 다루는 경우에 필수적으로 사용된다. 행렬의 특징은 여러 개의 수치로 이루어진 자료들을 한꺼번에 집단으로 계산하는 것이다. [그림 5.19]와 같이 행(row)은 숫자를 옆으로 나열한 것이고, 열(column)은 숫자를 높이로 나열한 것이다. 행렬의 크기는 행과 열의 크기로 구분한다.

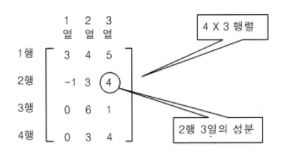

[그림 5.19] 행렬의 표시법

벡터를 **a, b**처럼 굵은 소문자로 표시하듯이 행렬은 A, B처럼 대문자로 표시하는 것이 관례이다. 다음 두 개의 행렬이 있을 때 A + B와 A−B를 계산해본다.

1) 행렬의 덧셈

행렬의 덧셈과 뺄셈은 벡터에서 계산했던 것처럼 해당하는 성분끼리 계산한다. 행렬의 덧셈과 뺄셈을 이해하기 위하여 [예제 5.2]를 풀어본다.

예제 5-2

1) 행렬 A와 B를 더하시오.

$$A = \begin{bmatrix} 2 & 0 & 3 \\ 3 & 1 & 0 \end{bmatrix}, \quad B = \begin{bmatrix} 1 & 3 & 1 \\ 1 & 2 & -2 \end{bmatrix}$$

2) 행렬 A에서 B를 빼시오.

행렬의 덧셈과 뺄셈은 다음과 같이 같은 성분끼리 더하거나 빼준다.

$$A + B = \begin{bmatrix} 2+1 & 0+3 & 3+1 \\ 3+1 & 1+2 & 0-2 \end{bmatrix} = \begin{bmatrix} 3 & 3 & 4 \\ 4 & 3 & -2 \end{bmatrix}$$

$$A - B = \begin{bmatrix} 2-1 & 0-3 & 3-1 \\ 3-1 & 1-2 & 0+2 \end{bmatrix} = \begin{bmatrix} 1 & -3 & 2 \\ 2 & -1 & 2 \end{bmatrix}.$$

2) 행렬의 곱셈

두 개의 행렬을 곱하는 것은 행과 열이 1대1 대응되도록 곱셈과 덧셈을 한다. [그림 5.20]에서 1행과 1열의 성분을 각각 곱해서 더하면 결과 행렬의 1행1열이 되고, 2행과 1열의 성분을 각각 곱하여 더하면 결과가 2행1열이 된다. 따라서 이것을 일반화하여 m행과 n열의 성분을 각각 곱하고 더하면 결과의 m행n열이 된다. 대신 행과 열을 곱하려면 앞의 행렬의 행의 크기 m과 뒤의 행렬의 열의 크기 n이 같아야 계산할 수 있다. 즉 A(2, 3)와 B(3, 2)를 곱하려면 A가 3열이고 B가 3행이기 때문에 곱셈이 가능하다. 만약 두 행렬의 이 크기가 다르다면 곱셈을 할 수 없다. A와 B를 곱셈하여 얻은 행렬 C의 크기는 C(2, 2)가 된다. 즉, A의 행의 크기와 B의 열의 크기가 C의 행렬의 크기가 된다.

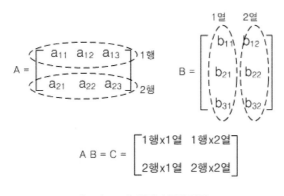

[그림 5.20] 행렬의 곱셈 법칙

행렬의 곱셈을 법칙대로 A와 B 행렬을 곱하면 다음과 같은 결과가 나온다.

$$A = \begin{bmatrix} a_{11} & a_{12} & a_{13} \\ a_{21} & a_{22} & a_{23} \end{bmatrix} \qquad B = \begin{bmatrix} b_{11} & b_{12} \\ b_{21} & b_{22} \\ b_{31} & b_{32} \end{bmatrix}$$

$$AB = \begin{bmatrix} a_{11} \times b_{11} + a_{12} \times b_{21} + a_{13} \times b_{31} & a_{11} \times b_{12} + a_{12} \times b_{22} + a_{13} \times b_{31} \\ a_{21} \times b_{11} + a_{22} \times b_{21} + a_{23} \times b_{31} & a_{21} \times b_{12} + a_{22} \times b_{22} + a_{23} \times b_{32} \end{bmatrix}$$

행렬의 곱셈을 이해하기 위하여 [예제 5.3]을 풀어본다.

예제 5-3

행렬 A와 B를 곱하시오.

$$A = \begin{bmatrix} -1 & 2 & 0 \\ 1 & 1 & 2 \end{bmatrix}, \qquad B = \begin{bmatrix} 3 & 1 \\ 2 & 3 \\ 1 & 0 \end{bmatrix}$$

다음의 두 행렬 A와 B를 곱하면 아래와 같은 결과를 얻을 수 있다.

$$AB = \begin{bmatrix} -1 \times 3 + 2 \times 2 + 0 \times 1 & -1 \times 1 + 2 \times 3 + 0 \times 0 \\ 1 \times 3 + 1 \times 2 + 2 \times 1 & 1 \times 1 + 1 \times 3 + 2 \times 0 \end{bmatrix} = \begin{bmatrix} 2 & 5 \\ 7 & 4 \end{bmatrix}$$

따라서 A 행렬의 행의 성분의 수는 B 행렬의 열의 수와 동일해야 곱셈이 가능하다. 벡터와 행렬은 [표 5.3]과 같은 차이가 있다. 벡터가 1차원 배열이라면 행렬은 2차원 배열이고, 연산은 행렬이 더 다양하며, 응용분야는 벡터가 정적이라면 행렬은 동적이라는 차이가 있다.

[표 5.3] 벡터와 행렬의 차이점

구 분	벡 터	행 렬
차원	1차원 배열	2차원 배열
연산	덧셈, 뺄셈, 내적	덧셈, 뺄셈, 곱셈, 전치
응용	물리, 기하, 컴퓨터 그래픽 등	회전, 크기 조절, 이미지 처리, 회귀 등
기호	보통 기울어진 글씨	대문자와 괄호 사용

5.3 확률과 통계

확률(probability)이란 어떤 사건 A가 우연히 발생할 가능성을 숫자로 나타낸 것이다. 사건 A가 나타날 경우의 수를 전체 경우의 수로 나눈 값이다. 통계(statistics)는 집단의 구체적 상태를 나타내는 수이다. 따라서 통계는 개별적인 사건은 다루지 않지만 확률은 한 건의 사건도 다룬다. 확률은 최댓값이 1이고 최솟값이 0인 실수 값이다. 확률 계산은 어떤 사건이 발생할 경우의 수를 모든 경우의 수로 나누는 것이다. 주사위를 한번 던져서 3이 나올 확률은, 3이 나올 가능성이 1번이고 모든 경우의 수는 6이므로 1/6이다. 반면에 통계는 집단의 자료들이 많이 있어야 전체 상태를 파악하고 분석한 결과를 제시할 수 있다.

5.3.1 확률변수와 확률분포

확률변수(random variable)란 어떤 확률로 발생할 수 있는 사건의 수치 값을 저장하는 변수이다. 확률변수는 정수 값을 갖는 이산확률변수와 실수 값을 갖는 연속확률변수로 구분된다. 확률을 문자 P로 표시하고 확률변수는 X로 표시하므로 P(X)는 확률변수 X의 확률을 의미한다. 확률분포란 확률변수 X의 값에 따라 확률이 어떻게 흩어져 있는지를 나타내는 값으로 합이 1인 양수로 표현한다.

(1) 결합확률과 조건부확률

결합확률(joint probability)이란 서로 배반이 되는 두 사건 A, B가 있을 때 두 사건이 동시에 일어나는 확률을 말한다. 이 확률을 P(A∩B)라고 표현하고, A와 B의 결합확률이라고 정의한다. 배반사건이므로 사건 A와 B는 동시에 일어날 수 없다.

1. 어떤 사건 A가 발생할 확률 P(A): 0≦P(A)≦1
2. 전사건 S의 확률 P(S) = 1
3. 공사건 φ의 확률 P(φ) = 0
4. 사건 A가 일어날 확률 P(A)와 일어나지 않을 확률 Aᶜ(A의 여사건) 사이의 관계는 다음과 같다.

$$P(A)+P(A^c)=1, P(A^c)=1-P(A)$$

[표 5.4] 동전을 던지는 사건의 결합확률

X	Y	P(X,Y)
1	1	1/4
1	0	1/4
0	1	1/4
0	0	1/4

예를 들어, 동전을 차례로 두 번 던지는 사건을 살펴보자. 첫 번째 동전을 던지는 사건을 A, 두 번째 동전을 던지는 사건을 B라고 한다. A, B는 동시에 일어날 수 없으므로 상호 배반이라고 할 수 있다. A에서 나올 수 있는 경우의 수는 앞, 혹은 뒷면이며 B도 마찬가지이다. 여기서 앞면을 1로, 뒷면을 0이라 하고, 사건 A와 B를 X와 Y라는 확률변수로 변환한다. [표 5.4]에서와 같이 동전의 앞면이나 뒷면이 나올 확률은 서로 독립적이고 각각 1/2이므로 결합확률 P(A∩B)는 오른쪽 열과 같이 1/2 * 1/2 = 1/4이다. 즉, 결합확률 P(A∩B) = P(A)·P(B)를 만족한다.

조건부확률(conditional probability)이란 어떤 사건이 일어났을 때 다른 사건이 일어날 확률이다. 확률을 P라고 하고, 사건 B가 일어났을 때 사건 A가 일어날 조건부 확률은 P(A|B)로 표기한다. P(A|B)는 B라는 조건이 주어졌을 때 A라는 상태가 발생할 확률이며 이것은 다음과 같은 베이즈 정리(Bayes' theorem)로 설명할 수 있다.

$$P(A\,|\,B)=\frac{P(A\bigcap B)}{P(B)}$$

이것은 B라는 조건이 주어졌을 때 A라는 상태가 발생할 확률은 P(A∩B)를 P(B)로 나눈 값과 같다는 의미이다. 즉, A와 B가 동시에 발생할 확률을 B가 발생할 확률로 나눈 값이다. 이것은 다음의 예제를 통하여 다시 설명한다.

예제 5-4

[표 5.5]는 서울과 부산 축구팀의 선수 구성도이다. 축구장 입구에서 어떤 외국 선수를 만났는데 그 선수가 서울팀일 확률은 얼마인가?

[표 5.5] 축구팀의 선수 구성

구분	서울팀	부산팀	합계
한국 선수	16	18	34
외국 선수	4	6	10
합계	20	24	48

풀이

서울팀 선수를 만날 사상을 A라 하고, 외국 선수를 만날 사상은 B라하고, 서울팀의 외국 선수를 만날 사상은 A∩B라고 하면 다음과 같이 기술할 수 있다.

$$P(A) = 20/48, \quad P(B) = 10/48, \quad P(A \cap B) = 4/48$$

따라서 외국 선수를 만났을 때 그가 서울팀일 확률은 다음과 같다.

$$P(A \mid B) = \frac{P(A \cap B)}{P(B)} = \frac{4/48}{10/48} = \frac{4}{10} = 0.4$$

만약 운동장에서 만난 사람이 부산팀 선수였다면 그가 한국 선수일 확률은 얼마인가?

부산팀 선수를 만날 확률은 A^c이고, 한국 선수일 사상은 B^c이고 부산팀의 한국 선수를 만날 사상은 $P(A^c \cap B^c)$이므로 다음과 같이 기술할 수 있다.

$$P(A^c) = 24/48, \quad P(B^c) = 34/48, \quad P(A^c \cap B^c) = 18/48$$

따라서 부산팀 선수를 만났을 때 그가 한국 선수일 가능성은 다음과 같다.

$$P(B^c \mid A^c) = \frac{P(A^c \cap B^c)}{P(A^c)} = \frac{18/48}{24/48} = \frac{3}{4} = 0.75$$

이상과 같이 조건부 확률이란 어떤 상태가 먼저 주어졌을 때 다른 상황을 예측하는데 사용된다.

1) 베이즈 네트워크

조건부 확률처럼 어떤 사건이 일어날 확률은 앞의 사건에 의하여 영향을 받는 경우가 있다. 베이즈 정리(Bayes' theorem)는 선행 조건에 따라서 후행 확률을 계산하는 방식이다. 즉, 사건 B가 일어났을 때 사건 A가 발생할 확률을 계산하는 방식이므로 조건부 확률이라고 부른다. 베이즈 정리를 살펴보자. 사건 B가 발생했을 때 사건 A가 발생할 확률은 다음과 같다.

$$P(A_1 \mid B) = \frac{P(A_1)P(B \mid A_1)}{\sum_{k=1} P(A_k)P(B \mid A_k)} \quad \text{.. (식 5.1)}$$

P(A|B) - 사건 B가 발생할 때 사건 A의 조건부 확률

P(B|A) - 사건 A가 발생할 때 사건 B의 조건부 확률

P(A) - 사건 A가 발생할 사전 확률

P(B) - 사건 B가 발생할 사전 확률

[그림 5.21] 학년별 남·녀 학생 비율

예제 5-5

남녀공학인 어떤 학교에 학생들이 [그림 5.21]과 같이 1, 2, 3학년별로 각각 40%, 30%, 30%가 분포되어 있으며 각 학년별로 여학생들이 각각 40%, 60%, 50%가 분포되어 있다. 한 여학생을 만났을 때 이 여학생이 1학년일 확률은 얼마일까?

풀이

처음에는 일단 베이즈 정리와 관계없이 순수한 수학 논리로 풀어보자. 1학년의 여학생 비율은 전체 학생 중에서 0.4*0.4=0.16이고, 2학년의 여학생 비율은 0.6*0.3=0.18이고, 3학년의 여학생 비율은 0.5*0.3=0.15이므로 이들을 모두 합한 전체 여학생 비율은 0.16 + 0.18 + 0.15 = 0.49이다. 1학년 여학생은 0.16이므로 한 여학생이 1학년일 비율은 0.16/0.49=0.33이다. 이것을 (식 5.1)에 대입하면 다음과 같다.

$$P(A/B) = 0.4*0.4/(0.4* 0.4 + 0.6*0.3 + 0.5*0.3) = 0.33$$

베이즈 정리를 좀 더 간단하게 표현하면 다음과 같으므로 이 식에 각 항들을 대입시켜본다.

$$P(A \mid B) = \frac{P(A)P(B \mid A)}{P(B)} \quad \cdots\cdots\cdots\cdots\cdots\cdots\cdots\cdots\cdots\cdots\cdots\cdots\cdots\cdots\cdots\cdots\cdots\cdots\cdots\cdots\cdots\cdots\cdots\cdots \text{(식 5.2)}$$

1학년 학생일 사상은 A이고, 여학생일 사상은 B이다. 따라서 P(A)는 1학년일 확률이고, P(B)는 여학생일 확률이다. P(A/B)는 여학생일 때 1학년일 확률이고, P(B/A)는 1학년 학생일 때 여학생일 확률이다. 이것을 다음과 같이 계산한다.

P(A) = 0.4이고, P(B) = 0.4*0.4 + + 0.6*0.3 + 0.5*0.3 = 0.49이다. P(B/A) = 0.4*0.4이다. 이 것을 (식 5.2)에 대입하면 다음과 같다.

$$P(A \mid B) = \frac{P(A)P(B \mid A)}{P(B)} = \frac{0.16}{0.49} = 0.33$$

5.3.2 통계

통계(statistics)는 많은 자료를 기반으로 집단의 구체적 상태를 나타내는 수이다. 통계는 집단을 대상으로 하기 때문에 한 개체(개인)에 대한 자료는 아무리 구체적이라도 다루지 않는다. 통계는 한 시점에 관한 상태를 파악하는 정태통계와 어떤 기간 동안의 상태를 파악하는 동태통계로 구분할 수 있다. 집단 전체의 상태를 파악하는 전수통계와 일부분을 대상으로 전체를 추측하는 추측통계로 나눌 수 있다.

(1) 기댓값, 평균, 편차, 분산

기댓값(expectation)은 나올 것으로 예상하는 값이다. 예를 들어, 주사위를 던져서 나오는 주사위에 표시된 값의 10배만큼 돈을 받는다고 가정하자. 그러면 주사위를 한번 던져서 받을 수 있는 돈은 얼마인가? 여섯 가지 경우의 값을 모두 더하고 6으로 나누면 (10+20+30+40+50+60)/6 = 210/6 = 35원이다. 이 값이 기댓값이다.

평균은 여러 수치나 양의 중간 값을 갖는 수이다. 평균값은 여러 수치들을 합한 다음에 수치들의 개수로 나눈 값이다. 이 값이 기댓값과 같음을 알 수 있다.

분산은 각 자료 값들과 평균값의 차이를 제곱하여 합한 값이다. 이 값이 클수록 각 값들이 평균값에서 멀리 분포한 것을 의미한다.

편차는 수치들이 일정한 기준에서 벗어난 크기이다. 표준편차는 각 자료 값들과 평균값과의 차이를 제곱하고 모두 합한 다음에 제곱근을 구한 값이다. 표준편차가 작을수록 각 값들이 평균값 주위에 분포된 것을 의미한다.

(2) 상관관계

상관(相關)이란 두 개 이상의 사물(자료)이 서로 영향을 주고받는 것을 말한다. 따라서 상관관계(correlation)란 두 가지 가운데 한쪽이 변화하면 다른 한쪽도 따라서 변화하는 관계이다. 인건비나 물가가 오를 때 가계 소득이 바뀐다면 인건비나 물가는 가계 소득과 상관관계가 있다고 한다. 인건비가 10% 오를 때 가계 소득이 어느 정도 변화하는지 알고 싶다면 바로 상관관계를 계산해 보면 알 수 있다. 상관관계는 수없이 많은 자료들 사이에 관계성이 있는지 없는지 알기 위해서 꼭 확인해야 하는 지표이다. 기계학습은 자료 사이의 관계를 분석하여 자료들의 특성을 찾아내는 것이 핵심이므로 상관관계가 매우 중요하다.

예를 들어 "키가 큰 사람은 발도 큰가?"라는 질문에 일반적으로 키가 큰 사람은 발도 크다는 것을 확인할 수 있다면 그 둘은 상관관계가 있다고 할 수 있다. 두 자료가 어느 정도 밀접한 관계에 있는지를 나타내는 지표를 상관계수(correlation coefficient)라고 한다. 상관계수는 −1에서 1까지의 수치로 표현한다.

두 개의 자료 A(키)와 B(발)의 상관계수에 대해 생각해보자. 두 자료에 관한 상관계수가 1인 경우는 A가 증가하면 B도 증가한다. 두 자료에 관한 상관계수가 −1이라면 A가 증가했을 때 B의 값은 감소한다. 두 자료에 관한 상관계수가 0인 경우에는 A가 증가하거나 감소해도 B의 값과는 아무 관계가 없다. 아마도 키가 크면 발도 클 것이므로 키와 발의 상관관계는 양의 관계일 것이다.

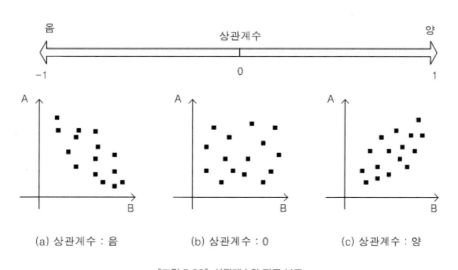

[그림 5.22] 상관계수와 자료 분포

[그림 5.22]는 자료 A와 B의 상관관계를 보여준다. 상관계수가 1에 가까우면 (c)와 같이 B가 증가할수록 A도 증가할 것이고, −1에 가까우면 (a)와 같이 B가 증가할수록 A가 감소할 것이다. 상관계수가 0이라면 두 자료 사이에는 아무 관계도 없다는 의미이다.

상관관계와 비슷해 보이는 말로 인과관계가 있다. 인과관계는 한 사건의 발생이 다른 사건 발생의 원인이 되는 것이므로 원인과 결과의 관계이다. 상관관계는 두 개의 자료에 단순하게 관계성이 있다는 것이므로 두 자료의 원인과 결과와는 전혀 다르다. 따라서 상관관계는 인과관계와 전혀 의미가 다르다.

5.4 선형회귀

회귀(回歸, regression)란 상황을 나타내는 수치들을 기반으로 목표로 하는 수치가 어느 정도가 될 것인지를 추정하는 일이다. 예를 들어 경기 지역의 아파트 가격을 나타내는 자료가 있는데 방의 수와 같이 있다고 하자. [그림 5.23]에서 가로 축은 아파트 방의 개수이고 세로축은 가격이다. 그림과 같이 방의 수가 증가함에 따라 아파트 가격도 증가하고 있다. 따라서 방의 수와 가격은 상관관계가 있는 것처럼 보인다.

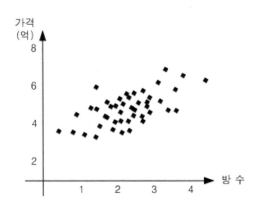

[그림 5.23] 경기 지역 아파트의 평균 방의 개수와 가격 산포도

[그림 5.23]의 그림을 보고 방의 수와 가격의 관계를 잘 반영할 수 있는 직선을 그어보자. 이 것은 선형회귀 문제로 직선을 찾아내서 그림으로 그린 결과는 [그림 5.24]와 같다. 그림에서 자료의 중앙을 지나는 선을 그은 것이 전체 자료를 가장 잘 대표하는 직선이다. 따라서 이 그림에서 방의 수를 지적하면 아파트의 가격을 예측할 수 있다. 이것이 바로 회귀분석으로 방의 수와 가격의 관계를 나타내는 모델이다. 직선으로 그어졌으므로 선형회귀라고 한다. 선형회귀는 기계학습으로 구하는 것이 아니라 단순한 수식 또는 목측으로도 구할 수 있다. [그림 5.24]의 직선은 y축의 3을 지나고 있으며 이것을 절편이 3이라고 한다. 절편을 바이어스(bias)라고 표현하기도 한다. 또한 좌표 (4,6)의 지점을 지나고 있으므로 기울기는 (6-3)/4 =

3/4이므로 이 직선을 y = 0.75x + 3의 1차식으로 표현할 수 있다. 따라서 이 식에 방의 수를 입력하면 쉽게 아파트의 가격을 예측할 수 있다.

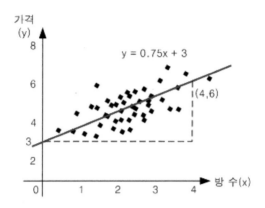

[그림 5.24] 경기지역 아파트의 평균 방의 수와 가격에 대한 선형회귀 결과

회귀모델(regress model)이란 하나의 종속변수를 여러 개의 독립변수로 기술한 관계식이다. 선형(linear)이란 독립변수와 종속변수의 관계가 1차원으로 성립하는 경우이다. 따라서 선형 회귀모델이란 하나의 종속변수가 여러 개의 독립변수들과 1차원적인 관계를 갖는 수식이다. 여기서 1차원적이란 변수간의 관계를 나타내는 회귀선이 직선에 가까운 경우이다. 선형회귀 분석이란 이 수식을 통하여 종속변수와 독립변수들 간의 관계를 예측하는 통계 방법이다. [그림 5.25]는 방의 수와 가격이 비선형으로 나타난 경우로서 선형회귀로는 분석이 곤란한 경우이다.

선형회귀는 직선으로 그려지므로 다음과 같은 방정식이 성립한다.

$$f(x) = mx + b$$

여기서 m은 직선의 기울기이고 b는 절편(bias)이다. 선형 회귀는 자료들을 가장 잘 설명할 수 있는 기울기와 바이어스를 찾는 문제이다. 기계 학습에서는 기울기 대신 가중치라는 말을 사용하고, 절편은 바이어스라고도 한다. 기계 학습에서는 다음과 같은 방정식을 사용한다.

$$f(x) = Wx + b$$

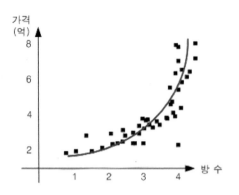

[그림 5.25] 자료 분포가 비선형인 경우

주어진 자료를 보고 직선을 그리려면 가중치와 절편에 따라서 여러 가지 직선이 나올 수 있다. 선형 회귀 알고리즘은 여러 가지 직선들 중에서 가장 오차가 적은 직선을 찾는 일이다. 오차가 적은 직선을 찾기 위해서 할 수 있는 일은 가중치와 절편을 조정하는 일이다.

[그림 5.26]은 4 개의 자료를 표현한 그림이다. 이 그림을 보고 자료의 특성을 가장 적절하게 표현할 수 있는 직선을 찾아보기로 한다.

[그림 5.27](a)는 4개의 자료와 직선과의 거리 합계가 비교적 작은데 반하여 (b)는 직선과의 거리 합계가 더 큰 것을 알 수 있다. (b) 직선은 결과적으로 오차가 클 수밖에 없다. 직선이 각 자료를 가장 잘 반영하였다면 네 자료와 직선과의 거리가 최소화된 것이다. 네 자료와의 거리를 각각 제곱하고 모두 합한 값을 손실 함수(loss function)라 하고 다음과 같이 정리할 수 있다.

거리의 합 = 1/4((f(x$_1$) − y$_1$)^2 + (f(x$_2$) − y$_2$)^2 + (f(x$_3$) − y$_3$)^2 + (f(x$_4$) − y$_4$)^2)

이 손실 함수를 간략하게 정리하면 다음과 같다.

손실 함수 $Loss = \dfrac{1}{n}\sum_{k=1}^{n}(f(x_i) - y_i)^2$ ··· (식 5.2)

여기서 손실 함수는 w와 b로 표현할 수 있다. 따라서 (식 5.2)는 다음과 같이 표현할 수 있다.

$$Loss = \frac{1}{n}\sum_{k=1}^{n}(Wx_i + b - y_i)^2$$ .... (식 5.3)

기계학습에서 학습을 한다는 것은 가중치와 절편 값을 조절하여 오차 합계를 최소화하는 것이다. 오차가 적을수록 그만큼 예측이 정확할 것이다.

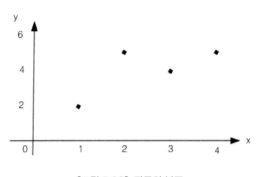

[그림 5.26] 자료의 분포

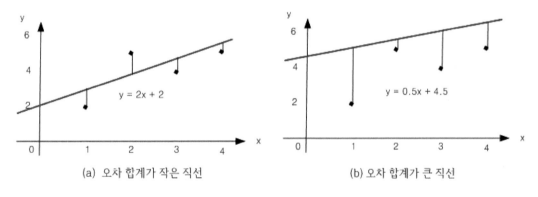

(a) 오차 합계가 작은 직선   (b) 오차 합계가 큰 직선

[그림 5.27] 자료와 직선 간의 거리

5.1 다음 용어들을 정의하시오.

    1) 수학   2) 함수   3) 선형대수   4) 확률   5) 통계

    6) 집합   7) 수열   8) 행렬   9) 벡터   10) 선형회귀

5.2 함수란 무엇인가? 우리는 왜 함수를 사용하는지 설명하시오.

5.3 인공지능에서 선형 함수와 비선형 함수가 주로 사용되는 이유는 무엇인가?

5.4 인공지능에서 지수 함수와 로그 함수의 용도를 설명하시오.

5.5 시그모이드 함수는 왜 사용하는가?

5.6 각을 표현할 때 도수법과 호도법을 모두 사용하는 이유는 무엇인가?

5.7 피타고라스 정리에서 사용하는 $\sin\theta^2 + \cos\theta^2 = 1$ 공식을 삼각법을 이용하여 증명해 보시오.

5.8 삼각법에서 사용하는 $\tan\theta = \sin\theta / \cos\theta$ 식을 증명해 보시오.

5.9 미분은 무엇인가? 인공지능에서 왜 미분을 하는가? 주변 생활에서 미분이 필요한 실례를 들어 보시오.

5.10 인공지능에서 수열을 사용하는 이유는 무엇인가?

5.11 인공지능에서 집합을 사용하는 이유는 무엇인가?

5.12 선형회귀의 의미와 용도를 설명하시오.

5.13 결합확률이란 무엇인가? 인공지능에서 사용하는 이유를 설명하시오.

5.14 조건부 확률이란 무엇인가? 인공지능에서 사용하는 이유를 설명하시오.

5.15 행렬과 벡터의 차이점과 용도를 설명하시오.

5.16 확률과 통계의 차이점과 용도를 설명하시오.

5.17 인공지능에서 왜 회귀분석을 사용하는가?

5.18 상관관계를 사용할 수 있는 사례를 찾아보시오.

5.19 베이즈 정리를 설명하고 주변에서 실용적인 용도를 찾아보시오.

5.20 베이즈 네트워크를 응용할 수 있는 문제를 주변에서 찾아보시오.

CHAPTER 6

인공 신경망

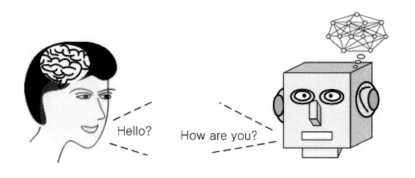

[그림 6.1] 생체 신경망과 인공 신경망의 대화

인간의 두뇌가 [그림 6.1]과 같이 로봇의 인공 신경망과 자연스러운 대화가 가능할 것인가? 생체 신경망(NN: Neural Network)은 동물의 간단한 신경세포들로 이루진 망이다. 생체 신경세포는 신호를 받아들이는 수상돌기와 세포핵 그리고 신호를 출력하는 축삭돌기로 구성되어 있는 매우 간단한 구조이다. 그러나 간단한 세포들이 수백만 개를 넘어가면 상상할 수 없었던 복잡한 일을 할 수 있다. 인간과 물고기의 두뇌 차이는 신경세포 수에 있다. 단순한 신경세포의 수가 매우 많으면 인간이 되고 적으면 물고기나 곤충 등이 된다. 매우 단순한 세포라도 무수하게 많이 모이면 복잡한 기능을 할 수 있다.

지구의 역사에서 신경이 처음 나타난 동물은 해파리다. [그림 6.2]와 같이 해파리가 신경그물로 할 수 있는 일은 단지 원하는 장소로 이동만 할 수 있었다. 뇌는 없지만 신경그물이 온몸에 퍼져있으므로 분산 제어 방식으로 신체를 움직인다. 신경그물을 이용해서 신체를 이동하게 된 것은 동물 역사에서 매우 중요한 사건이다. 이때 만들어진 신경그물이 점차 진화해서 동물에게 정보를 처리하는 뇌가 생겼기 때문이다. 편형동물이 되면 신경그물이 점차 커지고 복잡해지면서 신경그물의 중앙에 신경센터가 나타난다. 신경센터는 더 효과적으로 신체를 제어할 수 있다. 어류를 거쳐 포유류가 되면서 뇌가 더욱 확장되어 기억과 상기를 할 수 있게 된다. 영장류가 되면서 대뇌피질이 성장하여 복잡한 사고를 할 수 있게 되었다. 즉, 신경망이 신체를 움직이는 일을 하다가 점차 정보를 처리하는 뇌로 진화하였다.

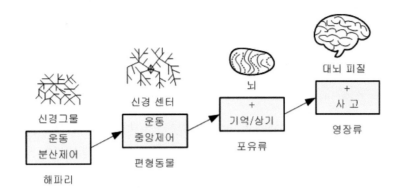

[그림 6.2] 신경세포의 진화

인공 신경망(ANN: Artificial Neural Network)은 사람의 뇌를 모방해서 만든 수학 모델을 컴퓨터로 구현한 것이다. 인간의 신경세포와 유사한 기능을 하는 작은 소자(노드)들을 이용하여 네트워크를 구축하고 정보를 처리하는 장치이다. 그러나 현실에서는 인공 신경망(이하 신경망)을 하드웨어로 구축하지 않고 소프트웨어 프로그램으로 구현한다. 신경망은 은닉층의 수와 노드 수가 많아질수록 연결선들이 기하급수적으로 많아지기 때문에 정보 처리량이 대폭 증가하여 기존 컴퓨터의 처리 능력이 부족하여 사용할 수 없었다. 기존 컴퓨터는 자료를 고속으로 처리하는 대형 CPU를 중심으로 작업을 수행하는 반면에 신경망은 소형 CPU들을 많이 사용하여 작업을 수행한다. 그러나 2000년 이후에는 CPU와 함께 GPU 등의 고성능 처리장치들이 개발되어 신경망을 처리할 수 있게 되었다.

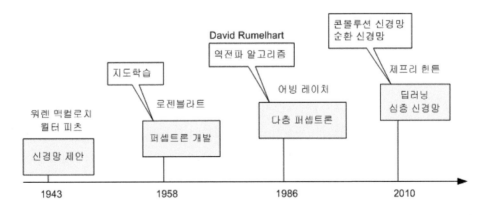

[그림 6.3] 신경망의 주요 역사

신경망은 역사적으로 [그림 6.3]과 같이 1943년에 워렌 맥컬로치(Warren McCulloch)와 월터 피츠(Walter Pitts)의 논문 발표와 함께 제안되었고 개발되었다. 그러나 수십 년 동안 연구가 지속되었지만 몇 차례의 부흥과 함께 좌절이 있었다. 1958년에 로젠블라트(Rosenblatt)[1]가 퍼셉트론을 개발하여 지도학습을 수행할 수 있었으나 퍼셉트론은 XOR 회로의 기능 부족 등으로 좌절되었다. 1986년에는 다층 퍼셉트론이 개발되어 역전파 알고리즘을 적용하여 성과가 있었지만 컴퓨터 처리 성능 부족으로 인하여 다시 좌절되었다. 이런 이유로 신경망은 서포트 벡터 머신(SVM)과 나이브 베이지안(naive Baysian) 알고리즘 등에 밀려 거의 사장되었다. 그러나 2000년대에 컴퓨터 처리기 성능이 대폭 향상되었고, 수십 년간 이 분야에 정진했던 학자[2]들의 노력으로 신경망 연구가 본격화되었다. 2010년대에 심층 신경망에서 딥러닝이 가능하게 되어 본격적으로 활성화되고 있다.

컴퓨터를 발명한 앨런 튜링은 1990년대에는 인간과 비슷한 사고를 하는 기계가 나올 것으로 예상했지만 그 예상은 크게 빗나갔다. 기존 컴퓨터는 아무리 발전을 해도 인간의 사고 기능을 구현하는 것이 어려웠다. 인공지능이 다시 각광을 받고 있는 현재 시점에서도 전문가들은 인간과 비슷한 기능을 하는 인공지능이 출현하는 시점을 2045년 이후로 보고 있다. 이 시기가 되면 사람을 능가하는 인공지능이 출현할지 모른다.

6.1 신경망 모델

신경망(neural network)은 생체 신경망에서 영감을 얻은 통계학적 학습 알고리즘이다. 다시 말하면 인간의 신경망 구조를 따라서 소프트웨어로 만든 기계학습 모델인데 통계를 많이 이용하여 학습한다. [그림 6.4]와 같이 인간 두뇌의 신경세포(neuron)와 시냅스(synaps)로 구성된 신경망을 컴퓨터 프로그램으로 구현한 것이다. 인공 신경망 소자는 입력 값들의 합계가 임계 값에 따라서 출력이 결정된다. 인간의 두뇌에는 1,000억 개 이상의 신경세포가 있고, 신경세포 사이를 100조 개 이상의 시냅스가 연결되어 동작하고 있다. 따라서 컴퓨터 신경망 모델에서도 어마어마한 양의 노드와 연결선을 설정하고 가동해야 한다. 따라서 컴퓨터의 처리 능력이 상상을 초월할 정도로

---

1   Frank Rosenblatt(1928~1971): 미국 심리학자, 인공지능학자, 코넬대학 교수. 퍼셉트론 개발.

2   Geoffrey Hinton(1947~): 인지심리학자, 컴퓨터 학자, 캐나다 토론토대학 교수. 딥러닝 개발. 2018 Turing Award 수상.

강력해야 두뇌를 신경망 모델로 모의실험(simulation)할 수 있다. 이런 이유로 인하여 2000년 이전에는 이론만 발전하였고 실험이나 개발은 할 수 없었다. 신경망의 실험과 개발은 고성능 CPU와 GPU가 보급된 이후부터 시작하였다.

기존의 폰 노이만 모델에 비하여 신경망 모델의 특징은 학습 능력에 있다. 이 학습 능력 때문에 거대한 컴퓨터 자원을 신경망 모델에 투자할 가치가 있는 것이다. 신경망의 학습 능력으로 인하여 음성인식, 손 글씨 인식, 영상인식, 자연어처리, 로봇제어 등의 패턴 인식과 다양한 분야에 매우 유용하게 사용할 수 있다. 신경망은 반복적으로 입력된 정보에 대하여 각 입력 신호의 가중치를 목적에 맞도록 변화시킴으로써 학습할 수 있다. 신경망에서 학습이란 각 노드들의 가중치를 조절하여 입력을 주어진 정답으로 연결하는 연습을 하는 것이다. 가중치를 조금씩 조절하여 정답과 멀어지면 가중치를 반대로 바꾸고, 정답과 가까워지면 가중치를 강화하고, 더 이상 정답과 가까워지지 않으면 정답으로 간주하는 것이다. 학습을 수행한 신경망 모델은 입력된 정보를 기억할 수 있으며 사람의 두뇌와 같이 비결정적인(non-deterministic) 특성을 갖고 있기 때문에 오류에 강한 장점이 있다.

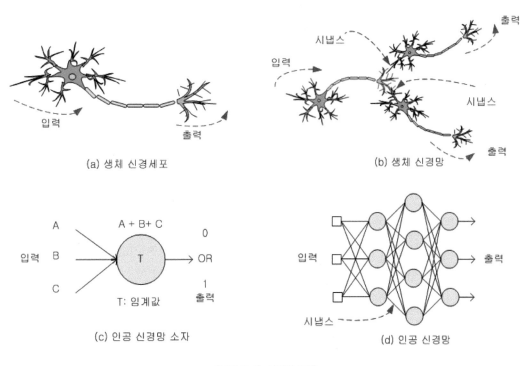

[그림 6.4] 신경망 모델

신경망의 장점은 기존 컴퓨터가 할 수 없는 두 가지 일을 할 수 있다.

첫째, 학습이 가능하다. 자료가 많으면 자료를 분석하여 자료의 특성을 파악하고 이를 기반으로 사람들이 요구하는 답을 추출하여 제공할 수 있다. 다량의 자료를 기반으로 스스로 학습할 수 있는 기계 학습이 가능하다.

둘째, 신경망 일부에 오류가 발생해도 전체적인 기능에 지장을 주지 않는다. 기존 컴퓨터는 스스로 학습할 수 없으며, 일부가 고장이 나면 전체를 사용할 수 없는 약점이 있다. 신경망은 구성하는 회로가 매우 크고, 작업 특성이 달라도 작업하는 논리 구조가 모두 동일하기 때문에 작업 분담이 가능하다.

[표 6.1] 신경망 모델의 장점과 단점

	구분	내역	비 고
장점	학습	대량의 자료로 스스로 학습	대량의 학습 자료 필요
	오류	오류가 있어도 지장을 주지 않는다.	작업 분담으로 해결
단점	기계 제작	복잡하고 수많은 노드 설치와 연결 곤란	SW로 해결할 수 있으나 계산 량이 기하급수적 증가
	산술 연산	정확한 계산 곤란	튜링기계에 적합
	내부 이해	설계 및 결과 예상 곤란	알고리즘 설계 : 어렵다

신경망은 기존 컴퓨터와 달리 명령어에 의해서 프로그램도 작성하지 않고 특정한 입력에 특정한 출력을 산출하는 학습 기능에 의하여 수행되는 장점이 있다. 그러나 신경망 모델은 기존 방식에 비하여 [표 6.1]과 같이 여러 가지 단점들이 있다. 신경망을 하드웨어로 구현하는 것은 너무 힘들지만 소프트웨어로 구현할 수가 있다. 그러나 소프트웨어로 구현해도 노드 수와 연결선의 수가 기하급수적으로 증가하기 때문에 정보 처리량이 기하급수적으로 증가하는 것이 문제다. 이것은 성능이 고성능 반도체 개발로 극복할 수 있다. 그러나 신경망은 정확하게 계산하는 것이 곤란하고 알고리즘을 설계하기 어렵다는 문제가 있다. 따라서 신경망 연구가 계속되어야 한다.

[표 6.2] 인공 신경망의 특징

구분	특징	내역
1	자료에 의한 학습	관련 자료를 대량으로 제공하여 학습
2	일반화	학습 후에는 학습하지 않은 자료에도 올바른 출력
3	연상 기억	일부가 유실된 자료에도 유사한 결과를 출력
4	오류 허용	일부 노드에서 오류가 발생해도 정상 작동

신경망의 특징은 [표 6.2]와 같으며 기존 컴퓨터에 비하여 아래와 같이 유연성이 크다.

첫째, 신경망은 관련 학습 자료를 많이 제공할수록 학습 효과가 증가한다. 따라서 관련 분야의 자료를 대량으로 확보하는 것이 중요하다.

둘째, 학습을 많이 수행하면 학습하지 않은 자료를 입력해도 유사한 결과를 제공한다. 신경망은 기존에 학습한 규칙을 새로운 자료에 적용하기 때문에 처리가 가능하다. 기존 프로그램은 새로운 자료를 처리하려면 새로 프로그램을 작성해야 한다.

셋째, 자료의 일부가 유실되어도 나머지 자료가 많다면 유사한 결과를 제공한다. 신경망은 정확한 계산을 하는 것이 아니라 통계적으로 자료를 처리하므로 일부 자료가 유실되면 정확도가 그만큼 떨어질 뿐이다.

넷째, 일부 노드에서 오류가 발생해도 정상적인 결과를 제공할 수 있다. 신경망에는 노드의 수가 매우 많으므로 입력에서 출력으로 가는 연결선이 무수하게 많다. 따라서 일부 노드가 고장이 나도 큰 문제가 되지 않는다.

기존 컴퓨터들은 모두 튜링이 제안한 튜링 모델을 기반으로 설계되었고, 폰 노이만의 프로그램 저장 방식(stored program)으로 제작되었다. 폰 노이만 모델은 전자회로의 논리를 기반으로 하고, 신경망 모델은 신경세포들의 연결을 기반으로 하기 때문에 처리 방식에서 디지털과 아날로그의 차이가 있다. 폰 노이만 모델과 신경망 모델을 [표 6.3]과 같이 비교하면 전반적으로 신경망 모델이 우수한 항목들이 더 많아 보인다. 그러나 신경망 모델의 최대 약점은 실제 신경망 컴퓨터로 구현하는 것이 간단하지 않다는 점이다. 수없이 많은 PE(뉴런)들을 설치하고 수많은 통신선로(시냅스)를 연결하는 것은 현재 기술로는 어렵다. 아직까지는 폰 노이만 모델을 사용하는 것이 일반적이지만 신경망 모델의 역사적인 발전 과정을 감안하면 멀지 않아 획기적인 변화가 올 것으로 기대된다. 실제로 신경망 모델은 하드웨어가 아니라 소프트 웨어를 통하여 새로운 변화를 몰고 왔다.

폰 노이만 모델은 0과 1로 구별되는 디지털로 처리되기 때문에 정확한 논리로 구성된다. 실제로 튜링 모델은 정확하게 계산하지만 신경망은 근사치로 계산한다. 신경만 모델은 신경세포의 연결 강도에 따라서 아날로그로 처리되기 때문에 명확하게 정확하지 않다. 이런 이유로 인하여 폰 노이만 모델은 논리주의에 기반하고 신경망 모델을 연결주의에 기반 한다고 평가한다. 특히 튜링 모델은 학습 능력이 없으나 신경망은 학습 능력이 있는 것이 큰 장점이다.

[표 6.3] 폰 노이만 모델과 신경망 모델의 비교

비교 항목	폰 노이만 모델	신경망 모델
기본 구조	튜링 모델	두뇌 신경계
처리 자료	디지털	아날로그
처리 기준	논리적(yes, no)	연결강도(강, 약)
기본 개념	논리주의	연결주의
학습 능력	없음	있음
정확성	정확	근사치

6.1.1 신경망 구조

신경망은 두뇌의 신경세포들이 정보를 처리하는 과정을 모사하여 만든 기술이다. 신경세포들은 시냅스를 통하여 다른 신경세포에게 전기 자극을 전달한다. 신경세포가 받은 전기 자극의 합계가 임계 값에 도달하지 못하면 다음 신경세포에게 자극을 전달하지 못하고, 합계가 임계 값을 넘으면 자극을 전달한다. 즉, 인간은 전기 자극이 임계 값을 넘어서 정보를 전달하는 것이 정보를 처리하는 기준이다. 자극을 전달하지 못하면 수학적으로 0을 출력하는 것이고, 자극을 전달하면 1을 출력하는 것이다. 이 방식을 그대로 이용한 것이 인공 신경망이며 간략하게 신경망이라고 부른다.

신경망은 [그림 6.5]와 같이 입력층, 은닉층, 출력층으로 구분된다. (a)는 초기에 사용하던 단층 신경망이고, (b)는 은닉층이 추가되어 다층으로 구성된 신경망이다. 두 신경망의 차이는 입력을 출력으로 변환하는 능력에 있다. 은닉층의 수가 많을수록 입력을 변환할 수 있는 기회가 많아져서 변환을 효과적으로 수행할 수 있다. 은닉층은 다수의 층으로 구성될 수 있으므로 은닉층의 규모에 따라서 신경망의 크기가 결정된다. 각 계층은 노드로 구성되며 각 계층의 노드들은 앞 계층과 다음 계층 노드들과 연결선으로 신호를 전달한다. 노드와 노드를 연결하는 연결선은 변동이 가능한 가중치가 부여되어 있으므로 가중치에 따라서 연결하는 선로가 결정된다. 신경망으로 학습을 한다는 것은 각 노드의 연결선들의 가중치를 조절하여 입력층에서 출력층으로 연결되는 선로를 선택하는 것이다. 은닉층의 크기가 클수록 연결망이 커지면서 처리 능력과 학습 능력이 향상되는 특징이 있다. 은닉층의 크기가 큰 것을 심층 신경망(DNN, Deep Neural Network)이라고 하며 심층 신경망에서 학습하는 것을 딥러닝(deep learning) 또는 심층학습이라고 한다.

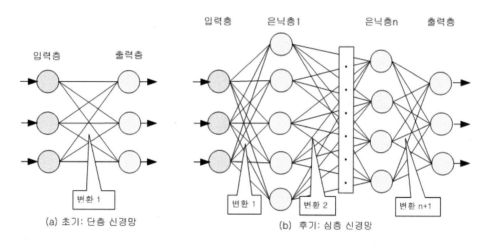

[그림 6.5] 신경망의 구조

신경망 모델의 시작은 1943년에 맥컬러크(McCulloch)와 피츠(Pitts)가 발표한 논문이었다. 이들은 인간의 두뇌를 수많은 신경세포들로 이루어진 컴퓨터라고 가정하였다. 이들은 또한 단순한 논리적 업무를 수행하는 모델을 보여주었으며 패턴을 인식하는 문제가 인간의 지능을 규명하는데 매우 중요하다고 생각하였다. 헵(Hebb)[3]의 학습 규칙은 두 개의 뉴런이 반복

---

3 Donald Hebb(1904~1985): 캐나다 심리학자. 학습과 같은 심리적 처리에 대한 뉴런 연구.

적이며 지속적으로 점화(fire)하면 양쪽에 변화가 발생되어 점화 효율이 커지는 작용을 이용하여 만든 것이다. 두 뉴런 사이의 연결강도(weight)를 조정할 수 있는 최초의 규칙이었다. 이 규칙은 학습에 관한 신경망연구를 크게 발전시켰다. 제4장의 [그림 4.11]과 같이 반복적인 자극에 의하여 신경계의 변화(생각의 변화)가 이루어지는 것을 헵의 학습(Hebbian learning)이라고 한다.

신경망은 뉴런으로 구성된 네트워크이다. 신경망은 뉴런과 시냅스 대신 노드와 연결선을 사용하여 네트워크를 구축한다. [그림 6.6]은 간단한 신경망 모델이다. 앞 계층의 노드들로부터 출력 값과 함께 가중치를 받아서 합계를 계산한다. 이 때 처리 효율을 위하여 임의로 주어지는 bias 값을 함께 합산한다. 활성화 함수는 임계 값을 기준으로 출력 여부를 결정하는 출력 함수이다. 함수는 step, sigmoid, ReLU 등 여러 가지가 있으며 응용분야에 따라서 선택적으로 사용한다. 활성화 함수에 의하여 출력 값을 계산하고 다음 단계의 노드로 출력한다.

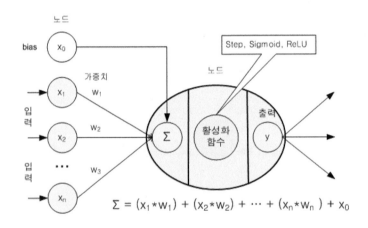

$$\Sigma = (x_1 * w_1) + (x_2 * w_2) + \cdots + (x_n * w_n) + x_0$$

[그림 6.6] 신경망 노드의 입·출력과 처리 구조

생체 신경망에서 신경세포에 에너지가 충전되어 발화하는 것은 신경세포마다 일정한 기준이 있다. 이 기준을 역치(문턱 값)[4]라고 한다. 신경세포가 발화한다는 것은 그 신경세포의 입력의 합계가 역치를 넘어서 다른 신경세포로 활동전위가 전송되는 것을 말한다. 신경세포의

---

4   역치(閾値, 문턱값, threshold value): 생물이 외부 자극에 대해 반응을 일으키는 데 필요한 최소한의 자극의 크기. 눈의 역치는 400~700nm의 가시광선, 귀의 역치는 20~20,000Hz의 음파.

연결은 전기 강도에 의하여 결정되며 연결 강도는 흥분성과 억제성을 모두 가진다.

초기의 신경망 모델은 현실 문제 해결에 별로 도움이 되지 않았지만 이후에 점차 발전하여 현실 문제를 해결하게 된다. 신경망의 특성과 함께 퍼셉트론과 다층퍼셉트론(은닉층 모델) 등을 다음 6.2절과 6.3절에서 살펴본다.

6.1.2 신경망 특성

기존 패턴인식에서는 어떤 영상 정보가 입력되었을 때는 [그림 6.7]과 같이 특정 사물의 특징들을 입력 받아 전 처리 작업을 거쳐서 지식 데이터베이스에 저장한다. 특징에는 귀가 두 개, 다리가 4개, 털이 있다는 등 속성 자료가 저장된다. 규칙은 속성 자료들 사이의 제약 조건들을 기술한다. 판단을 위해서 입력할 자료가 있으면 영상장비를 이용하여 사물의 영상 정보를 입력받고, 이미지의 형태를 확보하고, 지식 데이터베이스의 자료를 이용하여 정보의 형태, 색상, 질감 등의 속성들을 분석하고, 최종적으로 그 물체가 무엇인지 종합적으로 판단하고 결과를 출력한다. 이 시스템에서는 정확성 향상을 위하여 데이터베이스에 관련 속성 정보를 많이 저장하고 유사한 영상을 검색하는 알고리즘을 실행한다.

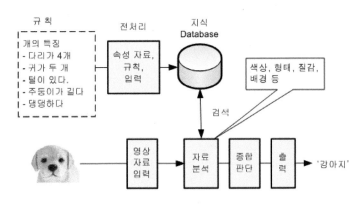

[그림 6.7] 기존의 사물 인식 방법

신경망 방식에서는 영상으로 입력된 자료를 토대로 어떤 물체인지 분석하여 판단하는 것이 아니라 특정한 영상이 입력되면 유사한 결과물로 연결시키도록 가중치를 조절하는 방식이다. 따라서 사물을 인식하기 위한 논리적인 구조나 특정한 법칙 등을 사용하지 않는다. 엄마가 어린이에게 그림책으로 동물의 이름을 가르쳐줄 때 왜 이 그림이 사자인지를 논리적으로 자세하게 설명하는 것이 아니고 이 그림은 그냥 사자이고 저 그림은 그냥 호랑이라고 반복적으로 가르쳐주는 방식과 같다.

어린이가 "엄마! 이것을 왜 호랑이라고 하나요?"하고 물으면, "원래 호랑이니까 호랑이라고 부르는 거야"라고 대답한다. 추가하여 설명한다면 '사자는 털이 길다', '얼룩말은 줄무늬가 있다' 등의 특징들을 설명하기도 한다. 예를 들어 [그림 6.8]에서 강아지 이미지가 입력되면 강아지가 출력되도록 가중치를 조절하고 자동차 이미지가 입력되면 자동차가 출력되도록 가중치를 조절한다. 이 그림을 자세히 보면 강아지와 자동차를 인식하는 연결선들이 다른 것을 알 수 있다. 학습을 통하여 정확한 결과를 얻기 위하여 연결선들의 가중치가 변경되는 것이다. 신경망에서는 자료가 들어오면 결정적으로 어떤 물체인지를 판단하는 것이 아니라 학습에 의하여 이런 정보가 들어오면 이런 출력을 하도록 연습하는 것이다. 일종의 정답 맞추는 연습을 하는 것이다. 시간이 갈수록 신경망에서는 입력과 출력이 대응되는 확률이 높아질 것이다. 이와 같은 방식을 패턴 분류 방식이라고 하며, 신경망이 학습을 하는 방법이다.

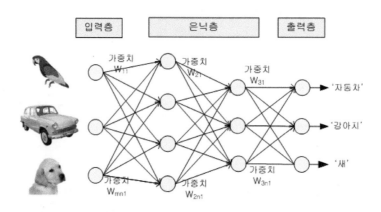

[그림 6.8] 신경망에 의한 분류

6.2 단층 퍼셉트론

로젠블라트(Rosenblatt)는 1957년 퍼셉트론(perceptron)이라는 신경망 모델을 발표하여 학습을 강화할 수 있는 길을 열어놓았다. 퍼셉트론의 중요성은 어떤 형태의 패턴이 입력 층에 주어지면 이 모델이 반응하게 하는 연결강도의 집합을 스스로 발견하는 자동적인 학습 능력에 있다.

퍼셉트론이 동작하는 방식은 기존과 크게 다르지 않다. [그림 6.9](a)는 실제 신경 세포의 신호 전달 과정이다. 수상돌기에 입력된 신호들의 합계가 일정 수준을 넘으면 축색돌기로 신호를 출력한다. 따라서 신호들의 합계가 일정 수준에 미달하면 축색돌기로 신호를 출력하지 못한다. [그림 6.9](b)은 신경세포의 기능을 모형화한 것으로 각 노드의 가중치와 입력을 곱한 것을 모두 합한 값을 활성화 함수(AF, Activation Function)로 판단하는데, 그 값이 역치(threshold; 보통 0)보다 크면 뉴런이 활성화되고 결과 값을 출력한다. 뉴런이 활성화되면 1을 출력하고, 활성화되지 않으면 결과 값으로 0을 출력한다.

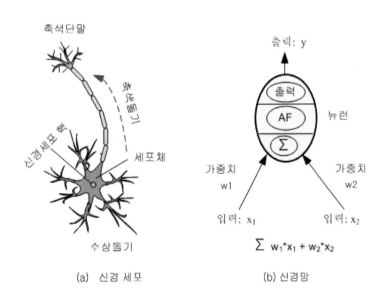

[그림 6.9] 퍼셉트론

로젠블라트가 처음 제안한 신경망은 단층 퍼셉트론이다. 단층 퍼셉트론은 입력층과 출력층으로 구성되어 있고, 가중치와 출력 함수로 출력을 결정한다. [그림 6.10](a)는 세 개의 입력 노드로부터 신호를 받아서 출력하는 단층 퍼셉트론의 구조이고, 그림 (b)는 실제 입력 자료를 넣었을 때의 처리 과정을 보여준다. 각 노드 a, b, c는 0.6, 1.0, 0.5 값들이 있으며 각각의 가중치는 0.5, 0.4, −1이다. 각 노드에서 출력되는 값은 노드의 신호 값과 가중치를 곱한 값이다. 따라서 노드로 입력되는 신호 값은 0.6*0.5 + 1.0*0.4 + 0.5*(−1) = 0.2이다. 각 노드가 입력 값들을 합산(Σ)하는 것과 활성화 함수(출력 함수)로 구성된 것을 보여준다.

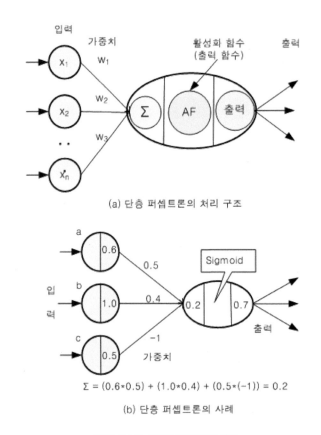

(a) 단층 퍼셉트론의 처리 구조

Σ = (0.6*0.5) + (1.0*0.4) + (0.5*(−1)) = 0.2

(b) 단층 퍼셉트론의 사례

[그림 6.10] 단층 퍼셉트론의 처리

시그모이드 함수는 입력 값이 −1보다 같거나 작으면 0, −1과 0 사이는 0~0.5, 0이면 0.5, 0과 1 사이는 0.5~1, 1보다 같거나 크면 1을 출력한다. [그림 6.10](b)에서 활성화 함수가 시그모이드 함수라면 입력된 값이 0이면 [그림 6.22](b) 그래프에서 보이는 출력 값은 0.5이다. 출력 값을 결정하는 것은 활성화 함수(activation function)인데 여기서는 시그모이드(sigmoid) 함수를 설정했기 때문에 입력이 0.2이므로 약 0.7이 출력된 것이다.

신경망은 앞에서와 같이 각 노드에 입력되는 신호 값과 가중치를 곱하여 얻은 값들을 합산하여 다음 노드의 입력 값으로 결정한다. 그리고 출력 노드의 출력 값은 노드에 입력된 값을 출력 함수(여기서는 시그모이드 함수)에 의하여 결정된다. 따라서 신경망에서는 각 노드의 가중치를 조절하여 신경망의 출력을 조절함으로써 신호를 전달하고, 가중치를 조절하는 수단을 이용하여 학습을 수행한다.

퍼셉트론의 특징은 훈련을 반복할수록 가중치가 가감되어 점차 원하는 목표를 달성하게 되고 학습 효과가 높아진다는 점이다. 퍼셉트론은 구조가 단순하면서 가능성이 예견되어 많은 열기 속에서 환영을 받았다. 그러나 1969년에 민스키(Minsky)와 파퍼트(Papert)가 문제점을 비판한 이후에는 열기가 급속하게 냉각되었다. 단순 퍼셉트론의 대표적인 문제는 선형분리의 단순한 실례인 XOR 문제를 해결할 수 없었기 때문이다. 이것으로 인하여 인공지능 열기는 다시 사라지고 겨울로 접어들었다.

6.3 다층 퍼셉트론

1980년대에 퍼셉트론에 은닉층을 두어서 다층화하고 역전파(back propagation) 알고리즘을 사용하는 다층 퍼셉트론(MLP, MultiLayer Perceptron)을 제시하여 기존 문제점들을 해결하였다. 다층 퍼셉트론은 입력층과 출력층 사이에 하나 이상의 중간층을 두어 계층 구조를 만들었다. 다층 퍼셉트론은 은닉층을 이용하여 XOR 등의 문제를 해결하였다.

[그림 6.11](a)에서 같은 값(1과 1)을 입력하고, (b)에서는 다른 값(1과 0)을 입력한다. XOR 회로에서는 같은 값(1과1, 0과0)들이 입력되면 0을 출력해야하고, 서로 다른 값들(0과 1)이 입력되면 1을 출력해야 한다. [그림 6.11]의 XOR 회로의 전이함수는 다음과 같이 구성된다.

$$\text{Output}_i = \Sigma\ (\text{Input}_i\ ^*\ \text{Weight}_{ij})$$

역치: $H = 1.5,\ C = 0.5$

은닉층 $y = \{-x,\ \text{if Sum}_H >\ 1.5\}$
$\qquad\qquad \{+x,\ \text{if Sum}_H <= 1.5\}$

최종출력 $z = \{1,\ \text{if Sum}_C >\ 0.5\}$
$\qquad\qquad \{0,\ \text{if Sum}_C <= 0.5\}$

[그림 6.11](a)에서 입력층 A와 B노드에서 각각 1씩 출력되어 은닉층 H와 출력층 C에 입력된다. 은닉층 H에는 A와 B에서 각각 1씩 입력되었으므로 합계가 2가 된다. 노드 H의 역치는 1.5이고 역치를 초과하면 합계 2에 음수를 취하여 출력하므로 −2를 출력한다. 출력층 C에서는 1 + 1 − 2 = 0이 입력되므로 역치 0.5에 미달하므로 0을 출력한다.

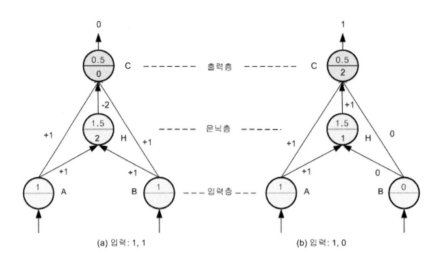

[그림 6.11] 다층 퍼셉트론(XOR 처리회로)

[그림 6.11](b)에서는 입력층 A 노드에서 1을 출력하고 B 노드에서 0을 출력하므로 은닉층의 H 노드에는 합계 1이 입력된다. H 노드의 역치는 1.5이므로 합계 값이 역치 값을 초과하지 않아 합계값 1을 출력한다. 출력층 C 노드에서는 입력의 합계가 1 + 0 + 1 = 2가 되고 역치 0.5를 초과하므로 1을 출력한다. 은닉층으로 인하여 XOR 문제가 해결되었다.

[그림 6.12]는 문자를 인식하는 다층 퍼셉트론이다. 입력 문자는 3 x 4 = 12개의 픽셀(pixel)로 구성되는 숫자이다. 입력층에는 문자 이미지 자료의 비트값이 0과 1로 12개가 입력되며 가중치가 입력층과 은닉층을 거쳐서 출력층에 반영된다. 문자 이미지가 6으로 나타나도록 가중치를 적절하게 조절해 나가면 점차 출력 노드의 6번 노드가 결정될 것이다. 가중치 값을 조절하는 과정이 바로 학습이며 이것은 반복적인 훈련을 통하여 숙달된다.

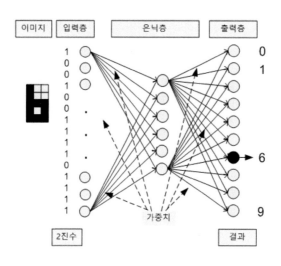

[그림 6.12] 다층 퍼셉트론의 문자 인식

[그림 6.13]에는 세 가지 형태의 문자 이미지가 입력되는데 사람이 보는 이미지들의 모양은 비슷하지만 각각의 이진수 값들이 전혀 다른 값이다. 이것을 디지털 컴퓨터에서 처리하려면 한 가지 코드 이외에는 모두 오류로 처리해야 하지만 신경망에서는 모두 숫자 6으로 인식할 수 있다. '6'과 비슷한 이미지들을 모두 6으로 인식할 수 있으므로 다층 퍼셉트론은 오류에 강하다는 장점이 있다.

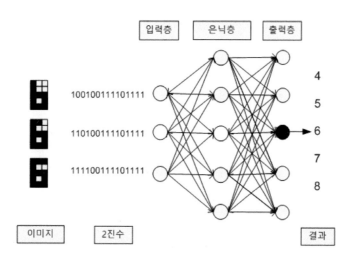

[그림 6.13] 오류에 강한 문자 이미지 인식

[그림 6.14]는 손 글씨를 인식하는 다층 퍼셉트론 회로를 보여준다. 손 글씨를 영상으로 입력하면 입력층의 각 노드에서 가중치를 임의로 설정하여 은닉층으로 출력한다. 은닉층의 각 노드들은 각자의 가중치를 임의로 설정하여 출력을 내보낸다. 출력층에서는 각 노드에 입력된 수치들을 합하고 그 합계가 전체의 몇 %인지 확률로 계산한다. 결과적으로 가장 높은 확률을 가진 노드가 선택되어 출력한다. 그림에서는 5를 가진 노드의 확률이 0.35로 가장 높으므로 '5'라고 인식한다.

출력층에서 노드 6의 확률이 더 높았다면 노드 6이 선정될 것이다. 그러면 지도학습에서는 6이 오류임을 밝히고 정답이 5라고 알려준다. 인공지능은 다시 가중치를 조절하여 5 노드로 출력되도록 수정하는 과정을 거치는데 이 과정이 바로 학습이다. 학습 과정에서는 바로 전 단계(또는 전전 단계)로 돌아가서 가중치를 조절하여 정답이 선정될 때까지 학습을 반복한다. 이렇게 전 단계로 돌아가서 오류를 수정하는 절차를 오류 역전파 알고리즘이라고 한다. 학습 과정을 많이 거칠수록 정답을 출력할 확률이 높아진다. 학습을 많이 할수록 정답 확률이 높아가는 대신 정보처리 자원이 대량 소비되기 때문에 하드웨어 성능이 나빴을 때는 사용하기 어려웠다.

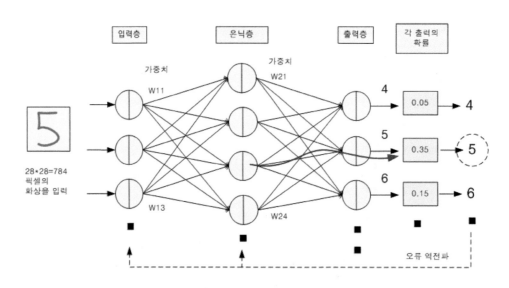

[그림 6.14] 손 글씨 인식 다층 퍼셉트론

6.4 심층 신경망

다층 퍼셉트론에서 은닉층의 수를 많이 늘린 것이 심층 신경망(DNN, Deep Neural Network)이고, 딥러닝은 여기서 학습하는 기술이다. 인공지능은 오래 전부터 부흥기와 침체기를 반복하면서 큰 역할을 못하고 있었지만 딥러닝은 각광을 받으며 성장하고 있다. [표 6.4]는 퍼셉트론과 다층 퍼셉트론과 심층 신경망의 내용을 설명한 것이다. 퍼셉트론은 각 노드의 출력에 가중치를 부여하고, 활성화 함수를 이용하여 출력을 조절하여 신경망의 성능을 높였다. 다층 퍼셉트론은 은닉층을 두어서 신경망의 유연성을 증가하였고 결과적으로 XOR 문제를 해결하였다. 심층 신경망은 은닉층 수를 많이 늘려서 각 노드의 가중치를 수정하며 신호 조절 능력을 증가시킴으로써 결과적으로 정확도를 높이는 효과를 가져왔다. 심층 신경망으로 인하여 인공지능이 여러 분야에서 많은 성과를 내면서 발전하고 있다.

[표 6.4] 퍼셉트론과 심층 신경망

종류	내용	비고
퍼셉트론	출력을 활성화 함수로 조절하고, 다시 가중치로 조절	유연성 증가
다층 퍼셉트론	페셉트론에 은닉층을 추가하여 유연성 증가	XOR 문제 해결
심층 신경망	다층 퍼셉트론에 은닉층을 크게 증가	신호 조절력 증가

6.4.1 신경망 학습과 딥러닝

신경망에서 학습이란 신경망에 있는 많은 노드들의 가중치들을 변경하여 어떤 자료가 입력되어도 항상 정답과 가까운 결과가 나오도록 훈련하는 일이다. 처음 초기 상태에서는 각 노드의 가중치 값들을 무작위로 설정하지만 학습을 하는 과정에서 점차 가중치 값들이 변경되어 결과가 항상 정답과 가깝도록 설정된다.

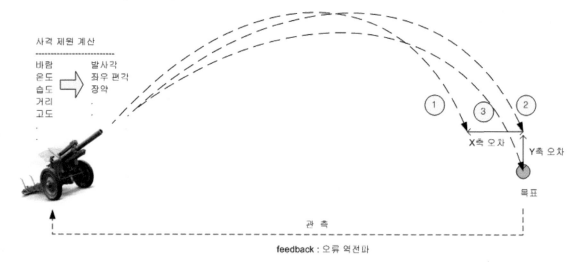

[그림 6.15] 포병의 곡사포 사격 훈련

(1) 신경망 학습

신경망의 학습 과정은 포병이 곡사포 사격 훈련을 하는 것과 유사하다. [그림 6.15]와 같이 포탄을 목표 지점을 향하여 우선 발사하고 결과를 관측한다. 관측 결과 목표 지점과의 거리와 방향 등을 고려하여 대포의 발사각과 좌우편차와 장약의 양, 바람의 방향과 속도, 공기 온도와 습도 등을 수정하여 포탄을 다시 발사한다. 착탄 위치를 관측하고 대포의 사격 제원을 계산하여 다시 사격한다. 결과적으로 목표에 근접할 때까지 x축과 y축 오차를 줄여나가는 사격을 반복하는 것이 포병의 사격 훈련이다. 신경망 학습 과정도 포 사격 훈련과 비슷하다. 자료를 입력하고 신경망으로 처리한 다음에 출력과 정답을 비교하고, 오류를 확인하고 각 계층의 노드들의 가중치들을 조절하여 오차를 줄여 나가 최종적으로 정답에 도달하는 절차와 유사하다.

신경망 학습의 문제점은 은닉층과 노드의 수가 많아질수록 연결선이 대폭 증가하여 가중치를 조절하고 출력 값들을 계산하는 정보처리 양이 기하급수적으로 늘어나는 점이다. 컴퓨터 자원을 너무 많이 소비하기 때문에 처리 시간이 길어져서 사용하기 곤란하였다. 신경망 이론은 오래전부터 개발되었지만 이를 해결할 수 있는 컴퓨터 자원이 없는 것이 문제였다. 2000년대에 반도체 기술이 향상되어 CPU와 GPU 처리속도가 대폭 향상되었기 때문에 신경망 활용이 가능해진 것이다.

(2) 딥러닝

딥러닝은 심층 신경망에서 기계학습 모델로 학습하는 기술이다. 딥러닝에서 딥(deep)이란 인지력이 높다는 뜻이 아니라 은닉층의 수가 매우 많다는 뜻이다. 심층 신경망은 많은 은닉층이 있으므로 결과 값을 다양하게 조절할 수 있다. 기계학습은 학습하려는 데이터의 여러 특징 중에서 어떤 특징을 추출할지를 사람이 직접 분석하고 판단한다. 반면에 딥러닝은 기계가 자동으로 대규모 데이터에서 중요한 패턴과 규칙을 발견(학습)하고, 이를 토대로 의사결정이나 예측 등을 수행한다.

기계학습 모델의 핵심은 입력 자료를 의미 있는 출력으로 변환하는 일이다. 딥러닝은 기계가 자료에서 규칙을 찾아야 하기 때문에 많은 자료들을 준비하는 것이 중요하다. 딥러닝의 특징은 주어진 입력을 분석해서 결과를 얻는 것이 아니고, 주어진 입력을 자꾸 변환하여 의미가 있는 결과 값으로 변환하는 것이다. 입력을 변환할수록 정답과 가까워지도록 점진적으로 자료를 변화시키는 것이 학습이다. 점진적으로 변환하는 방법은 각 은닉층에서 정답과 가까워지도록 각 노드들의 가중치 값을 조금씩 바꾸는 것이다. 가중치를 조절했을 때 정답과 멀어지면 반대 방향으로 가중치를 조절해서 정답과 가까워지도록 한다.

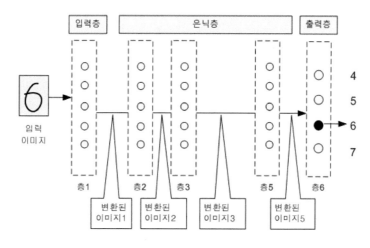

[그림 6.16] 숫자 분류를 위한 심층 신경망

[그림 6.16]은 손 글씨를 입력했을 때 심층 신경망이 입력 자료를 변환시켜서 출력층에서 숫자 6을 결정하는 과정을 보여준다. 층1부터 층6까지 계속 가중치 값을 변환한다. 각 계층의

노드에서 가중치를 변경하여 정답에 가까워질 때까지 변환하는 것이 심층 신경망 학습이다. 따라서 딥러닝 학습은 논리적으로 정답을 찾아가는 과정이 아니고, 경험적으로 정답을 찾아가는 훈련을 하는 것이다.

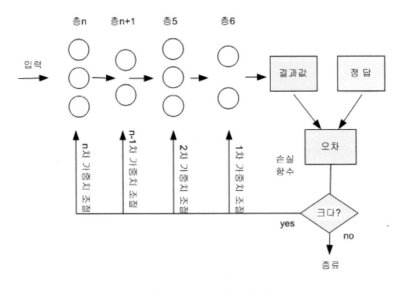

[그림 6.17] 역전파에 의한 학습

[그림 6.17]은 신경망 학습에서 정답을 고르는 과정을 보여준다. 출력층에서 결과 값이 나왔을 때 손실함수를 이용하여 오차를 계산하고, 오차가 크면 역전파하여 정답에 가까운 결과 값이 나올 때까지 학습하는 과정이다. 처음에는 가중치 값을 무작위로 주지만 다음부터는 가중치를 조금씩 긍정적인 방향으로 조절하여 정답가까이 가는 것이다. 학습 절차가 완료되면 각 노드들의 가중치 값들이 결정되었으므로 다른 자료 값을 입력하면 정확한 결과 값을 즉시 출력한다.

6.4.2 특징 추출

딥러닝에서 특징(feature)은 문서의 내용을 대표할 수 있는 요소로서 문서 분류에 사용할 수 있는 핵심 정보이다. 예를 들어, 고양이와 개의 영상들이 많이 있을 때 고양이나 개를 식별할 수 있는 특징들이 있으면 검색과 분류가 용이할 것이다. 문서에는 텍스트, 소리, 영상, 동영상 등의 다양한 종류가 있으며 문서를 분류하기 위해서는 적절한 특징들이 필요하다. 지도학습에서는 사람이 문서의 특징을 추출하지만 딥러닝은 각 문서에서 특징을 스스로 추출한 후

특징을 이용하여 문서를 분류한다.

전통적인 학술 논문들은 문서의 제목 다음에 요약문(abstract)과 함께 키워드(key words)들을 나열하여 논문의 내용이 무엇인지 암시하고 있다. 즉, 논문에서는 키워드들이 문서의 특징 역할을 한다. 키워드들을 특징으로 이용하려면 하나의 묶음으로 사용해야 하므로 이 묶음을 특징 벡터(feature vector)라고 한다. 특징 벡터는 문서를 대표하는 특징들이 여러 개일 때 이들을 한 줄로 묶어놓은 것이다. 특징들을 많이 사용하면 검색 정확도가 향상되는 대신 검색 속도가 저하되는 단점이 있다. 텍스트 문서에서는 의미가 있는 단어들 중에서 가장 많이 사용한 단어들을 특징으로 사용한다. 키워드가 5개인 과학 분야의 문서 D_1을 특징 벡터로 표현하면 다음과 같다.

d_1 = (단어$_1$, 단어$_2$, 단어$_3$, 단어$_4$, 단어$_5$)
d_1 = (물리, 원자핵, 생명, 세포, 바이러스)
d_1 = (6.4, 5.5, 4.0, 3.1, 2.7)

여기서 (6.4, 5.5, 4.0, 3.1, 2.7)은 문서 d_1에서 사용된 각 단어들의 비중이다. 이 수치들은 각각 물리, 원자핵, 생명, 세포, 바이러스의 단어들이 사용된 비중들이다. 특징 벡터를 이용하면 문서를 정확하게 검색할 수 있다. 예를 들어, 정치, 문화, 과학 분야의 텍스트 문서들이 있다고 가정하자. 정치 분야 문서들에는 '정당', '선거', '정부'와 같은 단어들이 많이 있으므로 (정당, 선거, 유세) 묶음을 특징 벡터로 사용할 수 있다. 문화 문서의 특징 벡터는 (미술, 음악, 소설) 등이고, 과학 문서의 특징 벡터는 (물리, 세포, 생명) 등으로 사용할 수 있다.

문서의 종류에는 텍스트, 소리, 영상, 동영상 등으로 구분할 수 있다. 앞에서 텍스트 문서의 특징 벡터를 설명하였듯이 소리, 영상, 동영상 문서도 같은 방식으로 특징 벡터를 만들어서 사용할 수 있다. 소리나 영상도 특징을 추출하여 특징 벡터로 사용한다. 소리의 경우에는 소리 주파수를 특징 벡터로 사용할 수 있고, 영상의 경우에는 영상의 RGB 색상을 특징 벡터로 사용할 수 있다. 텍스트 문서에서 특징 벡터를 이용하는 원리는 소리나 영상 문서에서도 동일하다. 컴퓨터에서는 단어나 주파수나 색상이 모두 수치 값으로 입력되기 때문에 처리 절차와 방법이 동일하기 때문이다.

문서들의 특징 벡터들은 문서의 특성에 따라 단어, 주파수, 색상, 형태, 질감 등과 같이 다양하다.

문자 문서의 특징 벡터:	D_1 = (단어$_1$, 단어$_2$, 단어$_3$)
소리 문서의 특징 벡터:	D_2 = (주파수$_1$, 주파수$_2$, 음색$_3$)
영상 문서의 특징 벡터:	D_3 = (색상$_1$, 색상$_2$, 형태$_3$, 질감$_4$)
동영상 문서의 특징 벡터:	D_4 = (색상$_1$, 형태$_2$, 형태$_3$, 질감$_4$)

[그림 6.18]은 문자 문서를 검색하기 위하여 문서의 키워드 세 개를 선택하여 문자 특징 벡터를 만든 실례이다. 문서 d_1은 $(4t_1, t_2, 3t_3)$를 특징 벡터로 구성하여 검색할 수 있다. 이것은 '과학' 문자가 4배, '경제' 문자가 1배, '안보' 문자는 3배의 비중을 갖는 특징 벡터이다. 문서 d_2는 $(3t_1, 2t_2, 2t_3)$를 특징 벡터로 구성하여 검색할 수 있다. 이것은 '과학' 문자가 3배, '경제' 문자가 2배, '안보' 문자는 2배의 비중을 갖는 특징 벡터이다.

문서를 검색하려는 문자가 여러 개가 될 수 있듯이 주파수나 색상도 여러 가지를 선택할 수 있다. 문자 문서나 소리, 영상, 동영상 문서를 검색하는 방법과 원리는 모두 특징 벡터를 이용하는 것과 같다.

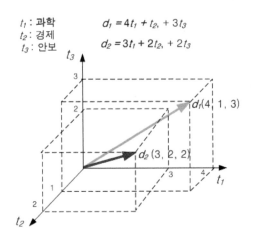

[그림 6.18] 문자 문서 벡터의 실례

6.4.3 역전파 알고리즘

신경망에서 지금까지 설명한 것은 모두 입력층에서 출력층으로만 연결이 존재하는 전방향(forward) 네트워크이다. 출력에서 나온 결과가 정답과 다르면 각 노드의 가중치를 수정하여 정답과 가깝도록 조절할 수 있다. 이와 같이 출력층으로 나온 결과를 다시 앞 계층으로 돌려서 가중치를 조절하는 것이 역전파기법이다. 역전파하여 결과 값을 정답과 가깝도록 만드는 것이 바로 학습이다. 이와 같이 출력 값이 만족스럽지 않으면 앞의 계층에서 가중치를 조절하여 정답을 찾는 방식을 역전파 알고리즘(back propagation algorithm)이라고 한다. 이것은 학생들이 문제를 풀고 난 다음에 정답을 확인하고 틀렸을 경우에 오류 원인을 찾아내서 공부하는 학습과 동일한 방식이다.

⑴ 오류 역전파 학습 절차

[그림 6.19]에서 오류 역전파 학습 과정을 살펴보자. 자료를 입력하고 출력층에서 결과를 받았을 때 정답과 다르면 은닉층 노드들의 가중치를 변경하여 정답과 가까워지도록 한다. 가중치를 변경하는 절차는 출력층의 이전 계층으로 가서 첫 번째 노드의 가중치부터 상향 또는 하향 변경하고 결과 값을 이전 값과 비교해본다. 결과 값이 좋아지는 방향으로 각 노드의 가중치 값들을 조절하여 정답에 일치하도록 하는 것이 학습 과정이다. 해당 계층의 노드들의 가중치를 조절하고, 다시 이전 계층 노드들의 가중치들을 조절하여 정답 확률을 높이는 과정이 오류 역전파 알고리즘이다. 이 과정에서 계산한 결과와 정답을 비교하여 오차를 계산하는 것이 손실 함수이다. 각 노드에서 전 계층에서 입력된 값들의 합계 값으로 결과값을 출력하는 함수가 활성화 함수(AF, Activation Function)이다.

> **T·I·P** 심층 신경망(DNN)과 딥러닝
>
> 신경망의 역사는 오래되었지만 심층 신경망이 나오기 전에는 큰 주목을 받지 못했다. 컴퓨터의 성능 부족과 알고리즘의 미비로 SVM이나 나이브 베이지안 알고리즘 등에 밀려서 거의 사장되었다. 신경망이 밀렸던 이유는 기하급수적으로 큰 규모의 신경망을 처리할 고성능 컴퓨터가 없었고 이를 극복할 좋은 알고리즘을 개발하지 못했기 때문이었다. 그러나 2000년대에 들어서 초 고성능 처리기들이 개발되었고, 수십 년간 묵묵히 연구하던 학자들이 새로운 알고리즘을 개발했기 때문이었다. 새로운 알고리즘은 심층 신경망 노드들의 가중치 조절과 새로운 활성화 함수(ReLu 등)를 활용하는 딥러닝에 있다.
>
> 심층 신경망은 캐나다 토론토 대학의 제프리 힌튼 교수가 딥러닝을 탄생시키면서 각광을 받기 시작하였다. 그는 컴퓨터 과학자이며 인지심리학자이다. 바둑 인공지능 알파고를 개발한 영국 딥마인드의 창업자 데미스 하사비스[5]는 컴퓨터 게임 디자이너이며 인지신경과학 연구자이다. 즉, 뇌과학자가 인공지능 딥러닝을 개발하고 있는 것이다.

---

5 Demis Hassabis(1976~): 영국 신경과학자. 인공지능 연구자. 게이머. DeepMind 창업자. 알파고 개발자. 시뮬레이션 게임 '테마파크' 개발자. 10대에 영국 체스 챔피온.

오류 역전파 학습은 [그림 6.20]과 같은 절차를 다음과 같이 진행한다.

첫째, 신경망을 초기화하는 것으로 시작한다. 이때는 초기 값들을 임의로 무작위 함수를 이용하여 설정한다.

둘째, 학습 패턴을 입력하고 출력함수를 이용하여 출력 값을 계산한다.

셋째, 출력 값과 목표 값을 비교하여 오차를 계산한다.

넷째, 오차를 이용하여 연결 강도의 변화량을 계산한다.

다섯째, 연결 강도의 변화량이 있으면 오차를 더 줄이기 위하여 둘째 단계로 가서 다시 계산하도록 한다(역전파).

여섯째, 변화량이 없으면 오차를 줄일 수 없는 것이므로 학습을 종료한다.

이상과 같은 학습 절차를 이용하여 원하는 목표 값에 이르도록 학습을 진행한다.

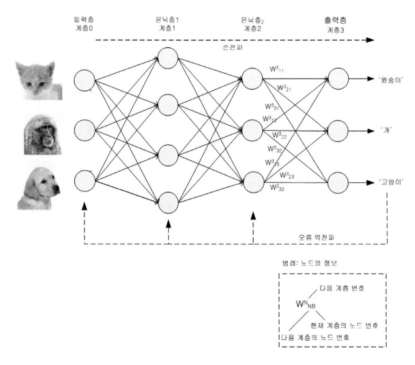

[그림 6.19] 오류 역전파 학습

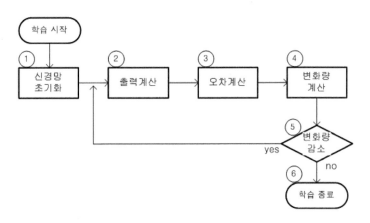

[그림 6.20] 오류 역전파 학습 절차

(2) 손실함수

손실함수(loss function)는 인공지능이 계산한 결과와 정답을 비교하여 그 차이인 오차를 계산하는 함수이다. 손실함수의 결과로 얻어진 오차가 정답과 비교하여 작다면 괜찮지만 작지 않다면 오차를 줄이기 위하여 신경망에 있는 노드들의 가중치를 조절하여야 한다. 가중치를 조절하여 결과 값이 정답과 같아지도록 수행하는 절차가 학습이다. 손실함수로 자주 채용되는 함수에 평균 제곱 오차가 있다. 평균 제곱 오차는 출력층의 결과와 정답과의 차이의 제곱의 평균을 계산하는 것이다. (식 6-1)은 평균 오차 계산식이다.

$$E = \frac{1}{n} \sum (y_k - t_k)^2 \quad \text{...} \quad \text{(식 6-1)}$$

y_k : 결과, t_k : 학습 자료

손실함수의 결과에 따라서 역전파를 할 것인지 아니면 학습을 종료할 것인지를 결정한다.

(3) 활성화함수

활성화함수(activation function)는 각 노드에서 다음 노드를 활성화할 것인지 아니면 비활성화할 것인지를 결정하는 함수이다. 다음 노드를 활성화하려면 1을 출력하고 아니면 0을 출력한다. 인간의 신경세포와 마찬가지로 동작하되 컴퓨터 논리 회로를 동작시키는 방식이다. 에를 들어, 각 노드에 입력된 값들의 합계가 30인데 문턱 값이 40이라면 활성화함수는 0을

출력한다. 활성화하려면 1을 출력한다. 활성화되지 않았을 때 활성화 시키려면 앞 계층 노드
의 가중치 값들을 갱신하면 된다. 가중치 값을 갱신하면 합계인 a값이 바뀌고 바뀐 a값에 따
라서 활성화 함수(AF)에 의하여 결과 값 Y가 결정된다.

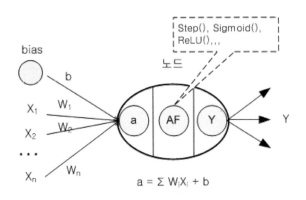

[그림 6.21] 활성화 함수(AF)의 처리

활성화 함수는 [그림 6.21]과 같이 이전 계층의 노드들로부터 자료 값과 바이어스 값(b)을 모
두 합산하고 출력을 활성화할 것인지를 결정하는 함수이다. 일반적으로 활성화 함수는 노드
에 입력된 값에 대해 출력이 과도하게 커지거나 작아지지 않도록 특정 범위의 값으로 출력하
려는 목적으로 사용된다.

■ 활성화 함수의 종류

활성화 함수의 종류는 많으나 대표적인 것으로는 시그모이드(Sigmoid) 함수와 렐루(ReLU,
Rectified Linear Unit) 함수 등이 있다.

① 계단 함수(Step function)

계단 함수는 노드에 입력된 값에 대하여 디지털 값인 0 또는 1을 출력하는 함수이다. [그
림 6.22](a)와 같이 입력 값이 임계치 T 이하면 0, T보다 크면 1을 출력한다. 계단 함수를
사용하면 입력 값이 어떤 값이라도 0이나 1을 출력한다. 그러므로 입력 값이 극단적으로
크거나 작더라도 그 영향이 제한적이다. 그러나 학습 과정에서 이 값을 미분할 때 계산 결
과가 무한대가 되는 경우가 있기 때문에 시그모이드 함수가 고안되었다.

② 시그모이드 함수(Sigmoid function)

계단 함수는 0과 1만 출력하므로 0과 1 사이에 있는 값은 무시되는 단점이 있다. 이것을 개선하기 위해서 계단 함수의 각진 부분을 매끄럽게 연속적으로 만든 것이 시그모이드 함수이다. 시그모이드 함수는 입력 값이 들어왔을 때 0에서 1 사이의 값을 출력한다. 이 함수는 입력 값이 음수로 계속 가더라도 0에 가까운 값이 되고, 양수로 계속 가더라도 1에 가까운 값이 된다는 점이 특징이다. 입력 값이 0이면 0.5가 출력된다. [그림 6.22](b)와 같이 전체적으로 입력 값에 대해 출력 값은 완만한 곡선을 그린다. 이 함수는 미분 불가능 지점에서 사용하는 함수로서 계단 함수를 곡선화한 것이다. 그러나 입력 값이 아무리 크더라도 출력되는 값의 범위가 매우 좁기 때문에 경사하강법 수행 시에 범위가 너무 좁아 0에 수렴하는 기울기 소실(gradient vanishing) 문제가 발생할 수 있다. 역전파 기법에서 신경망의 은닉층의 수가 늘어날수록 오래 된 자료에서 이 문제가 나타날 수 있다.

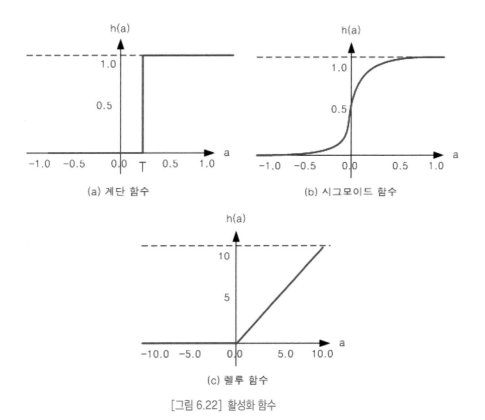

(a) 계단 함수

(b) 시그모이드 함수

(c) 렐루 함수

[그림 6.22] 활성화 함수

③ 렐루 함수(ReLU function)

신경망에서는 시그모이드 함수가 가장 많이 사용되어 왔으나 은닉층이 많은 경우에 기울기가 사라지는 문제(경사도 소멸 문제)와 함께 학습 효율이 떨어지는 경우가 있다. 이 문제를 해결하기 위하여 2011년에 등장한 것이 렐루 함수이다. [그림 6.22](c)와 같이 렐루 함수는 입력 값이 0 이하인 경우에는 0을 출력하고 0보다 큰 경우에는 입력 값을 그대로 출력한다. 이 함수는 역전파 시 경사도 감소 문제를 해결할 수 있고, 계산이 간단하다. 렐루 함수는 영상 인식에 주로 이용되고 있다.

가중치를 조절하고 적절한 활성화 함수를 이용하여 결과 값이 정답과 가까워지도록 노력하는 것을 학습이라고 한다. 학습 성과를 더욱 높이기 위하여 다양한 활성화 함수를 개발하고 있다.

6.4.4 심층 신경망의 문제점과 대책

신경망이 1950년대에 제안되었으면서도 그동안 활성화 되지 못했던 이유는 기술적인 문제점들이 있었기 때문이다. 여기서는 신경망 문제를 기술적인 것과 사회적인 것으로 나누어 정리한다.

(1) 신경망의 기술적 문제

신경망의 기술적인 문제는 크게 세 가지가 있다.

첫째, 경사도 소멸(vanishing gradient) 문제는 신경망에서 은닉층의 수가 늘어날수록 오래전 자료에서 기울기가 사라지는 문제가 발생하였다. 미분을 통하여 기울기를 측정하는데 기울기가 사라지면서 오차 계산하기가 어려워졌다. 경사도 소멸 문제는 시그모이드 함수 대신 렐루 함수를 개발하여 해소되었다.

둘째, 과적합(overfitting) 문제는 과도하게 학습을 많이 하면 학습 자료에서는 오차가 감소하는데 반하여 실제 자료에서는 오차가 늘어나는 경우가 발생하였다. 과적합 문제는 학습을 하고 있을 때 드롭아웃 계층(dropout layer)을 사용하여 노드들을 비활성화 함으로써 해결하였다.

셋째 컴퓨터 성능 문제는 은닉층의 수가 많아질수록 노드 수와 함께 연결선이 폭발적으로 증가하여 정보처리량이 폭증하였다. 예전의 컴퓨터 성능으로는 해결할 수 없었기 때문에 신경망 학습을 하기 어려웠다. 컴퓨터 성능 문제는 2000년대에 GPU 등이 등장하고 다른 반도체들이 고성능화함으로써 해결되었다.

이러한 문제점들은 오랫동안 신경망을 연구해온 제프리 힌튼 교수 등의 노력으로 대부분 해결되었다.

T·I·P   트롤리 딜레마

트롤리 딜레마에는 두 가지 문제가 있다.

첫째 달리고 있는 브레이크가 고장난 트롤리 앞에 5명의 사람들이 일을 하고 있다. 이들을 피하기 위하여 운전대를 돌리면 다른 쪽에 있는 1사람이 죽게 된다. 운전대를 돌려서 5명 대신 1명을 다치게 해야 하는가?

둘째 달리고 있는 브레이크가 고장난 트롤리 앞에 5명의 사람들이 일을 하고 있다. 나는 뚱뚱한 사람과 함께 트롤리가 오는 앞에 서있다. 내가 트롤리 앞을 막으면 내가 너무 가벼워서 소용이 없고, 뚱뚱한 옆 사람을 밀어 넣으면 트롤리를 막고 5명을 구할 수 있다. 옆 사람을 밀어 넣어야 하는가?

첫째 문제에서는 많은 사람들이 운전대를 돌려야 한다고 주장한다. 그러나 둘째 문제에서는 많은 사람들이 뚱뚱한 옆 사람을 밀어서 5명을 구하면 안 된다고 한다. 두 문제 모두 5명을 구하기 위하여 한 사람을 희생하는 문제인데 왜 의견이 달라지는 것인가? 첫 문제는 5명을 살리는데 중점을 두었고 둘째 문제는 한 사람을 희생하는데 중점을 두었기 때문이라고 한다. 그러나 결국 같은 문제 아닌가?

---

(2) 신경망의 사회적 문제

심층 신경망이 발전하면서 오래전부터 우려했던 점들이 나타나고 있다. 심층 신경망으로 만들어진 인공지능 프로그램들이 두뇌가 비상한 바둑 전문기사들에게 잇달아 승리하자 인공지능에 대한 우려가 현실로 다가왔다. 잘 만들어진 심층 신경망이 오작동을 일으킨다면 어떻게 될 것인가? 의도적으로 인공지능을 범죄에 활용한다면 어떻게 될 것인가? 우리는 이런 주제들을 과학소설에서 수없이 보아왔다. 훌륭하게 만들어진 인공지능이 잘 보급된다면 일자리는 어떻게 될 것인가? 일자리를 빼앗긴 사람들은 무엇을 해야 하는가? 인공지능이 성장하여 인류를 억압하고 장악하려고 하면 어떻게 될 것인가? 이러한 문제들이 많이 예상되고 있다.

원자력이 인류에게 에너지라는 희망과 폭탄이라는 절망을 함께 주었듯이 과학의 발전은 항상 양면성을 가지고 우리에게 다가왔다. 이것은 인간과 인공 신경망의 관계를 적절하게 설정하는 노력을 우리에게 요구하고 있다. 이것은 윤리 문제이자 삶의 철학에 관한 문제이다. 대표적인 윤리 문제로 트롤리 딜레마가 있다. 이 경우에 우리는 어떤 선택을 해야 할 것인지 사전에 충분한 논의가 있어야 한다.

과학의 발전으로 인하여 기존의 일자리들은 끊임없이 위협을 받아왔다. 자동차의 보급은 말과 마차와 마부들의 일자리를 없앴고, 농기계의 발달은 농부의 일자리를 빼앗아 갔다. 그러나 그런 환경이 인류를 더 배고프게 한 것이 아니라 더 배부르게 했다는 사실에 유의해야 한다. 인공 신경망을 어떻게 운영하느냐에 따라서 일자리 문제를 해결할 수 있을 것이고, 장기적인 전략을 수립해서 해결해야 한다. 이 주제는 제9장 인공지능의 미래에서 다룬다.

6.1 다음 용어들을 정의하시오.

1) 특징 벡터   2) 퍼셉트론   3) 출력함수   4) 심층 신경망

5) 활성화함수   6) 역전파

6.2 신경망의 장점과 단점을 설명하시오.

6.3 신경망의 특징을 설명하시오.

6.4 인공 신경망의 구조를 설명하시오.

6.5 다층 퍼셉트론의 특징이 무엇인지 설명하시오.

6.6 심층 신경망은 무엇을 해결했는지 설명하시오.

6.7 심층 신경망의 학습 방법을 설명하시오.

6.8 기존 사물 인식 방법과 신경망의 인식 방식의 차이를 설명하시오.

6.9 은닉층이 해결할 수 있는 문제는 무엇인지 설명하시오.

6.10 XOR 문제를 어떻게 해결했는지 설명하시오.

6.11 패턴인식과 신경망 인식의 차이점을 설명하시오.

6.12   심층 신경망의 문제점들을 설명하시오.

6.13   역전파 알고리즘의 장점과 단점을 설명하시오.

6.14   멀티미디어 문서들의 특징은 어떤 것들이 있는지 설명하시오.

6.15   계단함수와 시그모이드 함수와 ReLU 함수들의 공통점은 무엇인가?

6.16   활성화 함수들이 다양한 이유를 설명하시오.

CHAPTER 7

기계학습과 딥러닝

기계학습이란 인간의 학습 능력을 컴퓨터에게 부여하는 기술이다. 지금까지 기계는 사람들이 시키는 일을 수행했지만 이제는 사람처럼 학습도 하고 스스로 일도 하게 되었다. 기계가 학습한다는 것은 두 가지 의미가 있다. 첫째 기계가 자신의 능력을 스스로 향상할 수 있다는 것이고, 둘째 기계 스스로 일을 할 수 있다는 것을 의미한다. 처음 기계가 학습을 했을 때는 한정된 분야에만 적용되었는데 점차 그 범위를 늘려가고 있다. 2016년에 알파고가 처음 전문 바둑 기사들을 이겼을 때 사람들은 인공지능 시대가 왔다고 충격을 받았다. 그러나 인공지능이 갑자기 나타난 것은 아니고 역사가 결코 짧지도 않았다.

[그림 7.1]과 같이 1950년대에 컴퓨터 보급의 영향을 받아 생각하는 기계를 연구하기 시작했다. 인공지능은 추론과 탐색이라는 주제로 연구가 시작되었다. 당시의 인공지능은 인간의 경험을 바탕으로 빨리 원하는 정보를 탐색하는 것이었다. 인공지능은 궁극적으로 인간처럼 생각하고 행동하는 기계를 만드는 것이 목적이었다. 1960년대 말에는 기계학습에 대한 연구가 시작되었다. 처음에는 사람의 지식을 바탕으로 연역적 추론으로 결과를 얻으려 하였다. 그러나 기계학습이 지식을 서술하고 관리하는 작업이 너무 방대하여 침체에 빠졌다. 1985년에는 다층 퍼셉트론이라고 하는 인공 신경망이 발표되어 새로운 바람을 일으켰으나 컴퓨터 성능 부족으로 다시 침체되었다. 2010년대에는 컴퓨터 처리 성능이 대폭 향상되면서 신경망을 이용하여 학습하는 딥러닝 연구가 시작되었다. 이때 알파고가 나타나서 다시 인공지능에 대한 희망과 열기를 불러왔다.

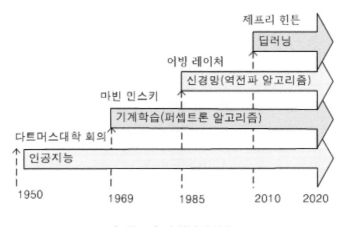

[그림 7.1] 기계학습의 역사

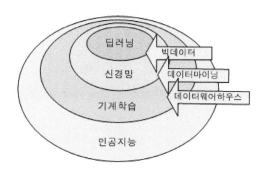

[그림 7.2] 인공지능과 자료과학의 관계

[그림 7.2]와 같이 인공지능 연구가 시작된 후에 기계학습이 성장하였으므로 인공지능 범주 안에 기계학습이 있다. 기계학습이 여러 방식으로 발전하다가 신경망이 개발되었고, 심층 신경망을 기반으로 딥러닝이 성장하였으므로 딥러닝이 가장 최근의 좁은 범위의 인공지능이다. 기계학습이 발전하는 도중에 대량의 자료에서 의미 있는 정보를 찾아내려는 데이터 마이닝 (data mining) 기술이 성장하였다. 이를 위해서 정보 추출을 효과적으로 수행하기 위하여 자료를 체계적으로 정비하고 유지하기 위한 데이터 웨어하우스(data warehouse) 기술이 개발되었다. 그 후에 온라인 자료들을 기반으로 하는 빅데이터(bigdata) 기술이 출현하여 대량의 온라인 자료에서 귀중한 정보를 추출하려는 연구가 진행되었다. 딥러닝은 대량의 자료를 기반으로 학습하는 것이므로 빅데이터의 기반에서 성장하기 좋았다. 따라서 데이터 마이닝과 빅데이터는 기계학습의 중요한 자원이라 할 수 있다. 현재의 인공지능은 빅데이터와 인공 신경망 기반 위에 딥러닝이 꽃을 피우고 있는 상황이다. [표 7.1]과 같이 기계학습은 인공지능에 포함되지만 세부적인 사항에서 차이가 있다. 인공지능이 인간과 유사한 기능을 하는 기계를 개발하는 것이라면 기계학습은 자료에서 지식을 스스로 획득하는 프로그램을 개발하고자 한다.

[표 7.1] 인공지능과 기계학습의 차이

구 분	인공지능	기계학습
목 적	기계에 인간의 지식 부여	학습에 의한 지식 습득
구현 기법	인간의 특성을 유추	대량의 자료에서 지식(규칙) 발견
방법론	인간과 유사한 기계 개발	스스로 학습하는 알고리즘 개발

7.1 자료과학

자료 과학(data science)은 자료를 수집, 분석, 처리하여 정보를 추출하고 활용하는 과학적 방법론이다. 산업계에 의미 있는 통찰력을 제공하기 위하여 다양한 자료로부터 정보를 추출한다. 대량의 자료를 분석하기 위해 수학, 통계, 인공 지능 및 컴퓨터 공학 등의 원리와 실무를 결합한 학제적 분야이다.

기계학습은 대량의 자료를 기반으로 기계가 스스로 학습하여 유용한 결과를 얻어내는 기술이다. 따라서 기계학습은 대량의 자료에서 귀중한 정보를 추출하는 자료과학과 밀접한 관계가 있다. 앞서서 자료과학과 관련된 데이터 마이닝, 데이터 웨어하우스, 빅데이터 등이 발전한 것이 기계학습 발전에 도움이 되었다.

(1) 데이터베이스와 데이터 웨어하우스

1970년대부터 대기업과 정부기관 등 대규모 자료를 처리해야 하는 대형 조직들은 데이터베이스 관리 시스템(DBMS)[6]을 설치하고 자료를 관리하기 시작하였다. 인사, 행정, 회계, 자재, 생산, 영업 등의 업무나 조직별로 다양한 데이터베이스들이 구축되자 이들을 종합적으로 활용할 가치가 증대되었다. 공공기관과 기업체의 컴퓨터 시스템은 데이터베이스 구축으로 시작되었다. 조직에서 사용하는 자료들이 체계적으로 입력되고 관리되어야 조직의 업무가 돌아갈 수 있는 상태로 발전한 것이다. 다양한 실무 조직에서 운영되는 데이터베이스 자료들을 잘 분류하고 통합해야 실무층과 관리층을 지원할 수 있다. 더 나아가 이들이 사용하는 자료가 체계적으로 정비되어야 경영층 의사결정용으로 활용할 수 있게 된 것이다.

데이터 웨어하우스(data warehouse)는 데이터베이스가 보편화되고 저장되는 데이터의 양이 증가하는 상황에서 자료를 체계적으로 사용하기 위한 저장소이다. 자료의 양이 대폭 많아질수록 자료를 신속하게 검색하는 일이 중요해졌다. 특히 다양한 목적으로 사용되는 데이터베이스들은 자료 형식과 검색 규격 등이 다르므로 필요한 정보를 추출하는 절차가 복잡하다. 예를 들면, 일자도 나라와 조직마다 yyyy.mm.dd, dd.mm.yy, yy.mm.dd 등 다양하게 사용하

---

6 DBMS(DataBase Management System): 데이터베이스를 정의하고 조작하고 관리하는 프로그램의 집합체. 응용 프로그램들이 데이터베이스를 공유하며 사용할 수 있는 환경을 제공하는 소프트웨어. Oracle, Informix 등이 대표적임.

고 있으므로 시간대별로 자료의 의미를 찾으려면 일자의 형식을 통일해야 한다. 이와 같이 자료를 통합하여 사용하려면 자료 형식의 통일이 중요하다. 따라서 의사결정을 신속하게 지원하기 위하여 체계적인 시스템 개발이 요구되었다. 데이터베이스는 현재의 자료만 저장하지만 데이터 웨어하우스는 과거의 자료도 종합적으로 관리해야 한다. 1980년대에 IBM이 개발하여 대기업 위주로 사용하기 시작하였다.

(2) 데이터 마이닝

데이터 마이닝(data mining)은 대용량 데이터베이스에서 가치 있는 정보를 추출하는 기술이다. 이것은 정보의 중요한 경향과 규칙을 발견하기 위해서 대량의 자료로부터 자동화된 도구를 이용하여 탐색하고 분석하는 기술이다. 데이터 마이닝의 목적은 기업 활동 과정에서 축적된 대량의 자료를 분석하여 기업에 필요한 중요한 의사결정에 활용하기 위한 정보를 만들고 사용하는 것이다. 데이터 마이닝이란 용어는 광산에서 수많은 흙과 돌 더미들을 정제하여 귀중한 금속을 찾아내는 것에 비유하여 만들었다. 컴퓨터가 대부분의 공공기관과 기업체에서 데이터베이스를 사용하고 있었으므로 시간이 갈수록 자료가 폭발적으로 증가하기 시작하였다. 이들 자료들을 활용하기 위한 대책이 요구되었다. 데이터베이스의 대량의 자료를 활용하기 위하여 데이터 마이닝이 요구된 것이다.

데이터베이스에서 귀중한 정보를 찾아내는 과정은 통계학과 매우 유사하다. 통계학이 비교적 크지 않은 자료 더미를 대상으로 하는데 반하여 데이터 마이닝은 매우 많은 자료를 대상으로 한다. 데이터 마이닝을 수행하는 방법은 많은 자료들 가운데 묻혀 있는 유용한 상관관계를 발견하고 미래에 사용할 수 있는 정보로 추출하고 의사결정에 활용하도록 준비하는 것이다. 데이터 마이닝을 하기 위해서는 다양한 자료들을 조사하여 잘 정리된 자료를 엄선하고 자료 형식도 통일하여 활용하기 좋게 다듬어 놓아야 한다.

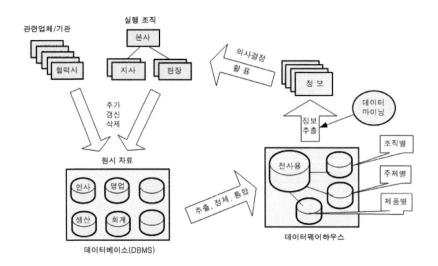

[그림 7.3] 데이터 마이닝 처리 흐름도

[그림 7.3]은 원시 자료에서 시작하여 업무에 적용하는 절차를 보여준다. 현장의 데이터베이스로부터 자료를 추출하고 정제하고 통합하여 데이터 웨어하우스(data warehouse)에 저장한다. 데이터 웨어하우스는 기업의 자료를 활용할 수 있을 정도로 잘 정비해 놓은 창고와 같다. 데이터 마이닝 프로그램은 데이터 웨어하우스에서 정보를 추출하여 정보 상태로 보관한다. 활용 가능한 정보들은 업무에 활용하고, 그에 따라 발생하는 자료들은 다시 원시 데이터베이스에 저장한다. 원시 자료들은 업무마다 자료 형식이 다르기 때문에 잘 정리하고 정제해야 사용할 수 있다. 데이터 웨어하우스는 잘 정비된 자료들의 저장소이다. 따라서 데이터 웨어하우스가 잘 구축되어야 데이터 마이닝이 가능하다.

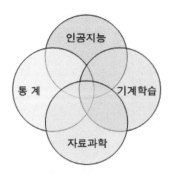

[그림 7.4] 데이터마이닝의 구성

데이터마이닝은 [그림 7.4]와 같이 자료과학을 기반으로 통계, 기계학습, 인공지능을 융합하여 대량의 자료로부터 지식을 발견하는 학문이다. 데이터 마이닝과 기계학습은 대량의 자료에서 자료들의 패턴과 상관관계를 찾는다는 점에서 유사하다. 데이터 마이닝에서는 사람이 정보 도출에 일일이 개입하지만, 기계학습은 관련 매개변수들을 변경하면서 스스로 학습한다는 점이 다르다. 데이터 마이닝 기법에는 일반적으로 연관(association), 회귀(regression) 및 분류(classification)라는 세 가지 유형이 있다.

이들 세 가지 기법들은 다음과 같이 기계학습에서도 활용된다.

1) 연관 분석

연관 규칙(association rule)은 주어진 자료에서 자주 발생하는 속성 값들을 연결해주는 요소들을 발견하는 일이다. 예를 들면, 백화점에서 고객들이 구매한 개별 상품들 간의 상관관계를 식별하는 경우에 해당된다. 맥주를 살 때는 항상 안주를 같이 산다는 등의 패턴을 찾아서 상품 진열에 도움을 준다.

2) 회귀 분석

회귀분석(regression analysis)은 독립 변수 분석을 통해서 종속 변수 값이 무엇인지 밝혀내는 일이다. 예를 들어, 고객의 거주 지역에 따라 고객의 구매 상품 종류 또는 구매력의 차이를 발견하는 것이다. 거주 지역을 검색하면 고객의 구매 취향에 맞는 영업을 할 수 있다.

3) 분류

분류(classification)는 자료 개체들을 유형에 따라 여러 묶음으로 구분하는 일이다. 예를 들어, 고객을 고가의 금융 상품을 계약하는 그룹과 저가의 상품을 계약하는 고객으로 분류할 수 있다. 분류 결과에 따라 영업 정책을 수립하도록 도와준다.

⑶ 빅데이터

빅데이터(Big Data)란 디지털 환경에서 생성되고, 자료 규모가 기존 보다 훨씬 방대하고, 생성 주기가 짧고, 형태가 수치 자료 외에 문자, 음성, 영상 등 멀티미디어를 포함하는 대규모 자료이다. 따라서 기존의 방법이나 도구로 관리할 수 없는 방대한 자료들이다. 빅데이터 환경은 과거에 비해 자료의 양과 종류가 매우 크고 다양하며, 사람들의 행동은 물론 위치정보와 생각과 의견까지 분석하고 예측할 수 있다는 점이 예전과 다르다.

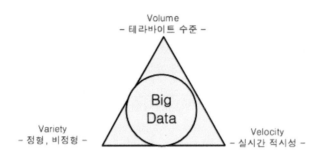

[그림 7.5] 빅데이터의 3대 요소

휴대폰 통화량, 카드결제, 기상 정보, 소셜 네트워크 서비스(SNS) 메시지, 인터넷 검색 내역, 도로 교통량 등이 모두 빅데이터에 해당된다. 빅데이터는 다양한 멀티미디어자료 등을 모두 포함한다. 실시간으로 생성되는 빅데이터를 활용하면 시장의 흐름을 알 수 있고 앞으로 변화하는 방향과 상태도 예측할 수 있으므로 마케팅에 매우 효과적이다. 선거 기간이라면 유권자들의 발언과 문자 등의 빅데이터를 실시간으로 분석하여 선거 동향을 예측하고 대비할 수 있으므로 선거 대책에 매우 유용하다. 다만 빅데이터는 너무 방대하여 전통적인 기술로는 쉽게 처리하거나 관리하기 어렵다는 문제점이 있다. 빅데이터는 [그림 7.5]와 같이 수량, 다양성, 생성 속도가 매우 크고 빠르기 때문에 분석이 어렵다는 단점이 있다.

방대한 규모의 자료를 분석하는 기술이 발전하면 예전에 얻을 수 없었던 귀중한 정보를 얻을 수 있다. 빅데이터 고객 자료 분석 기법이 발전하면 고객의 이탈을 방지할 수 있고, 고객 서비스를 증대하고 마케팅에 활용할 수 있다. 자료의 수량이 많을수록 중요한 정보를 얻을 수 있다. 구글은 독감과 관련된 검색어 빈도를 분석하여 환자의 수와 유행 지역을 예측할 수 있었다. 자료의 수량이 많을수록 분석의 정확도가 높아진다고 한다. 그 예로 코로나19와 관련된 검색어 빈도를 분석하면 그 결과로 환자의 수와 유행 지역을 예측하고 어떤 소득 계층이 얼마나 많이 감염되는지를 알 수 있다.

대부분의 빅데이터 분석 기술과 방법들은 기존 통계학과 컴퓨터과학에서 사용되던 데이터 마이닝, 기계 학습, 자연언어처리, 패턴 인식 등의 기술에 해당한다.

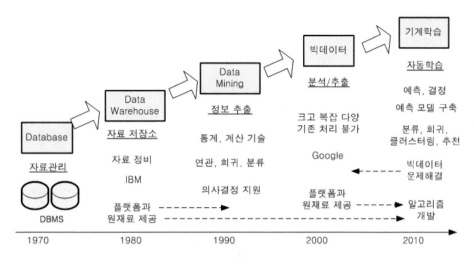

[그림 7.6] 데이터 웨어하우스, 데이터 마이닝, 빅데이터와 기계학습의 관계

[그림 7.6]은 데이터베이스 구축부터 데이터 웨어하우스, 데이터 마이닝, 빅데이터를 거쳐 기계학습이 활성화할 때까지의 전체 과정을 보여준다. 수많은 자료들이 데이터베이스에 저장되면서 이를 효과적으로 이용하기 위한 노력의 일환으로 기계학습까지 발전한 것이다. 데이터 웨어하우스는 데이터 마이닝과 기계학습을 위한 플랫폼과 자료를 지원한다. 빅데이터도 마찬가지로 기계학습에 플랫폼과 자료를 지원한다. 자료에서 정보를 추출하는 기술이 데이터 마이닝과 빅데이터를 거쳐서 기계학습으로 진화한 것으로 볼 수 있다. [표 7.2]는 이들의 목적과 기능 등 주요 사항들을 정리한 것이다.

[표 7.2] 정보추출 기술 비교

종류	목적	주 기능	비고
데이터베이스	실행 업무 지원	자료 관리	영업, 생산 등 지원
데이터 웨어하우스	자료 저장	자료 정비	자료 플랫폼, IBM
데이터 마이닝	정보 추출	의사결정 지원	통계, 계산 기술
빅데이터	분석 및 정보 추출	대량 신속 처리	자료 플랫폼, Google
기계학습	자동 학습	예측, 결정	알고리즘 개발

7.2 기계학습

기계학습 이전에는 사람이 필요한 규칙을 만들고 프로그램을 작성한 후에 프로그램이 자료를 처리하여 원하는 결과를 얻었다. 기계학습은 기계가 규칙을 찾아내어 학습하고 원하는 결과를 찾아주는 기법이다. 기계를 학습시키기 위해서는 많은 자료가 필요하다. 기계학습이라는 용어는 패턴 인식(pattern recognition) 과정에서 이미 1950년대 말부터 사용하기 시작하였다. 패턴 인식은 문자, 음성, 영상 등의 외부 정보를 컴퓨터가 인식하는 기술이다. 자동차 번호판, 우편번호, 지문, 음성, 영상 등의 정보를 읽고 특징을 가려내어 그것이 어떤 정보인지를 분별하는 알고리즘으로 이미 실용화되었다. 패턴 인식 알고리즘 개발은 기계학습 발전에 큰 도움이 되었다. 컴퓨터가 많은 자료를 읽어서 분류하고 식별하는 능력은 학습을 많이 할수록 성공률이 높아진다.

(1) 기계학습 개요

[표 7.3] 기계학습의 정의

구분	정 의
1	기계학습은 자료에서 지식을 추출하는 작업.
2	프로그램을 작성하지 않고 자료로부터 학습하는 기술.
3	자료에서 유용한 규칙 등을 추출하는 기술.
4	프로그램을 작성하기 어려운 작업을 해결하는 기술.
5	기계가 문제 해결 패턴(모델)을 자동 학습하는 기술.
6	프로그램에 의존하지 않고 수학적 알고리즘을 만들어 학습하는 기술.
7	경험과 훈련으로 기계를 개선하기 위하여 통계를 사용하는 기술.
8	예제를 일반화하여 중요한 작업을 수행하는 기술.

기계학습의 정의들을 정리하면 [표 7.3]과 같이 다양하다. 이와 같이 기계학습의 정의가 다양한 것은 인공지능이 오랫동안 부흥과 침체를 거치면서 다양한 기술들이 반영되었기 때문이다. 이들 정의는 하나하나가 기계학습의 중요한 의미를 내포하고 있으므로 그 기능들을 자세하게 살펴보아야 한다. 이들 정의들을 종합하여 공통점을 추출하면, 기계학습은 자료를 기반으로 하며, 사람이 만든 규칙으로 프로그램을 작성하지 않으며, 자료에서 규칙을 찾아내

며, 대량의 자료에서 통계를 활용하며, 스스로 학습한다는 점이다.

기존 프로그램에서는 모든 규칙들을 코딩해야 하지만 기계학습에서는 입력과 정답을 연결하는 학습만 수행한다. 만약 규칙이 새로 추가되거나 변경되면 기존 프로그램의 코딩을 바꾸어야 한다. 그러나 기계학습에서는 새로 추가되는 규칙을 발견하여 입력과 정답을 연결하는 연결선들을 바꿀 뿐이다.

기계학습과 마찬가지로 신경망도 대량의 자료와 관련된 분야이므로 데이터 마이닝과 빅데이터를 이해하는 것이 신경망 학습을 이해하는데 큰 도움이 된다.

(2) 기계학습의 종류

기계학습은 종래의 추론, 탐색 또는 지식 표현 등과 전혀 다른 방식으로 접근한다. 기존 방식은 논리적으로 핵심 내용을 분석하고 구조적으로 내용을 파악한다. 이에 반해서 기계학습은 기존의 자료를 확률적 혹은 통계적으로 분석하여 가장 많이 적용되는 대상들을 찾아가는 방식이다. 번역에서도 기존에는 문법에 관한 지식을 이용하여 문장 구조와 함께 의미를 파악하는데 반하여 기계학습에서는 문장 분석을 떠나서 외형적이나 통계적으로 가장 많이 번역된 사례들을 중심으로 번역하는 방식을 사용한다. 기존 방식으로 번역했을 때는 너무 현실성이 없다는 이유로 외면을 받기도 하였으나 구글(Google)이 통계적 기계학습 방식으로 번역한 후에는 크게 환영하기 시작했고 이제는 널리 사용되고 있다.

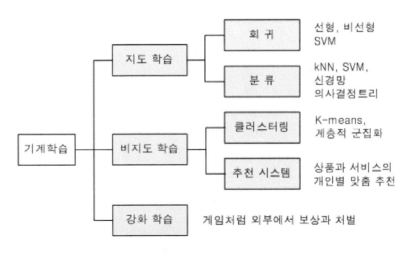

[그림 7.7] 기계학습의 종류

기계학습은 [그림 7.7]과 같이 지도학습, 비지도 학습, 강화학습 등으로 구분된다. [표 7.4]와 같이 지도학습은 교사와 정답이 주어지는 학습 방식이고, 비지도 학습은 교사나 정답 없이 자료만으로 기계가 스스로 학습하는 방식이고, 강화학습은 잘하면 상을 받고 못하면 벌을 받는 식으로 시행착오를 통하여 스스로 목표를 달성하는 학습 방식이다. 지도학습에는 회귀와 분류 기법이 있고, 비지도 학습에는 클러스터링 기법이 있고, 강화학습은 게임과 같이 보상과 처벌이 주어져 목표를 달성하는 기법이다. 이들 학습 방식은 응용분야에 따라 서로 장·단점이 있다.

[표 7.4] 기계학습의 종류

종 류	내 용	비 고
지도학습	교사와 정답이 주어지는 학습.	정답
비지도 학습	교사와 정답 없이 기계 스스로 자료를 읽고 학습	특징
강화학습	잘하면 보상받고 못하면 벌을 받는 방식의 시행착오를 통해 학습	보상

(3) 활용분야

기계학습은 자료를 기반으로 학습을 통하여 지식을 추출하는 기술이므로 자료가 충분하면 [표 7.5]와 같이 산업분야에서 다양하게 활용할 수 있다. 활용분야는 앞으로 더 확장될 것이다. 얼굴인식은 중국에서 신원확인 뿐만 아니라 소액 지불까지 광범위하게 활용되고 있다. 음성인식은 스마트폰에서 개인 비서로 활용되고 있다. 센서가 발전할수록 스마트 워치 이상의 휴대장치에서 다양한 건강 정보를 수집하여 개인 건강을 관리할 수 있다.

[표 7.5] 기계학습의 활용분야

구분	분 야	활용 내용
1	음성인식	개인 비서: Bixby, Siri, Alexa, Assistant 등
2	영상인식	(차량 등) 번호판 인식, 손 글씨 인식, 물체 인식
3	얼굴인식	얼굴을 이용한 신원 확인
4	자연어처리	외국어 번역, 기사 작성
5	정보검색	스팸 메일 검사, 대출 검사
6	검색엔진	전자상거래 등의 추천 시스템

구분	분야	활용 내용
7	로보틱스	자율주행, 시설물 경계 및 정찰, 수색
8	개인건강	다양한 센서와 통신장치에 의한 건강관리

7.3 지도학습

지도학습은 교사와 정답이 주어지는 학습 방법이다. 입력 자료와 함께 해당되는 정답이 주어지고 대량의 훈련 자료를 가지고 학습한다. 따라서 특정 자료가 입력되었을 때 오류가 나오면 해당되는 정답이 나오도록 다시 연결하는 작업을 반복한다. 지도학습에서는 [그림 7.8]과 같이 미리 주어진 학습 자료와 정답으로 학습하면서 지도학습 모델을 만든다.

모델이 만들어진 후에는 완전히 새로운 자료가 주어졌을 때도 정답을 예측할 수 있다. 여기서 모델이란 자료가 입력되었을 때 정답을 찾는 컴퓨터 프로그램(알고리즘)이다. 학습 모델은 입력 자료에서 특징을 추출하여 특징으로 자료와 정답을 연결하는 훈련을 한다. 따라서 지도학습이란 자료와 정답이 주어지면 어떤 문제라도 풀 수 있는 학습 모델을 만드는 방식이다. 지도학습은 크게 회귀와 분류로 구분된다.

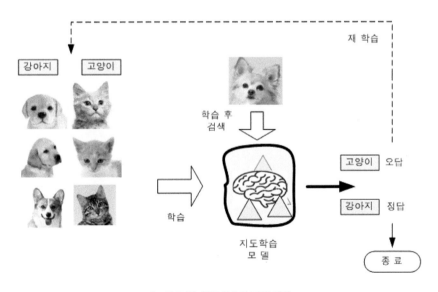

[그림 7.8] 지도학습의 검색 절차

지도학습은 매우 강력하고 가치가 높은 학습 방법이지만 자료 구축에 문제가 있다. 지도학습 알고리즘을 이용하여 어떤 물체를 인식시키려면 정답이 있는 학습 자료를 대량으로 준비해야 한다. 예를 들어, 책상을 학습시키려면 적어도 1,000에서 10,000개 이상의 책상 자료를 입력시켜야 한다. 사람에게 책상을 학습시키려면 책상 몇 개만 보여주면 되는데 지도학습 알고리즘에게 학습시키려면 매우 많은 양의 자료가 필요하다는 점이 다르다.

대표적인 지도학습의 종류에는 회귀(回歸, regress)와 분류(分類, classification)가 있다. 회귀는 서로 관련이 있는 두 가지 변수 사이의 관계를 함수식으로 설명하는 통계 방법이다. 신발의 크기와 몸무게에 대한 많은 자료들이 있을 때 특정 몸무게를 가진 사람에게 적합한 신발 크기를 예측할 수 있다. 분류는 다수의 개체들을 특정한 속성에 따라서 여러 개의 군으로 나누는 것이다. 대출 신청이 있을 때 합격자와 불합격자로 구분하는 것도 일종의 분류이다.

7.3.1 회귀

회귀(regression)는 다수의 입력과 출력의 쌍들이 있을 때 입력과 출력과의 관계를 찾는 방식이다. 이 관계는 새로운 입력 값에 대한 출력 값을 예측하기 위하여 만든 규칙(모델)이다. 예를 들어, 가게에 고객이 들어오면 눈대중으로 키를 짐작하고 적당한 크기의 구두나 옷을 골라줄 수 있다. [표 7.6]과 같이 구두 회사에 고객들의 키와 발 크기 자료가 있다면 키와 발의 관계 규칙을 찾아서 함수를 만든다. 이 함수가 모델이므로 새로운 키 값을 독립변수 x라고 간주하고 입력하면 종속변수 y인 발 크기를 예측할 수 있다.

[그림 7.9] 프로그램에서 문제(예제)는 키 값이고 정답(레이블)은 발 값이다. 다수의 키 값과 발 값을 같이 주고 학습한 다음에 새로운 키 값을 주면 인공지능이 정답을 제공하는 방식이므로 지도학습이다.

[표 7.6] 키와 발 크기

구 분	학생1	2	3	4	5	6	7	8	9	10
키 cm	174	152	138	128	186	167	160	170	145	135
발 mm	272	260	248	238	271	260	255	261	253	240

[그림 7.9]는 [표 7.6]의 자료를 위하여 Anacond3 환경에서 Python으로 작성한 선형 회귀 프로그램이다. Python에는 linear_model.LinearRegression() 이라는 선형회귀 모델 함수가 지원된다. 아울러 평면에 점을 그리는 plt.scatter(X, y, color='black') 함수를 지원하고 직선을 그리는 plt.plot(X, y_pred, color='blue', linewidth=1) 함수도 지원된다.

```python
import matplotlib.pyplot as plt                    #그림 그리는 도구
from sklearn import linear_model                    #선형 회귀 모델

reg = linear_model.LinearRegression()              #선형 회귀 모델의 변수

X = [[174],[152], [138],[128],[186], [167], [160], [170], [145], [135]]
y = [272,   260,   248, 238, 271,   260,   255,   261,   253,   240]

reg.fit(X,y)                                        # 선형 회귀 실행

plt.scatter(X, y, color='black')                    #평면에 점 그리기
y_pred = reg.predict(X)                             # X값에 의한 y값 예측
plt.plot(X, y_pred, color='blue', linewidth=1)      # 직선 그리기
plt.show()
```

[그림 7.9] 키와 발의 회귀 프로그램(python)

[그림 7.10]은 회귀 프로그램을 실행하여 나온 결과 그래프이다. 이 그래프는 [표 7.6]의 10개의 점들을 대표하는 직선을 그린 것으로 각 점들과 직선과의 거리가 가장 최소화되는 직선

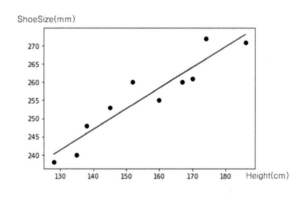

[그림 7.10] 회귀 프로그램의 결과

을 찾아서 그린 것이다. 이제부터는 이 직선을 이용하여 키 값이 주어지면 쉽게 신발 크기를 예측할 수 있다.

7.3.2 분류

분류(classification)는 주어진 자료가 어떤 범위에 속하는지 구분하는 기능이다. 예를 들어, 어떤 동물 영상을 주면 [그림 7.8]과 같이 인공지능이 고양이 또는 개라는 범위로 분류해준다. 야생동물이 태어났을 때 동물 엄마는 아기에게 먹을 수 있는 것과 먹을 수 없는 것을 구분하는 방법을 가르쳐준다. 그 다음에는 포식자와 포식자가 아닌 것을 분류하는 방법을 가르쳐준다. 엄마가 아기에게 음식과 포식자를 분류하는 방법을 가장 먼저 학습시키는 이유는 음식과 포식자 분류법이 아기의 생존에 매우 중요하기 때문이다. 엄마는 아기 앞에 있는 모든 물건들에 대해서 단순하게 "먹을 수 있다"와 "먹을 수 없다"는 말로 계속 가르쳐주면 아기의 머릿속에는 점차 먹을 수 있는 음식물과 포식자를 구분하는 능력이 생긴다. 엄마가 아기에게 정답을 가르쳐주는 이 방식이 신경망의 지도학습에도 동일하게 적용된다. 이와 같이 모든 학습은 사물을 분류하는 것으로 시작된다.

(1) 분류 기법

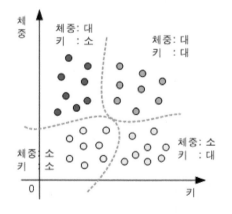

[그림 7.11] 키와 체중의 분류 사례

분류 기법이 필요한 예를 들어본다. 첫 번째 사례는 어떤 대형 조직에서 구성원들의 단체복을 만들려고 한다. 이를 위해 체중과 키에 관한 기존 자료를 이용하여 단체복의 규격을 몇 개

정도로 분류한다. 우선 분류 기준을 키와 체중을 각각 대소로 구분하여 그룹으로 나누어 제작하기로 하였다. 이런 종류의 자료 분류는 의류, 건강 분야 외에도 다양한 산업에 많이 이용될 것이다. [그림 7.11]과 같이 자료들을 입력하여 분포했을 때 적절하게 그룹을 나눌 수 있는 선분들을 찾는 것이 인공지능의 기계학습에 해당한다. 그림의 자료에서는 그룹들을 적절하게 구분하여 네 개의 그룹으로 나누는 선분을 찾게 되는데 이 기술이 지도학습에도 해당된다.

두 번째 사례는 도서관에서 학술 문서를 주제별로 분류하는 것이다. 우선 자주 읽히는 문서들을 입력하고 문서에 가장 자주 나오는 단어들을 100개 선택하고 100차원의 공간을 만들면 1개의 문서는 이 공간상에 1개의 점으로 표시된다. 이 공간에서는 같은 단어가 나오는 문서는 근처에 저장되고 같은 단어가 나오지 않는 문서는 멀리 저장될 것이다. 학술 문서에는 '컴퓨터', '경제', '문학'이라는 주제별로 표지(label)가 붙여져 있다. 새로운 문서를 읽고 대표적인 단어를 찾아서 어느 분야로 분류할 것인지 살펴본다.

[그림 7.12](a)은 학술 문서에 자주 나오는 단어들을 이용하여 다차원 공간을 만들고 문서들을 공간에 배치한 것이다. 초록색 원들은 컴퓨터 관련 문서들이고, 노랑색 원들은 문학 관련이고, 청색은 경제 관련 문서들이다. (b)는 이 문서 공간을 세 가지 분야의 문서들을 구분하는 선을 그었다고 가정한 것이다. 이렇게 곡선으로 구분한 공간에 새로운 문서의 대표 단어를 배치했더니 4각형이 컴퓨터 영역에 위치하였다. 그렇다면 이 문서는 컴퓨터 관련 문서라고 간주할 수 있는 것이므로 자동 분류에 성공한 것이다.

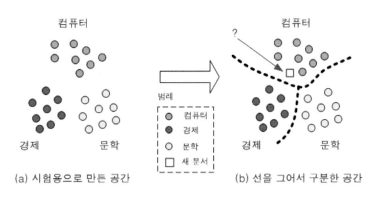

[그림 7.12] 문서 분류를 위한 공간

[그림 7.12]와 같이 문서 공간에 자료들이 분포되어 있을 때 새로운 단어가 분포 규칙에 따라 위치시키면 가장 가까운 곳에 있는 자료들의 범주에 소속된다고 간주한다. 그림에서 새로운 문서를 키워드에 따라 위치시켰더니 컴퓨터 군집에 해당하는 것을 알 수 있다.

[표 7.7]은 지도학습으로 분류하는 대표적인 방법들로 다양한 모델들이 사용되고 있다. 지도학습의 대표적인 기법들을 살펴본다.

[표 7.7] 지도학습의 분류 기법

종류	내용	비고
k-NN	가까운 거리에 있는 문서들과 같은 종류로 분류	
결정나무	질의 조건에 따라서 트리처럼 분기하며 분류	
서포트 벡터 머신	벡터 공간에서 거리를 기준으로 분류	
신경망	신경망으로 학습을 통하여 분류	
베이즈 모델	베이즈 정리의 조건부 확률을 계산하여 분류	

1) 최근접이웃기법(kNN, k Nearest Neighbor)

문서들을 분야에 따라 벡터 공간에 분포시켰을 때 유사한 문서일수록 가까운 곳에 위치한다. [그림 7.13]은 '문화'와 '정치' 분야의 문서들이 벡터 공간에 분포한 그림이다. 여기에 새로운 문서가 들어와 분포 규칙에 따라 벡터 공간에 위치시킨 것이 [그림 7.14]이다. 별표가 바로 새로운 문서이므로 이 문서가 문화에 속하는 것인지 정치에 속하는 것인지를 분류해야 한다. kNN 기법은 새로운 문서와 가장 가까운 위치에 있는 문서의 분야에 따른다. 따라서 별표와 가장 가까운 문서가 정치 분야이므로 정치에 소속된다. 그러나 거리를 늘려서 k = 2로 확대하면 문화 분야는 두 개이고 정치 분야는 한 개밖에 없으므로 문화 분야로 분류할 수 있다. 그러나 k = 3으로 늘리면 문화 분야의 문서는 3개이고 정치 분야의 문서는 4개 이므로 정치 분야에 속한다.

kNN 기법은 모든 기계학습 방식 중에서 가장 간단하고 이해하기 쉬운 지도학습의 분류 기법이다.

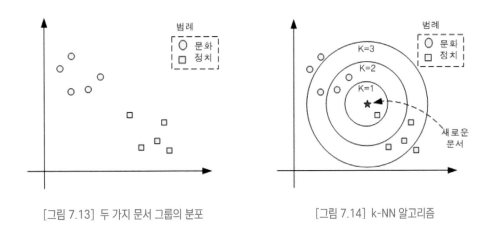

[그림 7.13] 두 가지 문서 그룹의 분포　　　　　[그림 7.14] k-NN 알고리즘

2) 결정나무(decision tree)

Quinlan[7]이 제안한 결정나무는 자료들을 분류할 때 가장 간단하고 쉽게 사용할 수 있는 지도학습 방식이다. 자료에 원하는 속성들이 포함되어 있는지에 따라 자료를 가지치기하면서 분류한다. 일종의 스무고개처럼 중요한 순서대로 질문하면서 원하는 것을 찾아간다. [그림 7.15]에서는 문서들을 분류할 때 기준이 되는 단어들을 질문하면서 범위를 좁혀간다. 정부, 예산, 선거 등의 단어가 있으면 '정치'로 분류하고, 정부, 예산은 있으나 선거라는 단어가 없으면 '행정'으로 분류한다. 결정나무는 이진트리(binary tree)로 할 수도 있고 쿼드트리(quad tree)로 분기할 수도 있다. 응용분야에 따라 효율적인 방식을 선택해야 한다.

결정나무에서는 어떤 조건에 기초해서 판단했는지를 나중에 확인할 수 있으므로 기계학습 중에서 유일하게 판단 과정을 확인할 수 있는 기법이다.

7　John Ross Quinlan: 호주 인공지능 학자, 사업가. 1986년 결정트리 논문 발표. C4.5와 ID3 알고리즘 개발.

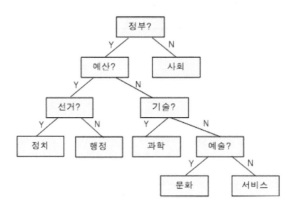

[그림 7.15] 결정나무 사례

3) 서포트 벡터 머신(SVM, Support Vector Machine)

서포트 벡터 머신은 자료 값(성질)에 따라 자료들을 벡터 공간에 뿌려놓고, 유사한 특성을 가지는 자료들을 그룹으로 구성하고, 이 그룹들을 직선 또는 곡선으로 구분하여 자료들을 분류하는 기법이다. 자료들이 벡터 공간에서 여러 그룹으로 구분되면 구분선을 긋고 각 그룹들이 구분선으로부터 멀리 떨어지도록 구분선과의 거리를 최대화하는 방법이다. [그림 7.12]에서 컴퓨터, 경제, 문학 등의 자료들이 벡터 공간에 분포되어 있을 때 이들을 구분하는 구분선(점선)을 긋고 각 그룹이 구분선과의 거리가 좀 더 커지도록 조절하는 방법이다.

사람들은 온도와 습도에 따라 느끼는 기분이 쾌적하기도 하고 불쾌하기도 하다. [그림 7.16]은 온도와 습도에 따라 쾌적과 불쾌를 느낀 것을 설문조사를 통하여 학습 자료로 파악하고 그래프로 표현한 것이다. 온도가 높아도 습도가 낮으면 쾌적하지만 온도가 낮고 습도가 높으면 쾌적하지 않다고 느끼는 것을 알 수 있다.

사람들이 어떤 온도와 습도에서 쾌적한지 또는 불쾌한지를 예측하려고 한다. 사람들이 느끼는 쾌적과 불쾌를 분류하기 위해서는 두 가지 그룹 사이를 직선을 그어볼 필요가 있다. 여기서 두 그룹을 나누는 직선을 초평면이라고 한다. 초평면이란 전체 공간보다 차원이 하나 낮은 공간을 말한다. 따라서 2차원 공간에서 직선은 초평면이다.

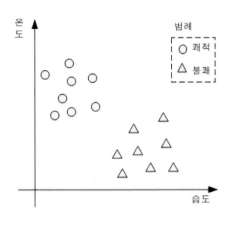

[그림 7.16] 온도와 습도에 대한 사람의 쾌적도

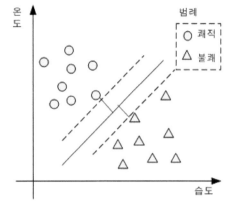

[그림 7.17] 두 그룹을 나누는 직선

[그림 7.17]과 같이 두 그룹을 확실하게 나누는 직선은 직선에서 가장 가까운 각 그룹의 점들과의 거리가 클수록 좋다. 각 그룹에 소속된 점들 중에서 직선과 가장 가까운 점과의 거리를 계산한다. 가장 가까운 거리를 마진이라고 부르며, 가장 가까운 점은 서포트 벡터라고 부른다. 새로운 온도와 습도에서 쾌락과 불쾌를 쉽게 구분할 수 있다.

4) 나이브 베이즈 분류(naive Bayes' classification)

나이브 베이즈 기법은 베이즈 정리를 이용하여 문제를 간단하게 해결하는 기법이다(베이즈 정리는 제5.3절을 참조하기 바란다). 나이브 베이즈 개념은 예측한 특징들이 상호 독립적이라는 가정 하에 확률 계산을 쉽게 하는 것이다. 나이브는 '순진하다, 단순하다'는 뜻으로 모든 특징들이 동등하다는 것을 의미한다. 나이브 베이즈 분류는 텍스트 문서들을 여러 종류(스팸, 정치, 경제,...) 중 하나로 분류하는 기법이다.

문서 분류에서 우선 다음의 베이즈 정리를 사용하는 이유를 설명한다. $P(A)$는 A가 일어날 확률이고, $P(B)$는 B가 일어날 확률이고, $P(B/A)$는 A가 일어났을 때 B가 일어날 확률이고, $P(A/B)$는 B가 일어났을 때 A가 일어날 확률이다. 여기서 $P(B/A)$를 쉽게 구할 수 있다면 $P(A/B)$도 쉽게 구할 수 있는 것이 베이즈 기법을 사용하는 이유이다.

$$P(A \mid B) = \frac{P(A)P(B \mid A)}{P(B)}$$ ·························· 베이즈 정리

나이브 베이즈 분류기는 이러한 베이즈 기법을 이용하여 텍스트를 분류한다. 예를 들어 나이브 베이즈 분류기를 통해 스팸 메일을 분류해보자. 텍스트 문서(메일의 본문)가 입력되면 이 문서가 정상 메일인지 스팸 메일인지 구분하기 위한 확률을 다음과 같이 표현할 수 있다.

P (*정상 메일* | *입력 단어*) = 단어가 입력될 때 정상 메일일 확률
P (*스팸 메일* | *입력 단어*) = 단어가 입력될 때 스팸 메일일 확률

이 두 식은 베이즈 정리에 따라 다음과 같이 표현할 수 있다.

* 수식을 간단하게 하기 위하여 정상 메일은 정상으로, 스팸 메일은 스팸으로, 입력 단어는 입력으로 단축하여 사용한다.

P (*정상* | *입력*) = (P (*입력* | *정상*) × P (*정상*)) / P (*입력*)
P (*스팸* | *입력*) = (P (*입력* | *스팸*) × P (*스팸*)) / P (*입력*)

입력 단어가 주어졌을 때, P (*정상* | *입력*)이 P (*스팸* | *입력*)보다 크다면 정상 메일이라고 볼 수 있고, 그 반대라면 스팸 메일로 볼 수 있다. 그런데 두 확률 식에서 분모가 P (*입력*)로 같으므로 모두 제거하여 식을 간소화한다.

P (*정상* | *입력*) = (P (*입력* | *정상*) × P (*정상*))
P (*스팸* | *입력*) = (P (*입력* | *스팸*) × P (*스팸*))

입력 단어는 메일의 본문을 의미한다. 그런데 메일의 본문을 어떻게 나이브 베이즈 분류기의 입력으로 사용할 수 있을까? 메일의 본문에서 주요 단어들을 발췌하여 이 단어들을 나이브 베이즈의 분류기 입력으로 사용한다.

메일의 본문에 있는 주요 단어를 3개라고 가정한다. 나이브 베이즈 기법은 모든 단어가 독립적이라고 가정한다. 메일의 본문에 있는 단어 3개를 $t1$, $t2$, $t3$라고 표현하면 나이브 베이즈 분류기의 정상 메일 확률과 스팸 메일 확률을 구하는 식은 다음과 같다.

$$P(\text{정상}\,|\,\text{입력}) = P(t_1\,|\,\text{정상}) \times P(t_2\,|\,\text{정상}) \times P(t_3\,|\,\text{정상}) \times P(\text{정상})$$

$$P(\text{스팸}\,|\,\text{입력}) = P(t_1\,|\,\text{스팸}) \times P(t_2\,|\,\text{스팸}) \times P(t_3\,|\,\text{스팸}) \times P(\text{스팸})$$

[표 7.8] 메일별 입력 단어들과 분류 결과

메일 번호	입력 단어	분류(정답)
1	교육 가격 할인	스팸 메일
2	가격 행정 인기	스팸 메일
3	인기 가격 태양력	정상 메일
4	가격 뉴스 교육	정상 메일
5	인기 화학 컴퓨터	정상 메일
6	인기 투표 할인	스팸 메일
7	교육 화학 가격	스팸 메일

다음에는 실제 단어들로 이루어진 예제를 통해서 확률을 구해본다. [표 7.8]과 같이 훈련 자료가 주어져서 입력 단어들에 대한 분류 결과를 알고 있다고 가정한다. 만약 you free lottery 라는 입력 텍스트에 관하여 정상 메일일 확률과 스팸 메일일 확률을 각각 구해보자. [표 7.9] 는 입력 단어들의 해당 메일 빈도수이다.

[표 7.9] 입력 단어들의 빈도수와 해당 메일

구분	입력 단어	총 빈도수	정상	스팸
1	컴퓨터	1	1	0
2	뉴스	1	1	0
3	가격	5	2	3
4	행정	1	0	1
5	할인	2	0	2
6	교육	3	1	2
7	태양력	1	1	0
8	투표	1	0	1
9	화학	2	1	1
10	인기	4	2	2
	합계	21	9	12

$p(\text{정상}|\text{입력}) = P(\text{인기}|\text{정상}) \times P(\text{가격}|\text{정상}) \times P(\text{할인}|\text{정상}) \times P(\text{정상})$

$P(\text{스팸}|\text{입력}) = P(\text{인기}|\text{스팸}) \times P(\text{가격}/\text{스팸}) \times P(\text{할인}|\text{스팸}) \times P(\text{스팸})$

총 메일 7개 중 정상 메일은 3개이고, 스팸 메일은 4개이므로 $P(\text{정상}) = 3/7 = 0.429$이고, P(스팸)은 = $4/7 = 0.572$이다. 따라서 앞의 수식은 다음과 같다.

$P(\text{정상}|\text{입력}) = P(\text{인기}|\text{정상}) \times P(\text{가격}|\text{정상}) \times P(\text{할인}|\text{정상}) \times 0.429$

$P(\text{스팸}|\text{입력}) = P(\text{인기}|\text{스팸}) \times P(\text{가격}/\text{스팸}) \times P(\text{할인}|\text{스팸}) \times 0.572$

$P(\text{인기}|\text{정상})$을 구하는 방법은 정상 메일에서 '인기'의 빈도수 2를 정상 메일에 등장한 모든 단어의 합계 9로 나눈다. 이 경우에는 $2/9 = 0.223$이 된다. $P(\text{인기}|\text{스팸})$은 스팸 메일에서 '인기'의 빈도수 2를 스팸 메일의 단어 수 12로 나눈다. 이 경우에는 $2/12 = 0.167$이 된다. 이와 같은 방식으로 다음과 같이 계산한다.

$P(\text{정상}|\text{입력}) = 2/9 \times 2/9 \times 1/9 \times 0.429 = 0.003$

$P(\text{스팸}|\text{입력}) = 2/12 \times 3/12 \times 2/12 \times 0.572 = 0.007$

결과적으로 $P(\text{정상}|\text{입력}) < P(\text{스팸}|\text{입력})$이므로 입력 텍스트 '인기', '가격', '할인'은 스팸 메일로 분류된다. 메일을 분류할 때 스팸인지 분류하는 기준은 단어들의 빈도수이다. 통계적으로 스팸으로 분류되는 단어들이 많이 들어오면 스팸 메일로 분류된다.

5) 신경망(neural network)

제6장 인공 신경망을 참조하시오.

7.4 비지도학습

비지도학습은 강화학습과 마찬가지로 교사와 정답이 필요 없는 학습 방법이다. 단지 자료만 가지고 구분하는 학습 방식이다. 컴퓨터가 입력 자료만 읽고 분류하는 방식이므로 정확한 답을 제시할 수는 없다. 그러나 컴퓨터는 자료들의 상관관계를 분석하여 유사한 자료들을 구분한다. 많은 자료를 입력하면 자료들의 구조나 패턴이나 규칙을 스스로 발견하여 특징을 찾아낸다. 그리고 이 특징들을 이용하여 자료들을 구분한다. [그림 7.18]과 같이 입력 자료들의 특징을 추출하고, 특징을 기반으로 유사한 자료끼리 구분하여 군집을 만든다. 그림과 같이 여러 종류의 육상 동물과 새들이 있다. 다리가 두 개인 새들과 4개인 동물들로 구분되고, 새들은 꼬리와 몸통의 구분이 잘 안되지만 동물들은 꼬리가 확연하게 구분되는 등 구분된 자료들의 특성과 성격을 확실하게 인식할 수 있다. 비지도 학습은 군집화와 자원 축소로 구분할 수 있다.

> **T·I·P 군집화(clustering)**
>
> 군집화를 정의하면 '유사한 성격을 가진 개체를 묶어 그룹으로 구성하는 것'이다. 클러스터링은 자료 집합에서 유사한 성질을 가진 자료들의 그룹들을 찾아내는 것이다. 자료에서 그룹을 찾는다는 것은 분류하는 것과 비슷하지만 지도학습의 분류와는 전혀 다른 것이다. 지도학습에서 분류는 사전에 정해진 그룹의 어느 쪽에 속하는지를 예측하는 것이다. 반면에 군집화는 그룹들이 정해져 있지 않은 상태에서 새롭게 그룹을 정하는 일이다. 따라서 군집화에서는 자료들을 읽어서 그룹들을 만들고 어느 자료가 어느 그룹에 속하는지를 결정해야 한다.

비지도 학습은 지도학습보다 아직은 가치가 덜하지만 레이블이 없는 자료를 사용할 수 있으므로 앞으로는 크게 발전할 것이다. 대표적인 비지도학습의 종류에는 k-평균법(k-means), 계층적 군집화, SVD[8], PCA[9] 기법 등이 있다. 이들은 모두 자료들을 군집화(clustering)하는 기법들이다. 교사도 없고 정답도 없으므로 인공지능이 자료를 분석하여 특징을 찾고 특징별

---

8 SVD(Singular Value Decomposition): 특이값 분해 기법. 행렬을 특정한 구조로 분해하는 방식이다. 신호 처리와 통계학 등의 분야에서 자주 사용된다.

9 PCA(Principal Component Analysis): 주성분 분해 기법. 여러 데이터들이 모여 하나의 분포를 이룰 때 이 분포의 주성분을 분석해 주는 방법

로 자료를 군집화 하는 것이다. 군집화는 지도학습의 분류와 비슷해 보이지만 전혀 다르기 때문에 잘 구분할 필요가 있다.

[표 7.10]과 같이 K-means 기법은 자료들의 특성상 비슷한 자료들은 같은 공간에서 가까운 거리 안으로 모인다는 개념을 이용한 것이다. 평균적으로 같은 거리에 있는 자료들을 같은 그룹으로 간주하는 것이다. 클러스터링이란 유사한 특성을 가진 자료들을 찾아서 모으는 작업이다. DBSCAN(Density-based spatial clustering of applications with noise))은 자료들이 몰려 있어서 밀도가 높은 부분부터 클러스터링 하는 방식이다.

[표 7.10] 비지도학습의 종류

종류	내용
K-means	원시 자료들의 공간을 거리 중심으로 분류
계층적 군집화	군집(cluster)과 패턴인식으로 분류
DBSCAN	밀도 기반의 클러스터링, 차원 축소 방식

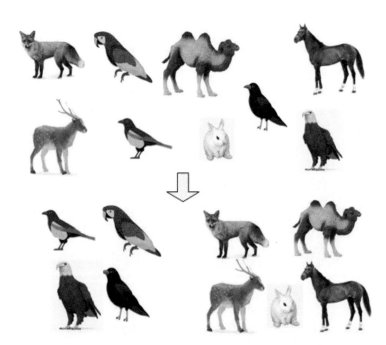

날개가 있고, 다리가 두 개다.　　　　꼬리가 있고, 다리가 네 개다.

[그림 7.18] 비지도 학습: 정답 없이 자료 분류

(1) k-평균법(k-means clustering)

k-평균법은 가장 대표적인 비지도 학습으로 자료들의 특성에 기초해서 클러스터링을 만드는 기법이다. 자료의 특성이 다르면 다른 그룹에 속하므로 각 그룹의 중심을 찾아서 특성을 위치시키는 것이 중요하다. 따라서 각 그룹의 중심을 찾는 방법이 핵심이다. 다음은 각 그룹의 중심을 찾아나가는 순서이다.

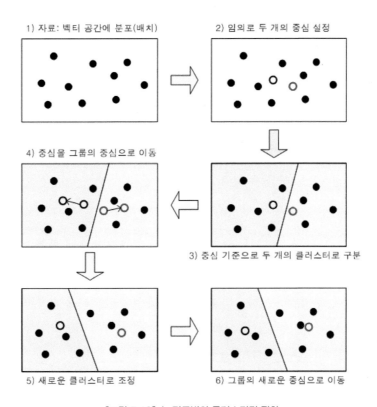

[그림 7.19] k-평균법의 클러스터링 절차

k-평균법의 클러스터링 순서는 다음과 같다.

① 자료들을 벡터 공간에 분포시킨다.
② 임의로 두 개의 위치를 선정하여 중심으로 잡는다.
③ 두 개의 중심을 기준으로 두 개의 클러스터를 만든다.

④ 새로 만들어진 클러스터의 중심으로 중심을 옮긴다.

⑤ 자료들의 위치를 감안하여 클러스터링을 조정한다.

⑥ 새로 조정된 클러스터의 중심을 새로 선정하고 중심을 옮긴다.

[그림 7.19]는 문서들이 위치한 벡터 공간을 이용하여 문서들을 두 개의 클러스터로 만드는 과정이다.

(2) 계층적 군집화

계층적 군집화(Hierarchical clustering)는 여러 사물들이 있을 때 비슷한 사물들끼리 묶어 가면서 최종적으로는 하나의 계층 구조를 이루는 나무가 되도록 만드는 알고리즘이다. K-평균법과 다르게 군집의 수를 미리 정해주지 않아도 된다. 예를 들어 "사과, 배, 배추, 무, 우유, 치즈, 라면, 소시지"들이 있다고 가정하자. 이들을 군집화하면 과일, 야채, 유제품, 가공식품과 같이 4개의 군집으로 묶을 수 있다.

이것을 식물로 군집화하면 다음과 같이 세 개의 군집으로 묶을 수 있다.

이것을 가공식품으로 군집화하면 다음과 같이 두 개의 군집으로 묶을 수 있다.

이것을 한 번 더 군집화하면 다음과 같이 한 개의 군집으로 묶을 수 있다.

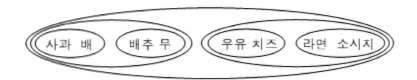

이것은 [그림 7.20]과 같이 나무 구조로 표현할 수 있다. 이 나무는 사용자 필요에 따라 두 개의 군집으로 나눌 수도 있고, 세 개의 군집 또는 네 개의 군집으로 나눌 수도 있다.

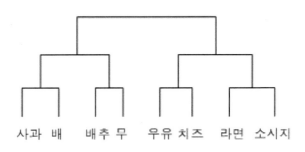

[그림 7.20] 군집화에 의한 나무 구조

계층적 군집화는 주어진 공간에서 상향식으로(bottom up) 가장 가까운 점들을 먼저 묶고, 그다음으로 가장 가까운 점을 묶는 방법을 사용하여 모두 묶을 때까지 반복하여 군집화를 완성한다. 모든 데이터를 묶어 군집화를 완성한 뒤, 본인이 원하는 클러스터의 수로 나누고자 하는 지점까지 군집을 풀면 된다.

[그림 7.21]과 같이 가까운 거리에 있는 7과 9를 묶고 나서, 4와 3을 묶는다. 다시 7과 9를 8과 묶고, 4와 3을 1과 묶는다. 다시 7과 9와 8을 6과 묶고. 4와 3과 1을 2와 묶는다. 다시 4와 3과 1과 2를 5와 묶고 이것을 7과 9와 8과 6의 묶음과 묶으면 하나의 완성된 나무가 된다.

[그림 7.22](a)는 최종적으로 완성된 트리이다. 여기서 중요한 것은 [그림 7.22](b)에서 보는 바와 같이 2와 5가 가깝지 않은데도 불구하고 같이 묶일 수 있다는 것이다. 모든 데이터를 묶어 군집화를 완성한 뒤에는 원하는 클러스터의 수로 나눌 수 있다.

군집화의 한 예로 대형 상가에서 사람들이 물건들을 구매하는 자료를 가지고 있다고 하자. 이 자료를 분석하여 어떤 그룹의 사람들이 존재하는지를 밝히고 각 그룹별로 어떻게 마케팅을 할 것인지 고려할 필요가 있을 때 군집화 기법이 사용된다. 실제로 맥주를 사는 고객들은 함께 안주꺼리를 구매하거나, 휴지를 구매하는 고객들은 청소 도구를 같이 구매하는 것을 발견할 수도 있으므로 이런 정보를 이용하여 물건 진열 방식을 개선할 수 있다.

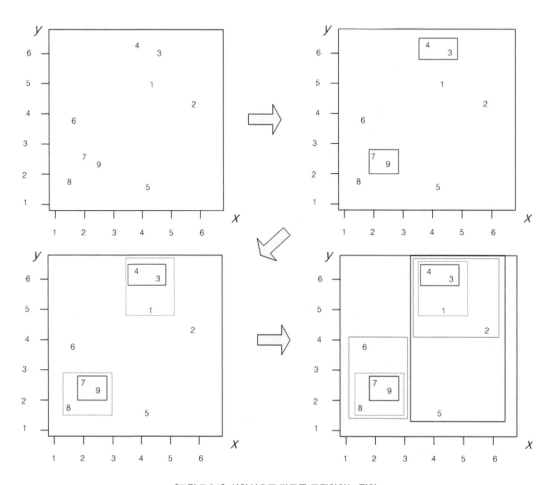

[그림 7.21] 상향식으로 자료를 군집화하는 절차

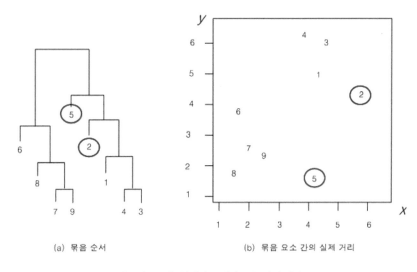

(a) 묶음 순서　　　　　　　　(b) 묶음 요소 간의 실제 거리

[그림 7.22] 완성된 트리와 요소 간의 거리

지도학습과 비지도 학습은 [표 7.11]과 같이 용도에서 차이가 있다. 지도학습은 분류와 회귀 용도를 자주 사용되는 반면에 비지도 학습은 클러스터링과 추천 시스템으로 자주 사용된다. 지도학습은 정답이 주어지기 때문에 정확도가 높다. 그러나 비지도 학습은 정답 없이 수행하므로 복잡도가 높고 상대적으로 덜 정확하다.

[표 7.11] 지도학습과 비지도학습의 비교

구분	지도학습	비지도 학습
용 도	분류, 회귀	클러스터링, 추천
학습 자료	정답이 있다.	정답이 없다
복잡도	간단	복잡
정확도	정확	덜 정확

7.5 강화학습

강화학습은 성공과 실패를 반복하면서 시행착오를 통하여 보상하는 학습하는 방식이다. 최적의 값을 추구하기 위해 당근과 채찍을 사용하는 방법이다. 학습 내용은 학습의 주체인 에이전트가 행동과 보상 사이의 관계를 학습하는 것이다. 강화학습의 목적은 에이전트가 보상을 최대한 많이 받는 전략을 짜는 것이다. 따라서 지도학습이나 비지도 학습과는 전혀 다른 방식이다. 게임과 같이 컴퓨터가 작업을 수행할 때마다 게임 결과에 따라서 보상과 처벌이 주어진다. 잘하면 보상을 하고 못하면 처벌함으로써 컴퓨터는 보상을 최대화하는 방향으로 자신의 행동을 결정한다. 개 훈련소에서는 항상 보상과 처벌을 병행함으로써 개가 스스로 보상을 많이 받는 쪽으로 행동하도록 교육하는 것과 유사하다. 대부분의 게임들도 보상과 처벌을 통하여 승부를 가리는 방식을 많이 사용한다. 알파고도 처음에는 지도학습을 사용했지만 나중에는 강화학습을 사용하였다. 강화학습의 문제점은 좋은 행동의 결과가 금방 나타나지 않고, 나쁜 행동의 결과도 빨리 나오지 않을 때 어려움이 있다. 당장은 이익이지만 장기적으로 보면 손해인 경우가 있고 그 반대인 경우가 있기 때문이다.

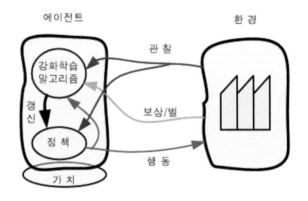

[그림 7.23] 강화학습 구조와 절차

[그림 7.23]과 같이 학습을 주관하는 에이전트는 환경을 관찰하면서 강화학습 알고리즘과 정책에 따라서 행동을 수행한다. 그 행동의 결과가 좋으면 보상을 받고 나쁘면 벌이 주어진다. 알고리즘은 보상의 결과에 따라서 정책을 수정한 후에 다시 행동한다. 관찰, 행동, 보상 그리고 정책 갱신의 순서가 반복되면서 장기적으로 좋은 결과를 얻는 것이 강화학습의 목적

이다. 이와 같이 강화학습의 목표는 장기적인 이익을 최대화하는 것이다. 강화학습은 행동심리학자인 스키너(Skinner)의 영향을 많이 받았다.

강화학습은 사전에 학습할 수 없으므로 늘 실시간으로 수행된다는 점과 수많은 변수들이 있어서 예측이 곤란하다는 단점이 있다.

강화학습은 비지도 학습과 마찬가지로 교사와 정답이 필요 없는 학습 방법이다. 더구나 인공지능이 출력한 결과를 자동으로 채점할 수 있는 경우에만 이용할 수 있다. 또한 성공과 실패라는 시행착오를 거치면서 채점 결과를 학습해서 그 목표를 달성한다. 강화학습의 전형적인 사례는 인공지능 게임이다. 게임은 행동 결과가 그대로 점수에 반영되기 때문에 성공과 실패를 즉각적으로 반영하여 승리할 수 있는 매개변수들의 값을 개선할 수 있다. 따라서 게임을 많이 반복할수록 좋은 매개변수 값들을 활용할 수 있으므로 효과적이다. 다만 인공지능이 현명해질 때까지 시간이 많이 걸리는 단점이 있다.

[표 7.12] 강화학습의 종류

종 류	내 용
Q-learning	벌칙과 보상 기반 최적 학습
경사도 정책	시행착오와 최적 제어
DQN	알파고, 게임, 로보틱스 적용

알파고도 처음에는 지도학습 기법을 이용했으나 나중에는 강화학습 기법을 활용하였다. 강화학습을 하는 알파고는 예전의 기보를 학습하는 것이 아니라 바둑의 규칙만 알려준 다음에 알파고끼리 바둑 게임을 한다. 좋은 바둑 수를 둔 알파고에게 보상이 주어지므로 보상을 얻기 위하여 알파고는 게임을 하고 좋은 결과를 얻는다.

[표 7.12]와 같이 Q-learning 기법은 모델 없이 학습[10]하는 강화 학습 기법 가운데 하나이다. 주어진 상태에서 주어진 행동을 수행한 결과 가져다 줄 효용의 기대 값을 예측하는 함수를

10 model-free learning: 모델 프리 강화학습은 시스템의 동역학이 어떻게 작동하는지에 대한 지식 없이 에이전트가 직접 환경과 상호작용하면서 얻는 많은 수의 샘플을 이용해 정책을 학습하는 알고리즘이다. 몬테카를로 학습과 시간차 학습은 환경의 모든 정보를 모르고도 학습이 가능하므로 모델이 필요 없는 학습 방법이며, 강화학습의 시작점으로 평가된다.

학습하는 방식이다. Q-learning의 장점은 주어진 환경의 모델 없이도 수행하는 행동의 기대 값을 비교할 수 있다는 점이다. 경사도 정책(Policy Gradient) 기법은 경사도 하강에 의하여 장기적인 누적으로 예상되는 결과 값에 관하여 매개변수로 표시된 정책들에 의존하는 강화 학습 기법의 일종이다. QDN(Deep Q-Network)은 심층 신경망에서 상태와 행동을 입력으로 주고 기대 값을 출력해주는 Q 함수를 사용한다. 이것은 구글 딥마인드가 심층 신경망을 이 용하여 개발한 알고리즘이다.

강화학습은 보상이 주어지는 문제 해결에 매우 효과적이다. 통신망, 로봇제어, 엘리베이터 제어, 장기와 바둑 같은 게임에 주로 응용된다. 최근 게임에서는 거의 필수적으로 강화학습 이 사용된다.

7.6 딥러닝

딥러닝(심층학습, deep learning)은 2000년대에 제프리 힌튼[11] 교수가 발표한 심층 신경망을 이용하는 기계학습 방법이다. [표 7.13]과 같이 일반 신경망의 은닉층의 수가 1~2대 인데 반 하여 심층 신경망의 달리 은닉층의 수는 최대 1,000개에 이를 정도로 많다. 은닉층을 많이 늘 리는 이유는 입력 자료를 계속 변환해야 원하는 출력층 노드에 도달 하는데 은닉층의 수가 많을수록 정교하게 변환할 기회가 많기 때문이다. 그러나 은닉층의 수가 많을수록 노드와 연 결선들이 많아져서 실행 시간이 길어지는 단점이 있다. 딥러닝을 하기 위해서는 용도에 따라 적합한 딥러닝 알고리즘을 개발해야 하고, 실행 속도를 개선하기 위해서 고성능 처리기들을 사용해야 한다. 또한 학습을 잘 하기 위해서는 대량의 학습 자료를 준비해야 한다.

---

11 Geoffrey Hinton(1947~): 토론토 대학 교수, 2018년 딥러닝 공로로 Turing Award 공동 수상.

7.6.1 기계학습과 딥러닝

[표 7.13] 신경망과 심층 신경망 비교

항 목	신경망	심층 신경망
은닉층 수	1~2개	1~1,000여 개
알고리즘	역전파 알고리즘	딥러닝 알고리즘
사용 시기	1986년 이후	2000년 이후
학습 자료	보통 수량	대규모
실행 시간	보통	매우 많이 걸림(최근 빨라짐)
프로세서	병렬처리용 수퍼 컴퓨터	고성능 CPU와 GPU

딥러닝은 기계학습에 속하지만 [표 7.14]와 같이 기계학습과는 큰 차이가 있다. 기계학습의 처리순서는 특징을 추출하고, 그 특징을 이용하여 분류를 하고, 결과를 출력한다. 그러나 딥러닝은 스스로 특징 추출과 분류를 함께 실행하고 결과를 출력한다는 점이 다르다. 기계학습은 사용자가 주도적으로 특징을 선정하고, 딥러닝은 기계가 스스로 특징을 추출한다. 다층 퍼셉트론이 처음 나왔을 때는 은닉층이 하나 정도였지만 수를 늘렸더니 학습 효과가 증가했기 때문에 딥러닝이 계속 발전된 것이다. 딥러닝 이론은 신경망의 각 노드에서 가중치 값을 바꾸면 결과 값이 달라진다는 것을 결과가 좋은 쪽으로 이용한 것이다. 딥러닝은 기존의 패턴인식 기법을 능가하며 계속 발전하고 있다.

[표 7.14] 기계학습과 딥러닝 비교

항 목	기계학습	딥러닝
처리 순서	특징 추출 〉 분류 〉 출력	특징 추출과 분류 〉 출력
알고리즘	다양하다	적으므로 개발 중이다
입력 자료	작은 자료에 적합	클수록 효과적
학습 자료	보통 수량	대규모
실행 시간	보통	매우 오래 걸림(최근 빨라짐)

(1) 딥러닝 발전의 원인

딥러닝은 현재 많은 각광을 받고 있다. 그 이유는 기존의 다른 기계학습과 달리 성과가 높기 때문이다. 딥러닝이 빠르게 발전할 수 있었던 원동력은 다음과 같다.

첫째, GUP 등 컴퓨터 성능 향상
둘째, 인터넷의 대량의 빅데이터
셋째, 딥러닝 알고리즘 개발

1) 컴퓨터 성능 향상

수 십 년 전부터 연구한 신경망이 이제야 선풍적인 인기를 끄는 이유는 무엇인가? 다층 퍼셉트론이 출현했지만 은닉층의 수가 많아질수록 정보처리량이 기하급수적으로 증가하여 기존의 컴퓨터로는 해결할 수 없기 때문이었다. 그러나 2000년대에 이르러 성능이 우수한 CPU와 GPU(Graphics Processing Unit)들이 개발되어 처리 속도가 대폭 향상되었다. GPU가 1990년대 초까지는 화면에 자료를 출력하는 부품 정도로 인식되었으나 멀티미디어가 출현하면서 게임 등 다양한 컨텐츠로 인하여 중요한 역할을 하는 처리기로 탈바꿈하였다. CPU의 도움 없이 스스로 자료를 처리하는 중요한 장치로 발전하여 컴퓨터의 처리 능력을 대폭 향상시켰으므로 심층 신경망을 충분히 지원하게 되었다.

2) 대량의 빅데이터

1970년대부터 발전되어온 데이터베이스와 데이터 마이닝 그리고 빅데이터의 보급으로 각 분야에 대량의 자료가 축적되어 있다. 특히 인터넷의 보급으로 온라인 자료들이 기하급수적으로 확장되었고, 스마트폰과 SNS의 보급으로 모바일 정보량이 대폭 증가되었다. 이들 자료들이 딥러닝 발전에 큰 기반이 되었다.

3) 딥러닝 알고리즘 개발

딥러닝을 개발하기 위해서는 신경망 구축과 각종 활성화 함수, 손실 함수, 출력 함수 등 다양한 알고리즘 개발이 필요하다. 그동안 연구되어온 패턴인식과 데이터 마이닝과 빅데이터 분야에서 축적되어온 알고리즘들이 큰 도움이 되었다. [표 7.15]는 현재 개발되어 사용 중인 심층 신경망 모델과 이들의 적용분야이다. 심층 신경망 모델은 계속 개선되며 증가할 것이다.

[표 7.15] 심층 신경망의 종류

구분	심층 신경망 모델	적용 분야
1	컨볼루션 신경망(CNN)	영상인식
2	순환 신경망(RNN)	음성인식, 주가예측
3	신뢰 신경망(DBN)	손 글씨인식, 음성 인식
4	생성적 신경망(GAN)	영상과 음성 인식과 복원

딥러닝의 발전은 다양한 분야의 융합으로 인하여 짧은 시간 안에 급성장할 수 있었다.

(2) 다층 퍼셉트론과 심층 신경망

[그림 7.24]에서 고양이의 영상을 이진수 값으로 바꾸어 입력하면 결과 값이 '고양이'로 나올 확률이 높을 수도 있고 낮을 수도 있다. 지도학습에서는 결과 값으로 정답을 알려준다. '고양이' 영상이 정답을 맞추지 못하면 정답을 맞출 수 있도록 각 노드의 가중치 값을 변경해 본다. 예를 들어, 노드 N_{21}의 W_{21}의 가중치 값을 올려보고 결과 값을 살펴본다. '고양이' 확률이 높아지면 더 올려보고, 낮아지면 가중치 값을 내린다. 이와 같이 모든 노드의 가중치 값들

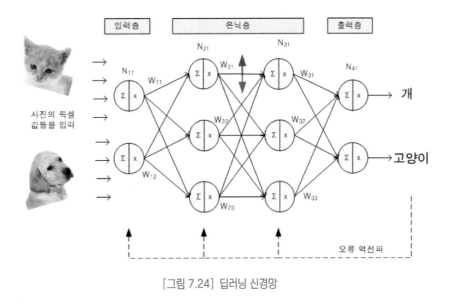

[그림 7.24] 딥러닝 신경망

을 올려보고 내려 보면서 '고양이' 확률 값을 높여나가는 학습을 반복한다. 처음 시작할 때 각 노드의 가중치 값들은 임의로 설정한다. 많은 수의 고양이 영상들을 입력하면서 학습을 반복하면 할수록 고양이 영상을 고양이로 인식할 확률이 높아진다. 이것은 순전히 가중치를 조절한 효과이다.

결과 값이 정답과 맞지 않으면 오류이므로 전 단계로 되돌아가서 각 노드들의 가중치 값들을 올리거나 내려 본다. 다시 결과 값을 확인했을 때 결과 값이 좋은 방향으로 변화하도록 단계적으로 가중치를 조절하는 것이 학습이다. 따라서 학습을 많이 할수록 신경망의 신뢰도는 높아진다.

심층 신경망은 다층 퍼셉트론에서 나왔지만 실용적인 면에서 큰 차이가 있다. 다층 퍼셉트론은 사람이 자료에서 특징을 추출하여 학습에 활용하고 분류하는 반면에 심층 신경망의 딥러닝은 인공지능이 직접 특징을 추출하고 학습하고 분류한다. [표 7.16]과 같이 인공지능의 핵심이 기계가 사람처럼 수행하는 학습이라면 기계학습은 사람이 추출한 특징을 이용하여 학습하는 것이고, 딥러닝은 스스로 자료에서 특징을 추출하여 학습하는 차이가 있다. 다층 퍼셉트론에서 스스로 특징을 추출하지 못했던 것은 은닉층 수가 적어서 정확도가 낮았기 때문이었다.

[표 7.16] 인공지능과 기계학습과 딥러닝의 학습 방식

종 류	내 용	비 고
인공지능	기계가 사람처럼 생각하고 행동하며 학습	
기계학습	주어진 특징들을 이용하여 학습	
딥러닝	자료에서 스스로 특징들을 추출하여 학습	

7.6.2 심층 신경망과 딥러닝

신경망 연구 과정에서 은닉층을 증가시킨 결과 정확성이 향상되는 것을 발견하였다. 은닉층의 수와 각 층의 노드 수가 증가할수록 가중치를 갱신하고 결과를 계산하는 절차가 기하급수적으로 증가한다. 노드와 가중치의 수가 증가하는 것 때문에 컴퓨터의 연산 수요가 폭증하는 것이 문제였다. 그러나 2000년대 이후에 고성능 GPU가 개발되었고, 심층 신경망 자료 처리

를 위하여 병렬처리를 실행할 수 있는 NPU(NPU, neural processing unit)가 개발되어 연산 수요를 감당할 수 있게 되었다. 은닉층이 하는 일은 자료를 작은 단위로 나눈 다음에 작은 단위별로 인식하고 다시 작은 단위를 합쳐서 큰 단위로 인식하고 점차 더 큰 단위로 인식과 분석의 범위를 넓혀 가는 방법으로 정확성을 높이는데 있다.

(1) 딥러닝을 위한 심층 신경망

2012년에 제프리 힌튼 교수가 발표한 AlexNet은 CNN(Convolutional Neural Network, 합성곱 신경망)에서 딥러닝을 사용하였다. CNN의 영상 인식 과정을 살펴보기로 한다.

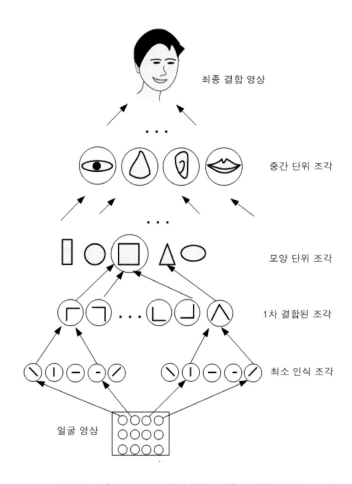

[그림 7.25] 뇌의 시각 피질이 얼굴 영상을 인식하는 과정

[그림 7.25]는 사람의 두뇌 피질이 눈을 통해 들어오는 영상을 인식하는 과정이다. 뇌의 시각 피질은 계층적으로 연결되어 있다. 낮은 계층에서는 단순한 패턴을 인식하고, 상위 계층으로 올라갈수록 패턴들을 조합하여 더 복잡한 영상으로 추상화한다. 즉 입력 영상을 작은 단위로 나누어 인식하고 이 조각들을 연결하여 점차 모양을 형성하고 최종적으로 완성된 영상을 얻는 방식이다. 처음에는 짧은 곡선, 직선, 기억자, 니은자 등의 조각을 인식하고 다음에는 이들을 연결하여 모양을 만들고, 중간에는 눈, 귀, 입술, 귀 등을 인식하고 최종적으로 이들을 조합하여 사람의 얼굴을 알아보게 된다. 이 과정에서 사람의 얼굴을 이루는 특징들을 파악하고 누구의 얼굴인지 알게 된다. 딥러닝에서도 이와 동일한 방식으로 영상을 작은 조각부터 인식하고 조합하여 최종적으로 완성된 영상을 만들어낸다.

[그림 7.25]와 같이 사람의 두뇌 피질이 인식하는 절차와 동일하게 영상이 입력되면 작은 부분부터 특징을 인식하여 점차 조각들을 조합하여 작은 모양을 만들고 점차 얼굴 모양을 갖춰 간다. [그림 7.26]은 구글 등에서 딥러닝으로 신체를 인식하는 절차를 표현한 것이다.

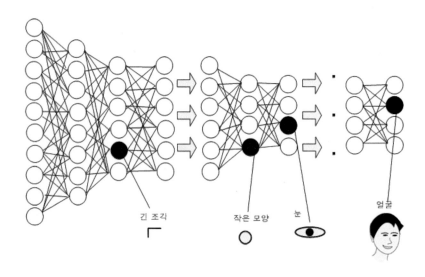

긴 조각

작은 모양

눈

얼굴

[그림 7.26] 딥러닝에 의한 신체 인식

딥러닝에도 다양한 기술들이 있는데 그 중에도 영상 자료 분석에 특화된 컨볼루션 신경망(CNN)과 시간의 흐름에 따라 변화하는 자료를 분석하는 순환 신경망(RNN, Recursive Neural Network) 등이 있다. [그림 7.27]은 딥러닝의 핵심 모델인 CNN의 영상 인식 절차이다. 영상이 입력되면 특징을 추출하기 시작한다. 예를 들어 사람의 얼굴 사진이라면 눈의 모양, 눈의 색, 코의 크기와 귀의 모양 등 여러 가지 특징들로 나누어 추출하는데 이 과정을 콘볼루션 (convolution, 합성)이라고 한다. 특징을 추출하는 패턴은 정사각형의 필터로 입력 영상과 마찬가지로 이진수가 들어 있다. 입력 영상에 필터를 곱하여 특성 맵을 얻는다. CNN에서 학습하는 것은 필터에 들어있는 가중치이다. 이 가중치 값을 수정하며 개선된 결과를 얻는 것이다. 그림에서는 5개의 필터를 이용하여 5개의 특성 맵을 만들었다.

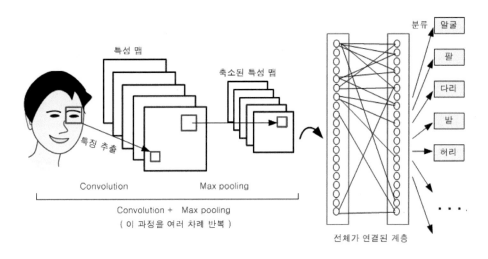

[그림 7.27] CNN에 의한 영상 인식

특성 맵을 만든 다음에는 특성 맵의 크기를 줄이는 맥스 풀링(max pooling)을 수행한다. 이 과정은 특성 맵에서 가장 큰 값만을 추출하여 크기를 줄이는 것이다. 5개의 특성 맵은 5개의 축소된 특성 맵으로 바뀌었다. 이 과정을 통하여 계산 량을 줄이면서 시각 피질과 마찬가지로 작은 조각들을 통합하여 복잡한 패턴으로 추상화한다. 콘볼루션과 맥스 풀링 단계에서 필터를 추가하여 여러 번 반복하여 수행하면 특성 맵의 수가 대폭 증가한다.

콘볼루션과 맥스 풀링이 끝나면 고차원적인 패턴이 담긴 특성 맵이 나온다. 예를 들어, 타원형이고 가운데 동그랗고 검은 색의 원이 있다는 식으로 특성을 나타낸다. CNN의 목표는 영상이 무엇인지 맞추는 것이다. 다음에는 전체가 연결된 계층에서 만들어진 모양들을 분류한다. 최종적으로 얼굴, 팔, 다리 등을 식별하지만 이들을 통합하면 사람 전체를 식별할 수 있다.

(2) 딥러닝 지원 소프트웨어

딥러닝을 지원하는 소프트웨어는 파이썬, 텐서플로, 파이토치 등이 오픈 소스 이므로 쉽게
시험해볼 수 있다.

1) 파이썬(Python)

귀도 반 로섬[12]이 1991년에 발표한 파이썬은 간결하고 생산성 높은 대중적인 프로그래밍 언
어이다. 세계에서 가장 인기 있는 프로그래밍 언어 중 하나이고 웹 개발, 데이터 분석, 기계
학습 그리고 여러 응용 프로그램에 널리 사용된다. 교양수업에서 비전공자들에게 가르치는
용도로 사용할 정도로 배우고 사용하기 쉽다. 인공지능을 배우려면 필수적으로 사용해야 한
다. 인공지능을 배우지 않더라도 현대 교양인이라면 배우고 익혀야 한다.

2) 텐서플로(TenorFlow)

텐서플로는 구글에서 개발하여 2015년에 공개한 소프트웨어로 가장 널리 사용되는 오픈 소
스 라이브러리이다. 텐서플로는 기계학습과 딥러닝을 쉽게 구현하도록 다양한 기능을 제공
한다. 텐서플로 자체는 C++로 작성되었으며 Python, Java 등의 언어를 지원하지만 대부분의
기능들이 Python 라이브러리로 구현되어 있다. 따라서 Python으로 개발하는 것이 편리하다.
손 글씨나 음성인식, 영상인식, 자연어 처리, 기계 번역 등에 유용하게 사용할 수 있다. 텐서
플로로 작성된 예제들이 많아서 배우기 쉽다.

3) 파이토치(PyTorch)

파이토치는 페이스북에서 개발하여 2016년에 발표한 소프트웨어로 오픈 소스 라이브러리
이다. 파이토치는 간결하고 빠르고 배우기 쉽기 때문에 인기가 높다. 턴서플로에 비하여 난
이도가 낮은 편이다. Python 라이브러리(Numpy, Scipy, Cython 등)와 호환성이 좋아서 더
욱 편리하다. 후발 주자라서 사용자 수가 텐서플로보다 적기 때문에 참고할 자료와 예제가
적다는 점이 있다.

---

12 Guido van Rossum(1956~): 네델란드 출신 프로그래머. 파이썬 개발자. 구글, 드롭박스, MS 등에서 근무했음.

7.1 다음 용어들을 정의하시오.

1) 기계학습   2) 빅데이터   3) 비지도학습   4) 강화학습

5) 베이즈 기법   6) kNN   7) 계층적 군집화

7.2 클러스터링을 하는 이유는 무엇인가?

7.3 데이터 마이닝과 신경망의 관계를 설명하시오.

7.4 데이터 마이닝과 데이터웨어하우스의 관계를 설명하시오.

7.5 패턴인식과 신경망의 관계를 설명하시오.

7.6 빅데이터와 신경망의 관계를 설명하시오.

7.7 베이즈 모델이 기계학습에서 어떻게 응용되는지 설명하시오.

7.8 kNN 기법이 기계학습에서 어떻게 응용되는지 설명하시오.

7.9 k-평균법이 기계학습에서 어떻게 응용되는지 설명하시오.

7.10 지도학습에 적합한 응용분야를 주변에서 찾아서 제시하시오.

7.11 비지도학습에 적합한 응용분야를 주변에서 찾아서 제시하시오.

7.12 강화학습에 적합한 응용분야를 주변에서 찾아서 제시하시오.

7.13 계층적 군집화 기법이 기계학습에서 어떻게 응용되는지 설명하시오.

7.14 강화학습과 행동주의의 관계를 설명하시오.

7.15 딥러닝 기법의 인식 과정을 설명하시오.

7.16 클러스터링 기법이 가장 잘 적용되는 분야를 예를 들어 설명하시오.

7.17 기계학습과 딥러닝의 차이점을 설명하시오.

CHAPTER 8

인공지능과 산업화

전 세계는 인공지능을 두고 치열한 경쟁을 벌이고 있다. 인공지능에서 앞서가면 세계를 주도하고 뒤처지면 끌려갈 것이다. 현재 인공지능 경쟁에서 앞서가는 나라들은 모두 산업화에 성공한 소프트웨어 강국들이다. 이것이 바로 선진 경쟁에서 뒤처지지 않으려면 소프트웨어부터 성공해야 하는 이유이다. 그 이유는 소프트웨어 기반이 튼튼해야 인공지능이 성장할 수 있기 때문이다. 소프트웨어 산업이 부진하면 인공지능 경쟁에 참여하기 어렵다. 그 이유는 인공지능은 하드웨어 산업과 소프트웨어 산업이 모두 고도로 성장한 후에 달성할 수 있는 첨단 분야이기 때문이다.

[그림 8.1]과 같이 1차 산업혁명에서 기계화에 성공한 사회를 초기 산업사회라고 부르고, 2차 산업혁명에서 전기화(화학화)에 성공한 사회를 산업사회라고 부른다. 3차 산업혁명에서 컴퓨터 정보화(전자화)에 성공한 사회를 후기 산업사회라고 부른다. 후기 산업사회는 산업 전반에 걸쳐 골고루 정보화가 진척되어 공업력이 일정 수준에 오른 사회를 말한다. 4차 산업혁명에서 인공지능과 초연결에 성공한 사회를 고도 산업사회라고 부른다.

초연결(hyper-connected)은 사람-사람, 사람-사물, 사물-사물들이 초고속 통신망에 연결되어 자유롭게 통신할 수 있는 상태를 의미한다. 초연결의 핵심은 사물인터넷(IOT, internet of thing)이다. 사물인터넷은 세상에 존재하는 모든 사물들이 각종 센서와 정보를 송·수신하는 전자장치가 장착되어 언제 어디서나 서비스를 주고받는 기술이다. 초연결 사회는 초연결이 구현된 4차 산업혁명 사회를 말한다.

1차 산업혁명은 하드웨어를 기반으로 하지만 2차 산업혁명은 하드웨어 기반 위에 전기와 화학이 산업화되어야 한다. 3차 산업혁명은 하드웨어와 전자화가 구축된 위에 소프트웨어 산업이 성공해야 하고, 4차 산업혁명은 소프트웨어 산업 기반 위에 인공지능이 산업화되어야 한다. 따라서 이 전체 과정에서 어느 한 부분이라도 부실하면 산업구조 전체가 흔들릴 수 있다. 앞으로는 인공지능에 성공해야 산업화에 성공할 수 있다.

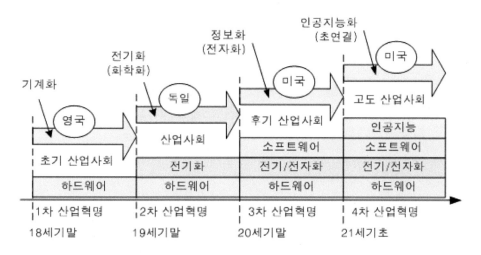

[그림 8.1] 산업사회의 기술 진화

[표 8.1] 산업혁명 시대별 산업화 기준

기준 \ 산업혁명	1차	2차	3차	4차
혁신 기술	기계화	전기화(화학화)	정보화(전자화)	인공지능화(초연결)
에너지	석탄	석유	원자력	재생에너지
동력 기관	증기기관	내연기관	제트기관	수소터빈
주도 국가	영국	독일	미국	미국

[표 8.1]은 산업혁명의 시대를 구분할 수 있는 기준을 분류한 것이다. 혁신 기술은 기계화로 시작되어 인공지능화(초연결)로 발전하고 있다. 에너지는 석탄에서 시작되어 재생에너지로 변화하고, 동력기관은 증기기관에서 수소, 암모니아 터빈으로 발전하고, 주도 국가는 영국에서 시작되어 미국이 선도하고 있다. 지금까지 선진국의 기준은 기계화, 전기(화학)화, 정보화 등이었으나 4차 산업혁명에서는 인공지능과 초연결이 될 것이다. 기계가 산업혁명의 뿌리라면, 전기(석유)는 산업혁명의 줄기이고, 정보화는 산업혁명의 꽃이며, 인공지능과 초연결은 산업혁명의 열매라고 할 수 있다. 고도 산업사회가 되려면 이 과정을 모두 거쳐야 한다.

증기기관

1765년 영국의 제임스 와트가 기존의 증기기관을 개량하였다. 석탄으로 물을 끓여 만든 고압 증기로 피스톤을 움직여서 바퀴를 돌렸다. 열효율이 최대 10%까지 향상되었다. 1차 산업혁명의 원동력이다.

내연기관

1876년 독일의 Nikolaus August Otto가 기존의 내연기관을 개량하였다. 연료와 공기를 연소실에서 태운 힘으로 피스톤을 움직여서 바퀴를 돌렸다. 열효율이 12~30%이다. 2차 산업혁명의 원동력이다.

제트기관(가스터빈)

제2차 세계대전에서 처음 독일 Me 262 전투기에 사용된 엔진이다. 고온·고압의 연소 가스를 분출시켜 그 반동으로 추진력을 얻는 열기관이다. 가스터빈은 고온 고압의 연소 가스로 회전력을 얻는 열기관이다. 기구가 간단하고 가벼우며, 취급이 용이하고, 큰 마력을 얻을 수 있다. 열효율이 30% 정도이다. 가스터빈은 발전소에서 증기터빈과 함께 사용된다. 3차 산업혁명의 원동력이다.

수소터빈

수소를 에너지원으로 사용하는 가스터빈이다. 가스터빈에 기존 가스와 수소를 혼합하면 탄소배출량을 감소시킬 수 있다. 열효율이 30% 정도이다. 암모니아터빈과 함께 4차 산업혁명의 원동력이 될 것이다.

산업혁명에 성공하기 위해서는 모든 분야가 골고루 발전해야 할 뿐만 아니라 각 분야끼리 서로 잘 융합해야 한다. 융합을 잘하기 위해서는 각 분야가 벽을 허물고 소통하면서 협력하는 노력이 필요하다. 역사적으로 볼 때 융합이 가장 잘 이루어진 시기는 전쟁 기간이었다. 전쟁이 국가와 국민의 존망을 결정하는 비상 상황이기 때문에 온 국민이 살기 위해서 단결하고 융합하는 노력을 하기 때문이다. 평시에는 서로 다른 분야에서 경쟁하던 사람들이 모이지도 않고, 모여도 열심히 협력하지 않고 노력하지도 않는다. 그러나 전시에는 모두 일치단결하기 때문에 많은 융합과 혁신이 이루어졌다. 역사적으로 수많은 과학기술의 성과물들이 전쟁 기간 동안 개발되고 발명되었다.

2022년 여름에 아프카니스탄의 수도 카불에 숨어있던 국제 테러조직 알 카에다의 수장 아이만 알자와히리(71)가 드론이 발사한 작은 창을 맞고 사망하였다. '알카에다의 두뇌'로 불려온 그는 9.11 사태를 설계하였으며 빈 라덴이 죽은 후에 알 카에다를 이끌어왔다. 이 창은 드론에서 발사된 것인데 사람만 정확하고 조용하게 제거하기 위하여 소형으로 제작되었다. 드론이 건물 밖 먼 곳에서 조용히 비행을 하다가 해당 인물이 건물 발코니에 나오자 카메라로 확인하고 즉시 창을 쏘았다. 이 창이 날아가다가 목표물 앞에서 6개의 창날을 펴서 몸에 박혀 살해한 것이다. 예전 같았으면 목표 인물이 확인되면 즉시 포탄을 발사해서 건물과 함께 목표 인물을 제거했을 것이다. 그러나 국제 여론을 고려하여 폭탄을 사용하지 않고 창날을 사용하였다. 목표 인물 이외에는 아무런 피해를 입히지 않았다.

　　알자와히리는 외부에 노출되는 것을 극도로 경계하였다. 따라서 피살에 사용된 드론은 목표물이 나타나는 것을 찾기 위하여 오랫동안 건물 주위를 비행하였을 것이다. 밤이나 낮이나 언제든지 목표물을 확인할 수 있는 센서를 가지고 있었을 것이며 스스로 자율비행을 하고 있었을 것이다. 카메라는 목표물이 어떤 방향으로 어떤 자세로 있더라도 인공지능 기법으로 본인 여부를 확인했을 것이다. 인공지능은 군사 무기를 매우 정교하게 만들 수 있다. 앞으로 군대의 전투력은 인공지능에서 나올 것이다.

3차 산업혁명에 성공한 나라들은 반도체를 이용하여 모든 기계와 장비들을 전자장치로 고급화하고, 컴퓨터 프로그램으로 정보화해서 성능을 대폭 개선시켰다.

따라서 선진국들은 첨단 소프트웨어 기술로 무장해서 하드웨어만으로 만든 후진국 무기들을 압도했다. 우크라이나 전쟁에서 서방의 첨단 무기들이 하드웨어로 만든 러시아 무기들을 압도하는 것을 보았다. 4차 산업혁명에 성공한 나라들은 인공지능 산업을 이용하여 모든 기계와 장비들을 인공지능화 할 것이다. 인공지능에 성공하면 기존의 모든 산업들을 인공지능으로 대폭 개선할 수 있다. 인공지능으로 무장한 나라의 산업들은 그렇지 못한 나라의 산업들을 압도할 것이다. 산업혁명에 성공한 나라들의 미래는 인공지능에 달려있다. 인공지능이 전체 산업을 고도화하는 결정적 요인이 될 것이다. 고로 인공지능에 성공하는 것이 산업화에 성공하는 것이다.

8.1 산업혁명과 융합

산업혁명 후에 세계는 크게 둘로 나뉘었다. 산업혁명에 성공한 선진국과 그렇지 못한 후진국으로 나뉘었다. 산업혁명은 과학기술을 기반으로 하였기 때문에 선진국들은 우수한 과학기술로 만든 무기로 무장하였다. 선진국이 된 나라들은 우수한 군사 무기를 동원하여 후진국들을 식민지로 만들었다.

산업혁명은 교육과 융합을 통하여 추진력을 얻는다. 융합에 성공하면 산업혁명에 성공하고 선진국으로 발전한다. 산업혁명은 현재도 계속 진행 중에 있으며 3차 산업혁명의 연장 선 위에 4차 산업혁명이 진행되고 있다. 미래 산업혁명의 핵심은 인공지능에 있다. 그 이유는 4차 산업혁명의 중심에 소프트웨어가 있고 소프트웨어 중심에 인공지능이 있기 때문이다. 과거 산업사회는 하드웨어가 주류를 이루었으나 미래 산업사회는 소프트웨어가 주류다. 현재 주식의 시가총액이 선두에 있는 애플, 구글, 메타, Microsoft, 아마존, 페이스북, ARM, 퀄컴 등의 회사들은 모두 굴뚝 산업이 아닌 대형 기술(big technique) IT 기업들이다. 이들은 제품과 소프트웨어를 설계하고 하드웨어 생산은 주로 외주업체에 맡기고 있다. 하드웨어 보다 소프트웨어가 기술적으로 우위에 있기 때문이다.

애플이 휴대폰을 설계하면 대만의 Foxconn 회사가 중국 공장에서 제품을 생산한다. 애플은 최고 수익을 자랑하지만 Foxconn 공장 직원들은 최저 수입에 시달리고 있다. 애플 직원들은 좋은 환경에서 높은 연봉을 받으며 격조 높은 삶을 살지만 중국 공장의 노동자들은 열악한 환경에서 중노동에 시달린다. 재주는 곰이 부리고 돈은 왕 서방이 받는다는 말이 실감난다. 인공지능 소프트웨어 회사 직원들은 높은 대우를 받지만 하드웨어 생산 회사 직원들은 저 임금에 힘든 삶을 살고 있다.

> **T·I·P 한국의 산업혁명과 융합**
>
> 한국은 제2차 세계대전 후에 독립했을 때 전 세계에서 가장 가난한 나라였으나 2021년에는 유엔무역개발회의(UNCTAD)에서 선진국으로 분류되었다. 실제로 1960년 국민소득이 100\$에서 2022년에는 국민소득이 32,600\$로 올랐다. 제2차 세계대전 이후에 식민 지배를 받던 나라에서 유일하게 산업혁명에 성공하여 선진국 반열에 올랐다. 그 이유는 무엇일까? 전문가에 의하면 한국을 선진국으로 만들어준 나라들이 있다고 한다.
>
> 첫째, 북한이 지속적으로 도발하고 있기 때문에 한국은 전쟁 위협에 대처하기 위하여 무장을 갖추어야 했다. 무장을 하려면 경제력과 기술력을 갖추어야 한다. 무기를 만들려면 공업 기술력을 높여야 했고, 첨단 무기를 구매하려면 외화를 벌어야 했다. 한국은 저렴한 상품을 만들어 수출하여 외화를 벌고 산업을 일으키기 시작하였다. 과학기술 교육을 강화하고 산업을 활성화하여 산업혁명에 성공하였다.
>
> 둘째, 미국은 한국에게 자주국방을 위해 경제성장과 민주주의를 요구하였다. 경제성장을 위해서는 과학기술 교육과 융합이 필요하고, 융합을 위해서는 자유로운 민주체제가 필요하다. 러시아와 중국이 아무리 산업화를 위해 노력해도 선진국이 되지 못한다. 독재체제 때문에 민주화와 융합이 부진하기 때문이다. 반면에 한국은 민주주의와 융합을 거듭하여 산업혁명에 성공하고 선진국에 진입하였다.

인공지능은 산업사회의 모든 산업기술을 첨예화하고 정교하게 만든다. 인공지능이 첨가된 산업기술과 첨가되지 않은 산업기술에는 큰 차이가 있다. 기존 산업혁명에서 성공했더라도 인공지능에서 실패하면 이미 경쟁에서 뒤쳐진 것이다. 지금은 4차 산업혁명 시대이고, 4차 산업혁명의 핵심은 인공지능이다. 4차 산업혁명에서 성공하려면 인공지능에서 앞서야 한다. 인공지능에서 앞서야 국제 경쟁에서 밀리지 않는다.

8.1.1 산업혁명의 역사

산업혁명은 18세기에 시작되어 지금도 계속 진행되고 있다. 산업혁명 전에는 생산에 필요한 모든 에너지를 자연과 가축과 사람의 힘을 이용했다. 산업혁명 후에는 기계 동력(엔진)을 사용했기 때문에 생산력이 증대되고 경제가 대폭 성장하였다. 즉 기계 기술의 발전이 공업을 발전시키고 공업의 발전이 경제를 발전시켰다. 경제 발전은 정치와 문화 발전으로 이어졌다. 산업혁명은 세계 각국에 공업과 경제력의 차이를 불러왔고, 공업과 경제력의 차이는 군사력의 차이를 가져왔다. 따라서 산업혁명은 세계 각국에 정치, 경제, 군사, 문화에 큰 차이를 가져왔다. 우수한 공업기술로 만든 무기로 무장한 선진국 군대는 후진국을 쉽게 제압할 수 있었다.

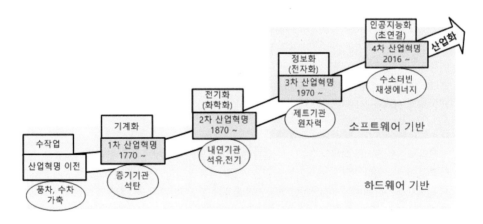

[그림 8.2] 산업혁명의 역사

[그림 8.2]와 같이 1차 산업혁명은 기계 발전의 역사이다. 산업혁명 이전에는 풍차, 수차, 가축, 인력의 힘을 빌려서 제분기 같은 기계를 구동하여 생산성을 향상하려고 노력하였다. 제1차 산업혁명은 증기기관으로 면직물 등의 공업 생산력 증대와 함께 교통 혁명을 가져왔다.

석탄을 동력원으로 사용하였으며, 증기기관은 기계 기술자와 물리학자와 화학자 등이 여러 대에 걸쳐서 협력하고 기술을 융합한 결과로 탄생하였다.

2차 산업혁명은 전기와 화학 산업을 중심으로 성장하였으며 석유가 동력원으로 추가되었다. 내연기관이 발명되어 석유가 사용되었고 석유화학 산업이 발전하였다. 발전소가 건설되어 전기를 중심으로 산업이 성장하기 시작하였다. [표 8.2]는 산업혁명 발전과정을 핵심 추진 요소로 간단하게 요약한 것이다.

[표 8.2] 산업혁명의 추진 요소

구분	시작 시기	핵심 추진 요소
1차 산업혁명	18세기 말	증기기관에 의한 기계 동력화
2차 산업혁명	19세기 말	전기와 석유를 이용한 대량생산
3차 산업혁명	20세기 말	컴퓨터에 의한 생산과 관리 자동화
4차 산업혁명	21세기 초	인공지능과 초연결에 의한 지능화

T·I·P   산업혁명의 발전 단계

1차 산업혁명(1st Industrial revolution)

발전의 핵심은 증기기관과 석탄이다. 증기기관과 석탄은 공장과 교통 혁신을 가져왔다. 증기 기관차는 원거리 지역을 연결하고 통합하였다. 증기기관은 공장에서 제품을 대량생산하였고, 원료 생산지와 상품 소비지를 연결하였다. 석탄은 에너지 원천이 되었다. 농촌 중심 자급자족 경제가 시장 중심의 교환경제체제로 바뀌었다. 교환경제는 화폐 경제와 신용 사회를 촉발하였다.

2차 산업혁명(2nd Industrial revolution)

발전의 핵심은 전기와 석유다. 전기는 산업뿐만 아니라 일상생활 자체에 큰 변화를 가져왔다. 전등은 야간 활동을 가능하게 하였다. 전기로 돌아가는 공장은 공업지역과 소비지역을 쉽게 선택할 수 있게 만들었다. 전기 통신은 원격지의 소식을 빠르게 전달하였다. 통신과 교류가 증대되었으며 권력자들의 정보 독점 체제가 무너졌다. 석유를 사용하는 내연기관은 공업과 교통을 더욱 발전시켰다. 교통의 발달은 국제 분업체제를 촉진하였다.

3차 산업혁명(3rd Industrial revolution)

발전의 핵심은 컴퓨터와 인터넷이다. 컴퓨터는 인간을 정신노동에서 해방시키고 산업을 고도화하였다. 인터넷은 세계를 하나로 묶는 통신 혁명을 가져왔다. 세계가 하나의 네트워크로 연결되어 실시간으로 정보를 주고받았다. 가스터빈과 원자력 발전은 전기의 활용도를 더욱 증가시켰다. 그 결과 산업의 중심을 정보사회로 이동하게 하였다. 제조업 중심에서 금융, 교육, 물류, 교역 등의 서비스업 중심으로 바뀌었다.

발전의 핵심은 연결과 지능에 있다. 모든 사물에 인터넷이 연결되어 인공지능이 보편화되고 있다. 물리세계, 디지털세계, 그리고 생물 세계가 하나로 융합되고 있다. 수소차량 등 친환경 에너지가 개발되고, 자원을 함께 사용하는 공유 경제가 추진되고 있다. 블록체인의 도입으로 화폐, 상품, 서비스 등이 안전하고 신속하게 처리되고 있다. 인공지능은 산업을 더욱 고도화하고 있다.

제3차 산업혁명은 전자공업이 확충되어 컴퓨터 보급과 함께 정보산업을 발전시켰고, 제트기관(가스터빈)과 원자력이 동력원으로 추가되었다. 컴퓨터와 인터넷의 보급은 세계를 하나로 연결하는 계기가 되었고 정보산업이 새로운 산업으로 등장하였다. 또한 모든 산업에 전자기술이 융합되어 산업 생산성을 향상하였다.

제4차 산업혁명은 인공지능과 함께 초연결 사회를 열었다. [그림 8.3]과 같이 1990년대에 인터넷이 보급되었을 때는 사용자들이 통신 케이블을 연결하여 인터넷에 접속하였다. 2000년대에는 무선과 함께 이동 통신망이 연결되어 이동 중에도 인터넷을 사용할 수 있었다. 2020년대에는 기존에 보급된 사물 인터넷(IoT, internet of thing)의 범위가 확장되어 다양한 사물들이 통신망에 연결되었다. 수소터빈과 천연가스, 재생 에너지 등이 동력원으로 추가되었다. 이 과정에서 발전된 공업력은 경제력 향상과 군사력 강화로 이어진다. 빅데이터와 로봇, 드론 등 인공지능과 융합되는 산업이 성장하였다.

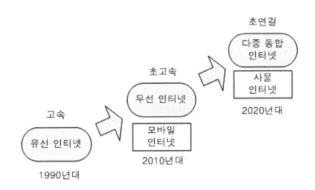

[그림 8.3] 초고속 통신망에 의한 초연결

[그림 8.2]와 같이 1차, 2차 산업혁명에서는 기계, 전기, 화학 등의 하드웨어 산업을 중심으로 발전하였다. 3차, 4차 산업혁명에서는 전자산업을 기반으로 정보산업과 인공지능 산업 등 소프트웨어 산업이 중심이 되어 발전하고 있다.

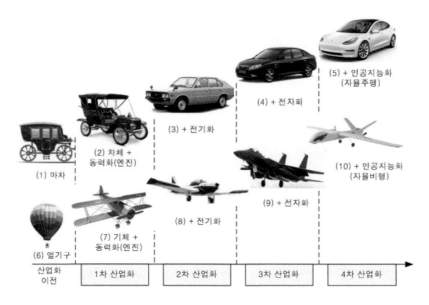

[그림 8.4] 자동차와 비행기의 산업화 단계

[그림 8.4]는 자동차와 비행기가 산업화에 따라서 발전해온 과정을 보여준다.

자동차의 발전은 (1)부터 시작된다. (1)은 말이나 소가 끄는 차량이다. (2)는 자동차가 처음 나왔을 때 마차와 동력장치(엔진)만으로 구성되었다. 이때는 전기도 없고 배터리도 없어서 엔진에 크랭크 쇠막대기를 걸고 돌려서 시동을 걸었다. (3)은 자동차에 발전기와 배터리가 장착되어 전기를 사용한 자동차이다. 시동 모터를 이용하여 시동을 걸고 발전기로 배터리를 충전하였다. (4)는 자동차에 전자제어기를 설치하여 점화 시기와 연료 분사 등 엔진을 효율적으로 구동하도록 반도체를 사용하기 시작하였다. (5)는 컴퓨터와 인공지능 프로그램을 설치하여 운전자 없이 스스로 자율주행을 한다.

비행기의 발전은 (6)부터 시작된다. (6)은 가스를 태워서 풍선을 타고 하늘로 올라가는 열기구이다. (7)은 비행기가 처음 나와서 기체에 동력장치(엔진)가 설치되어 하늘을 날았다. (8)은 배터리와 발전기가 장착되어 시동 모터로 엔진에 시동을 걸고 통신도 할 수 있었다. (9)는 전자제어장치가 설치되어 비행기를 반도체의 힘으로 운행하였다. 이때부터는 비행제어 소프트웨어가 중요한 역할을 하기 시작하였다. (10)은 컴퓨터와 인공지능을 설치하여 자율비행을 하는 비행기이다. 이와 같이 새로운 기술이 나올 때마다 산업화가 전진하고 자동차, 비행기 등의 기계는 지속적으로 혁신되고 개량되었다. 앞으로는 모든 기계장치에 인공지능이 설치되어 모든 산업이 혁신적으로 개량될 것이다.

8.1.2 산업혁명과 융합

산업혁명의 역사는 과학기술 발전의 역사이다. 물리학과 화학이 융합하였기 때문에 증기기관이 발전하였고, 화학과 기계공학이 융합하여 내연기관이 발전할 수 있었다. 화학과 전기공학의 융합으로 전기를 생산하고 전기에 의한 산업화가 진행되었으며, 화학과 기계공학의 융합으로 화학공업이 발전하여 나일론 등의 화학 섬유제품들을 얻을 수 있었다. 전기공학과 수학의 융합으로 컴퓨터가 발명되었으며, 통신과 컴퓨터의 융합으로 인터넷과 SNS가 개발되었다. 이상과 같이 융합이 과학기술의 발전과 함께 산업혁명을 불러왔으며 산업혁명이 경제와 정치와 문화까지 발전시켰다.

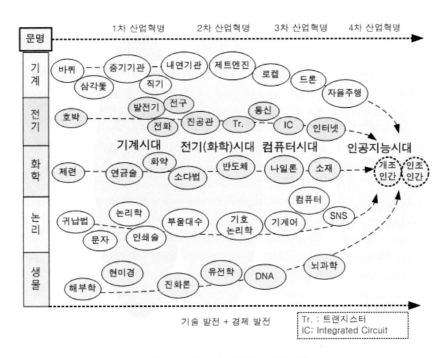

[그림 8.5] 인공지능을 향한 문명의 융합

산업혁명의 역사는 융합의 역사이다. 산업혁명을 시작한 것도 다양한 분야의 지식과 기술들을 융합할 수 있었기 때문에 가능했다. 이어서 계속되는 2차, 3차, 4차 산업혁명도 모두 다양한 학문과 기술들이 융합했기 때문에 성공할 수 있었다. 산업혁명의 원동력은 잘 살려고 하는 인간의 욕망이었지만 그것을 가능하게 한 것은 다양한 분야를 융합하는 인간의 능력이었다.

사람처럼 생각하고 행동하는 기계를 만들려고 노력한 역사는 오래되었으나 기술이 부족해서 꿈을 이루지 못했다. 예를 들어 인조인간을 만들기 위해서는 기본적으로 기계, 전기, 화학 등에 관한 학문과 기술이 성숙했어야 한다. 이들 학문과 기술이 2000년대에 이르러 비로소 성숙 단계에 오른 것이다. 이러한 학문과 기술들이 서로 융합되어야 인공지능을 구현할 수 있다. [그림 8.5]와 같이 5개의 대표적인 기술 문명들이 수 천 년 동안 개별적으로 발전해왔다. 3차 산업혁명부터 점차 서로 교류하고 융합을 시작함으로써 이제 4차 산업혁명에 이르러 인공지능 시대가 가능해진 것이다. 기계, 전기, 화학, 논리, 생물과 관련된 기술들이 융합하여 인공지능 시대를 열고 있으며 목표는 인간의 능력과 기계의 능력을 모두 융합한 개조인간(cyborg)[13] 또는 인조인간(android)[14]을 만드는 것이다. 즉, 인간처럼 생각하고 행동하는 기계를 만드는 것이다.

가난한 나라들은 선진국이 되려는 꿈을 꾸고 실제로 노력을 한다. 선진국이라야 경제적으로 인간답게 살 수 있고, 민주화와 인권을 누리며, 외세의 간섭에 시달리지 않을 수 있기 때문이다. 선진국이 되려면 우선적으로 산업혁명에 성공해야 한다. 산업혁명에 성공하려면 [그림 8.6]과 같이 교육, 기술, 예술, 지식 등의 수준이 높아야 하고 민주화가 선행되어야 한다. 민주화가 선행되어야 여러 분야가 자유롭게 융합될 수 있기 때문이다. 경직된 독재체제에서는 융합이 제대로 이루어지기 어렵다. 인지력은 여러 분야들을 융합하는 지적인 능력이기 때문에 필요하다. 산업혁명에 성공하고 정치혁명과 문화혁명까지 모두 성공하면 비로소 선진국이 될 수 있다. 선진국이 되어도 융합이 지속적으로 이루어지지 않으면 다시 후진국으로 내려갈 수 있다. 선진국으로 성장하는 과정에서 교육, 민주화 등이 부족하여 중진국 함정에 빠져서 다시 후진국이 된 나라들[15]이 있다. 소통이 잘되는 열린사회는 융합하는 선진국으로 가

---

13 개조인간 cyborg: 인간 신체의 일부 또는 전부를 기계장치로 교체한 인간.

14 인조인간 android: 세포부터 배양해 외모와 함께 정신까지 진짜 사람과 유사하게 만든 인간

15 중진국 함정에 빠진 국가들: 아르헨티나, 브라질, 터키, 러시아, 이란, 남아프리카 등.

는 길이고, 소통이 힘든 닫힌 사회는 후진국으로 가는 길이다.

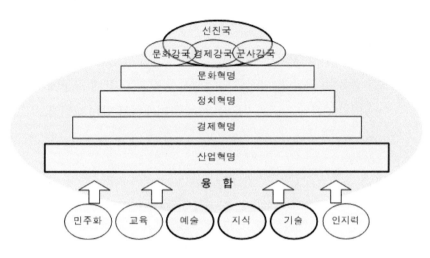

[그림 8.6] 산업혁명과 융합 효과

산업혁명에 성공하면 높은 공업력을 이용하여 군사강국은 될 수 있으나 선진국이 되기는 어렵다. 문화와 산업과 정치가 모두 성숙해야 진정한 선진국이라고 할 수 있기 때문이다. 러시아와 중국이 산업혁명에 성공하여 군사강국이 되었으나 정치와 문화가 후진적이기 때문에 선진국이라 할 수 없다. 그 이유는 민주화가 되지 못했기 때문에 문화와 정치가 산업과 함께 자유롭게 융합될 수 없기 때문이다. 민주화가 되지 않은 나라들은 국가의 모든 구조와 조직이 경직되어 국민들이 유기적으로 협력하고 협동하는 체제를 이루기 어렵다. 러시아와 중국은 군사 무기로는 강국이지만 독제체제로 인하여 국민들의 힘을 결집시키지 못하므로 군사무기가 많아도 군사력 자체는 취약하다. 과거에 중국의 송나라는 경제적으로 부강했으나 군사력이 약해서 요나라, 금나라에게 시달리다가 몽고에게 멸망당했다.

산업혁명에 성공한 나라들은 우수한 공업력을 바탕으로 첨단 군사 무기들을 만들어 후진국들을 제압할 수 있었다. 영국은 최초로 산업혁명에 성공하여 우수한 무기와 군사력으로 전 세계의 패자가 되었다. 해가 지지 않는 영국이 세계 패권을 잡은 것은 민주화를 기반으로 쌓은 산업혁명으로 건설한 공업력과 군사력 때문이었다. 조금 늦게 산업혁명에 성공한 독일은 제1차 세계대전으로 영국에 도전했지만 공업력의 부족으로 패전하고 말았다. 일본은 산업혁명에 성공하여 제 2차 세계대전에서 영국과 미국에 도전했지만 역시 공업력의 부족으로 패전하고 말았다. 소련은 산업혁명은 못했지만 제1차 세계대전과 제2차 세계대전에서 모두 승리하여 승자의 편에 설 수 있었다. 그 이유는 미국의 막대한 군수물자 지원을 받았으므로 수많은 국민의 생명과 재산을 잃고도 독일군을 물리칠 수 있었다.

미국은 민주화를 기반으로 산업혁명에 성공하여 우수한 공업력으로 제2차 세계대전부터 세계의 패권을 잡을 수 있었다. 미국의 공업생산 능력으로 육·해·공군에게 최고의 군사 무기를 제공할 수 있었기 때문에 지금까지도 전 세계를 지배하고 있는 것이다.

🗎 T·I·P　증기기관과 국제 전쟁

영국은 증기기관이 발명되자 증기기관으로 군함을 만들어 오대양을 지배하는 패권자가 되었다. 러시아는 영국 함대에 밀려 남쪽 바다로 나가지 못하고 러시아 해역에 갇힌다. 러시아는 유럽과 중앙아시아에서 남진을 포기하고 시베리아 철도를 건설하며 증기기관차로 동아시아 정복에 나선다. 일본은 러시아의 아시아 진출에 심각한 위협을 느낀다. 러시아의 동진 목표가 동아시아의 부동항이라고 판단한 일본은 러시아를 막기 위해 군사력을 키우고 증기선 함대를 건설한다. 영국도 거문도를 점령하는 등 러시아의 남진을 막으려고 일본을 지원한다. 동학당의 난이 일어나자 농민군을 진압하지 못하는 조선 조정은 청나라에 진압군을 요청하고 청나라와 일본 군대는 조선으로 출병한다. 일본의 증기기관 군함들은 풍도 해전에서 청나라 함대를 물리치고 조선 땅에서 청군을 축출한다.

청나라가 물러가자 조선 국왕은 아관파천을 하면서 러시아 세력을 부른다. 러시아의 남진을 막으려는 일본이 러시아와 조선 근해에서 충돌한다. 증기기관으로 추진되는 러시아 함대는 영국의 견제를 받으며 힘들게 아프리카 남단을 돌아서 동해 바다에 이른다. 최신형 증기기관을 갖춘 일본 군함의 속도는 러시아 군함보다 두 배 빠르다. 일본 함대는 쓰시마 해전에서 장거리 항해에서 지친 러시아 함대를 격파하였고, 육군은 러시아를 만주 북방으로 축출하였다.

서해와 동해 바다에서 청나라와 러시아와 일본의 증기선 함대가 싸우는 시기에 조선에는 증기기관으로 만든 군함이 한 척도 없었다. 러시아와 일본 함대가 인천 앞바다에서 싸우는 사이 한심하게도 조선의 지도자들은 왕궁에서 은은한 함포 소리를 들으며 밤을 지새우는 파티를 벌였다고 한다.

전 세계 모든 국가들은 선진국을 목표로 산업혁명을 추진하고 있다. 이미 선진국 반열에 오른 국가들도 다른 국가들과의 경쟁에서 뒤처지지 않으려고 산업혁명을 계속 추진하고 있다. 모든 국가들이 산업혁명을 위하여 융합을 추구하고 있다. 융합의 기본 전제는 기반 학문과 과학기술이다. 융합의 대상인 기반 학문과 과학기술이 어느 정도 수준에 올라있어야 융합 효과를 달성할 수 있기 때문이다. 기반 학문과 과학기술이 수준에 올라있어도 사회 환경과 분위기가 민주화되어야 한다. 민주화된 분위기 속에서 서로 유연하게 대화하고 교류할 수 있기 때문이다. 따라서 민주화된 국가들만이 융합이 가능하고 산업화가 가능하다. 지식과 기술을

존중하고 사회 분위기가 유연하고 소통이 자유로워서 융합이 가능한 민주 국가들이 산업혁명을 할 수 있고 선진국이 될 수 있다.

8.2 인공지능과 군사 기술

유사 이래 전쟁에 사용되는 무기들은 주로 하드웨어로 구성되었다. 전차, 군함, 전투기들은 모두 기계장치와 전기장치로 구성된 하드웨어 장치였다. 제3차 산업혁명부터는 무기에 컴퓨터가 장착되어 소프트웨어로 무기의 성능을 개선하고 있다. 제4차 산업혁명부터는 무기에 인공지능이 장착되어 무기의 성능을 정교하게 개선하고 있다. 하드웨어 기술은 어느 정도 수준에 올라가서 더 이상 발전이 어렵지만 소프트웨어 기술은 무한한 가능성을 가지고 있다. 지금까지 개발된 모든 무기들은 인공지능 기술과 융합하여 성능이 대폭 향상되고 있다.

> **T·I·P   우크라이나 전쟁과 인공지능 기술**
>
> 러시아군 공격부대가 조용히 우크라이나로 진격하면 인공위성과 드론에서 전투장비와 기갑장비의 형태, 소음, 움직임 등을 인공지능 프로그램이 분석하고 지리좌표를 우크라이나 포병에게 전송하면 즉시 군사 장비들이 파괴되고 공격부대가 괴멸된다. 사람이 적군의 접근을 탐지하려면 정보부대 병력들이 탐지장비를 들고 적진에 들어가서 밤과 낮을 가리지 않고 감시를 해야 하는데 쉬운 일이 아니다. 아군과 적군의 장비를 식별하는 것도 쉽지 않다. 그러나 인공지능 프로그램이 수많은 적군 장비들을 식별하는 학습을 하고 데이터베이스에 저장해두면 신속한 식별이 가능해서 선제 공격이 가능하다. 적군은 무슨 상황인지도 모르는 사이에 괴멸된다.
>
> 우크라이나 전쟁에서 러시아군 전선 사령부 장군들이 많이 희생되었다. 그 이유는 인공지능이 러시아군 통신을 분석해서 어느 한곳으로 통신량이 집중되면 그곳이 지휘부라고 판단하고 지리좌표를 포병에게 전송하여 포격하기 때문이다. 전선 지휘부를 우선적으로 포격하기 때문에 러시아군 장성들의 희생이 컸던 것이다. 앞으로는 인공지능 기술이 전쟁의 승패를 더욱 좌우할 것이다.

8.2.1 인공지능과 군사력

산업화의 목적은 경제적으로 잘살기 위한 것이고 융합의 목적은 산업화를 잘하기 위한 것이다. 그런데 융합이 가장 잘 이루어지는 시기는 모든 것을 파괴하는 전쟁 기간이다. 전쟁은 국가의 존망을 결정하기 때문에 승리를 얻기 위하여 모든 국민이 극한적인 노력을 경주한다. 전쟁을 수행하는 군대는 우수한 무기와 물자를 요구하고, 국가와 국민은 일치단결하여 그 요구를 충족한다. 아무리 우수한 무기와 물자를 공급해도 적군이 더 좋은 무기와 물자를 들고 나오면 패배할 수밖에 없다. 제1차, 2차 세계대전을 통하여 항공기 기술이 비약적으로 발전하였다. 제2차 대전까지는 전장에서 전투하는 군인들만 군용 비행기를 탈 수 있었다. 그러나 전쟁 과정에서 항공기 발전이 급속도로 추진되어 전쟁 후에는 일반인들도 비행기를 타고 여행할 수 있게 되었다. 전쟁은 국가의 존망이 달린 비상 상황이므로 모든 국민이 합심하여 과학기술을 개발한다. 그 결과 평화 시에는 이룰 수 없었던 수많은 혁신들이 전쟁 기간 동안에 이루어졌다. 전쟁 승리를 위하여 혁신하는 과정에서 다양한 융합들을 추진하였다.

전쟁은 국가와 국민의 존망을 결정하는 중차대한 결전장이다. 전쟁에서 패배하면 국가와 국민이 비참해지거나 모두 사라질 수 있다. 전쟁의 승패를 결정하는 요인에는 인구, 땅, 경제력, 군사력, 전략, 의지 등이 있으나 그 중에서도 군사력이 가장 중요하다. 군사력은 그 나라 공업 기술에 절대적 영향을 받는다. 우수한 공업 기술이 우수한 무기를 만들기 때문에 자국의 공업력이 다른 나라의 공업력을 압도해야 한다. 공업 기술력은 산업화 수준을 따르기 때문에 더 산업화된 나라일수록 승리할 가능성이 많다.

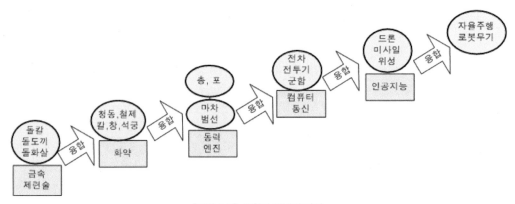

[그림 8.7] 융합과 무기의 발전

무기의 역사는 [그림 8.7]과 같이 단순한 돌칼과 돌도끼로 시작되어 복잡한 자율주행 무기 시스템으로 발전하였다. 기원전 7세기부터 흑해 연안에 살던 스키타이족은 금속 제련 기술을 발전시켜 철제 무기를 제작하고 중동 일대의 패권을 잡았다. 이후부터 금속 제련 기술을 발전시키는 민족들의 전성시대가 열렸다. 중국에서 화약을 발명하여 8세기부터 군사무기에 활용하였으나 유럽은 화약과 금속 가공 기술을 이용하여 총과 대포를 만들어 동양의 무기들을 제압했다. 산업혁명을 시작한 유럽은 증기기관과 내연기관을 이용하여 전차, 전투기, 군함 등을 만들고 모든 군사 무기에서 동양에 우위를 누렸다.

2000년대부터 컴퓨터와 통신 기술을 융합하여 만든 드론과 미사일 그리고 인공위성이 출현하여 전장을 장악하였다. 앞으로의 군사무기에는 기존 무기에 인공지능이 추가되어 자율 주행하는 로봇들의 전투 시대가 열릴 것이다. 군사무기가 석기 시대의 돌칼, 돌도끼, 돌화살에서 인공지능 시대의 로봇 시스템으로 발전하는 것은 기존 무기 체제에 신기술들을 지속적으로 융합하였기 때문이다. 과거에 칼과 창을 만드는 금속 제련 기술과 현대에 인공지능 무기를 만드는 기술은 모두 당대의 첨단 과학기술이다.

8.2.2 공업기술과 군사력

역사적으로 볼 때 우수한 군사 무기들은 전쟁 기간 동안 융합에 의하여 개발된 것들이 많다. 이제는 무수한 무기들에 인공지능 기술이 더해지고 있다. [표 8.3]은 전쟁을 위하여 개발된 전쟁 물자들이다. 여기 소개된 17개 이외에도 전쟁과 관련하여 혁신적으로 개발된 것들이 무수히 많다. 이 물건들은 전쟁이 아니었으면 이렇게까지 고도로 발전되지 못했을 것이다. 전쟁이 끝나면 이 물건들은 민수용으로 제작되어 민간 산업을 발전시켰다. 이 물건들은 모두 하나의 기술만으로 제작된 것이 아니다. 여러 분야의 기술과 사람들이 융합하여 탄생한 것들이 많다. 4차 산업혁명 이후에는 인공지능 기술이 가미된 무기들이 전장에서 게임 체인저가되고 있다. 군사 무기 개발에 사용된 대표적인 과학기술들은 다음과 같다.

(1) 엔진

20세기 초 전투기가 개발되었을 때 가장 중요한 것은 엔진이었다. 전투기용 엔진은 가볍고 출력이 높아야 한다. 그래야 충분히 무장을 하고 장거리 비행을 할 수 있다. 제2차 세계대전에서 일본군은 장거리 함재기로 제로센(零戰) 전투기[16]를 개발했다. 이 전투기의 출력은 대략 1,000 마력이었는데 미군이 보기에는 기동성이 너무 좋아서 2,000 마력으로 간주하였다. 그 이유는 커다란 기체가 민첩하게 기동하는 것을 보고 당연히 엔진 출력이 그 정도는 된다고 판단했던 것이다. 그러나 실제로는 일본 기술자들이 고성능 엔진을 만들지 못했기 때문에

---

16 제로센 전투기(零式艦上戰鬪機): 일본 미쓰비시가 제작한 함상 전투기. 1939.04.01 첫 비행에 성공

전투기의 무게를 줄이는 방법을 선택하였다. 전투기의 각종 철제 구조물들의 양을 줄였다. 조종사를 위한 조종실 장갑을 제거하고, 연료통의 장갑도 제거하고, 심지어 무전기도 떼어버려서 전투기들 사이의 협동 전투도 불가능했다.

제2차 세계대전에서 미군은 일본 제로센 전투기에 맞설 수 있는 강력한 엔진을 요청하여 1,500 마력의 무스탕 전투기를 개발하였다. 제로센 전투기는 장갑이 약해서 총탄을 맞으면 쉽게 부서졌다. 심지어 고속으로 날아가면 기체가 약해서 승강타와 방향타 등의 기체 부품들이 파손될 지경이었다. 결과적으로 제로센은 무스탕에게 절대적으로 밀렸다. 엔진을 만드는 공업력의 차이가 공중전과 해전의 승패를 판가름한 것이다.

[표 8.3] 전쟁을 위해 개발된 물품

품명	적요
GPS	미국 국방부가 폭격의 정확성을 높이기 위해 개발
도로	로마가 제국 통치를 위하여 주요 정복지를 연결
로켓	2차 세계대전에서 독일이 원거리 공격을 위해 개발
방송국	테슬라가 발명한 라디오는 전쟁 수행을 위하여 지속적으로 개량
설사약	일본이 러일전쟁에서 배탈과 설사를 해결하기 위해 개발(정로환)
항공기	1,2차 세계대전에서 정찰기와 전투기로, 전후에는 여객기로 개발
원자력	2차 세계대전에서 미국이 폭탄으로 전후에는 발전소로 개발
인터넷	미국 국방성에서 전 세계 미군 기지들의 통신을 위해서 개발
차량	물건 운반용으로 시작된 차량은 군사용도로 혁신적으로 개량.
칼	돌칼로 만들기 시작한 칼은 전쟁을 통하여 강한 금속으로 개량.
컴퓨터	2차 세계대전에서 영국이 독일군의 암호를 해독하기 위하여 개발
탱크	1차 세계대전에서 영국이 참호에 있는 적군을 공격하기 위해서 개발
터보 엔진	2차 세계대전에서 전투기가 기압이 낮은 고공에서 높은 출력을 위해 개발
통조림	나폴레옹 시대에 개발된 군용 병조림을 영국이 통조림으로 개량.
마가린	유럽 군대가 날씨가 더운 열대에서 버터 대신 먹도록 제조.(분유, 연유 등)
화약	우연히 발견되었지만 8세기부터 군사용으로 사용되고 개량.
드론	표적용, 정찰용으로 시작되어 무인 공격기와 무인 전투기로 개량

현대 전투기들은 AESA 레이더[17] 등으로 성능이 고도화됨에 따라 전력 소모가 대폭 증가되었다. 따라서 발전기 출력을 높이기 위해 엔진 출력을 높여야 한다. 전투기는 전투행동 반경이 최소한 1,500km이지만 공군이 실전에서 원하는 거리는 2,000km 이상이다. 따라서 전투행동 반경과 고성능 레이더를 위해 고성능 엔진이 절대적으로 요구된다. 더구나 레이저 무기를 사용하려면 더욱 많은 전력이 요구되므로 엔진 성능이 공군력을 결정한다고 할 수 있다.

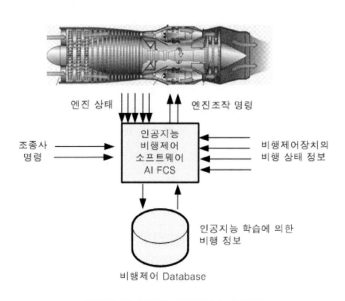

[그림 8.8] 인공지능 비행제어 소프트웨어

러시아와 중국의 전투기들이 미국 전투기에 밀리는 이유는 고성능 제트 엔진에 있다. 엔진의 성능이 제공권을 결정하고 제공권이 전쟁의 판도를 결정하기 때문이다. 이제는 엔진에 어떤 수준의 인공지능 기술을 반영하는가에 따라 전투기의 성능이 좌우된다. [그림 8.8]은 전투기의 비행제어 소프트웨어가 운영되기 위하여 각종 비행 상황과 전투 상황에 의하여 만들어진 자료들을 인공지능이 학습한 대량의 데이터베이스를 이용하여 조종사가 엔진을 조작하는 구성도이다. 비행제어 소프트웨어는 조종사의 명령과 비행제어장치들의 비행정보 그리고 엔진 상태 정보를 종합하여 비행제어 데이터베이스에 있는 최적의 자료를 찾아서 엔진에게

---

17 AESA 레이다(Active Electronically Scanned Array RADAR): 능동 전자주사식 위상배열 레이다. 기계식 레이다처럼 송신부와 수신부가 따로 회전하는 것이 아니라 작은 송수신 통합 모듈 수천 개가 붙은 고정식 레이다. 다수의 고속 이동 물체 추적 능력이 뛰어나다.

조작 명령을 내린다. 전투기 제트 엔진에는 센서들만 수백 개에서 수천 개에 이르기 때문에 엔진에서 발신하는 정보의 양도 대단히 많다. 엔진을 최적의 상태로 운영하기 위해서는 수많은 기상 상태와 비행 자료 그리고 전투 자료들을 인공지능이 학습한 자료가 상당량 축적되어 있어야 조종사가 비상상황에서 신속하게 전투에 임할 수 있다. 아무리 우수한 엔진을 개발해도 수없이 반복 실험하고 비축한 인공지능 학습 자료가 없으면 첨단 전투기를 효율적으로 운영하기 어렵다.

(2) 터보 과급기(turbo charger)

일본이 태평양 전쟁에서 미군에게 패한 이유 중 하나가 각종 무기들의 성능 부족이었다. 일본과 소련의 전투기들은 고공에서의 비행성에서 밀렸다. 터보 과급기(turbo charger)는 엔진에 높은 압력으로 공기를 밀어 넣는 장치이다. 터보 과급기가 있으면 공기가 희박한 고공에서도 높은 출력을 낼 수 있다. 영국과 미국 전투기 엔진에는 터보 과급기가 장착되어 공중전에서 우위를 누렸다. 고공에서 기동성이 좋은 연합군 항공기가 적군 항공기를 내려 보면서 공격할 수 있어서 매우 유리했다. 빨리 고공으로 올라간 전투기가 아래에 있는 적 전투기의 꼬리에 붙어서 공격을 하면 적 전투기는 당할 수밖에 없었다. 독일 전투기 엔진에도 터보 차져가 장착되어 그 기능이 없는 소련 전투기들을 고공에서 쉽게 제압하였다. 소련 공군은 전투기 후방에 기관총 사수를 배치하여 꼬리에 따라붙는 독일 전투기를 따돌리려고 했지만 효과가 없었다. 공군이 제공권을 잃으면 지상의 육군과 해상의 해군도 함께 고전한다.

(3) 레이더

레이더(RADAR, Radio Detecting And Ranging)는 전자기파를 물체에 발사하여 물체에서 반사하여 돌아오는 것을 수신하여 물체의 거리, 방향, 고도 등을 탐지하는 무선장치이다. 영국군은 레이더를 설치하고 적군 항공기의 움직임을 파악하였다. 독일군 항공대가 도버 해협을 건너오면 영국 공군은 고공에서 대기했다가 습격하였다. 장거리를 돌아가야 하는 독일 항공대는 시간에 쫓기며 공중전을 벌였다. 미군은 태평양에서 레이더로 일본군 군함과 항공기의 움직임을 미리 파악하고 전투를 했다. 일본군대는 밤중에 눈 밝은 병사들을 앞세워 적 군함의 움직임을 파악했기 때문에 정보전에서 밀렸고 패전으로 이어졌다. 눈에 보이지 않는 먼 거리에 있는 전투기와 교전할 수 있는 항공기를 전투기라고 정의한다. 전투기는 수백 km 밖에 있는 목표물들을 레이더로 탐지하고 공격할 수 있어야 한다. 그렇게 하려면 적을 탐지하는 고성능 탐지 레이더와 목표물을 추적하고 미사일을 유도할 수 있는 사격통제 레이더가 필요하다.

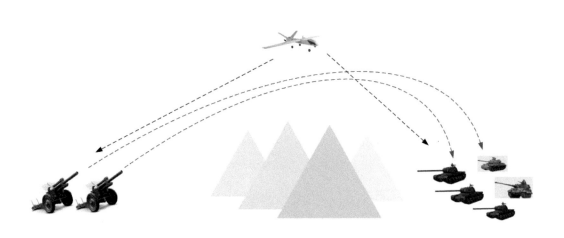

[그림 8.9] 드론의 포병 지원

18　Harop(Harpy 2라고도 함): 이스라엘 IAI회사가 만든 무인 전투기. 독자 비행하다가 적군 방공 포대를 만나면 자살 공격하거나, 원격조종에 의하여 공격하는 두 가지 방식이 있다.

19　TB2 Bayraktar: 튀르키에 Baykar 회사 개발 무인기. 2015년 실전 배치. 체공 시간 24시간. 미사일 4발 장착. 최고 속도 220km/h. 우크라이나에서 러시아의 판찌르 대공 포대들을 격파함.

수많은 목표물들을 아군과 적군으로 식별하려면 사전에 준비된 아군과 적군의 무기들에 대한 피아 식별 데이터베이스가 있어야 한다. 비슷해 보이는 무기들이 너무 많기 때문에 사전에 레이더 대상물들을 인공지능에 의하여 학습한 정보를 활용해야 한다. 군함은 이동 속도가 항공기에 비하여 느리기 때문에 더 빨리 공중의 목표물들을 탐지, 식별하고 신속하게 공격해야 한다. 따라서 군함의 탐지 레이더와 사격통제 레이더들은 예상되는 수많은 해상과 공중의 대상물들을 사전에 인공지능으로 학습한 데이터베이스를 구축해 놓아야 한다. 사전에 학습된 데이터베이스가 많은 자료들을 확보해야 실제 상황에서 신속하게 대처할 수 있다.

■ 드론 탐지 레이더

레이더 성능이 우수할수록 작은 물체들까지 다 보여주므로 레이더 화면이 복잡하다. 따라서 필요한 목표물을 식별하는 것이 쉽지 않다. 전투기, 폭격기, 여객기 등 대형 비행체들을 탐지하는 레이더는 아주 작은 물체들을 표시하지 않아야 한다. 그렇지 않으면 대형 비행체들을 탐지하는데 방해가 된다. 작은 드론들을 탐지하려면 새로운 레이더를 개발해야 한다. 새떼와 풍선 그리고 작은 비행체와 작은 드론들을 구분하여 탐지하는 것이 새로운 과제다. 따라서 레이더에 우수한 인공지능 기술을 접목하여 목표물들을 더 정확하게 식별해야 한다. 수많은 드론과 소형 비행체들을 대상으로 탐지 레이더가 인공지능으로 학습한 자료들을 축적해 놓아야 실제 상황에서 신속하게 대상물들을 탐지할 수 있다. 이것이 레이더에 인공지능 기술이 필요한 이유이다.

(4) 드론

드론(drone)은 컴퓨터와 통신을 이용하여 무인으로 동작하는 이동체이다. 이스라엘은 중동 전쟁을 치르면서 위장용 유인물(decoy)들을 만들어서 사용했다. 비행장에 가짜 전차와 전투기들을 만들어 놓기도 하고, 가짜 전투기를 하늘에 띄어 적 방공부대의 요격을 유도하고 대공 포대의 위치를 탐지하기도 했다. 더 나아가 안전한 정찰을 위하여 무인 정찰기를 개발하였다. 또한 무인기를 공격기로 개발하였고 '드론'이라는 이름으로 보급하였다. 미국 공군의 궁극적인 목적은 모든 전투기에서 조종사들을 내리게 하는데 있다고 한다. 무인 전투기는 자율비행을 해야 하므로 인공지능 기술이 절대적으로 필요하다.

(5) 로봇

로봇(robot)은 스스로 복잡한 일을 수행하는 기계이다. 선진국에서는 육군을 위한 다목적 무인 차량을 개발하여 시험 중에 있다. 이 차량들은 영상장치와 기관총 등을 장착하고 있으므로 수색, 전투, 정찰 등의 임무를 수행할 수 있고, 탄약과 환자 후송 등 물자 수송도 가능하다. 스스로 상황을 판단하고 임무를 수행할 것이므로 자율 로봇이라고 할 수 있다. 선진국에서는 자주포, 탱크, 전투차량 등을 모두 무인화하려고 한다. 이미 무인 함정 등이 개발되어 시범적으로 운용되고 있다. 유인 함정이 여러 대의 무인 함정을 앞세워서 정찰과 전투 임무를 시험하고 있다. 미래 전장에서는 사람이 무기를 들고 싸우는 것이 아니라 로봇들이 무기를 들고 싸울 것이다. 미군은 항공모함의 함재기를 무인기로 개발하여 시험 중에 있다. 로봇들은 자율운행이 기본적인 사양이기 때문에 성능 향상을 위해서는 인공지능 기술이 필수적이다.

8.2.3 첨단 무기 특징

현대 전쟁에서는 인공지능이 전투의 중요한 도구가 되고 있다. 인공지능이 잘 장착된 무기는 적군의 공격을 효과적으로 방어할 뿐만 아니라 적군을 효과적으로 공격할 수 있다. 전장에서 사용되는 무기가 발전되어 각 나라들의 하드웨어 수준이 비슷해짐에 따라 앞으로 전쟁의 승패는 소프트웨어인 인공지능이 크게 좌우할 것이다. 우수한 인공지능이 장착된 미사일은 정확하게 목표를 찾아가서 파괴할 것이고, 우수한 인공지능이 장착된 요격 미사일은 적의 공격을 효과적으로 방어할 것이다. 인공지능은 창과 방패의 역할을 동시에 수행한다. 우수한 칼이 방패를 뚫을 것이고, 우수한 방패가 칼을 막을 것이지만 우수한 인공지능 무기는 칼도 막고 방패도 뚫을 수 있을 것이다. 인공지능은 산업 발전에도 필수적이기 때문에 경제력을 고양하여 전쟁 능력을 더욱 높일 것이다.

1) 전자화

재래식 무기와 첨단 무기의 차이점은 무엇일까? 1950년대 이후에는 무기에 전자장치들 장착되기 시작했다. 항공기에는 전자 항법장치와 레이더가 들어가고, 전차에는 전자식 사격통제장치가 들어가고, 함정에는 레이더와 함께 고성능 유도 미사일이 장착되어 재래식 무기와 차별이 되고 있다. 6.25 전쟁 때 소련의 미그 15 전투기와 미국의 F86 세이버 전투기가 공중전을 벌였다. 미그 15기는 먼저 개발된 제트기였으며 세이버 전투기보다 항공 공학적으로 그리고 기계적으로 우수했다. 그러나 공중전에서 전자식 사격통제 장치를 장착한 세이버 전투기에게 크게 밀렸다. 항공기 하드웨어가 우수했지만 전자장치의 도움을 받지 못했기 때문에 전반적인 전투 성능에서 밀린 것이다.

수천만 명의 목숨을 앗아간 제2차 세계 대전이 끝나고 70 여년이 지났지만 전쟁은 지금도 계속되고 있다. 과거 전쟁은 병사들의 근육의 힘으로 치러졌다면 앞으로는 과학기술의 힘으로 치러질 것이다. 문명이 발전할수록 전쟁에서 차지하는 과학기술의 비중이 높아지고 있다. 증기기관이 발명된 후에는 군함과 철도에 증기기관이 장착되었고 내연기관이 발명된 후에는 엔진 기술이 육해공군의 전투력에 큰 영향을 주었다. 발전기가 발명된 후에는 모든 군사 장비들이 전기의 힘으로 돌아갔다. 통신 기술이 발전된 후에는 모든 군대가 통신장비를 전장에서 사용하게 되었다.

2) 유도 무기화: 정밀 포격/폭격

제2차 세계대전에서 항공기 한 대를 격추하기 위해서 사용된 탄약의 수는 약 5천발이 넘었다고 한다. 하늘에서 빠른 속도로 비행하는 항공기를 지상에서 총포탄으로 맞추기는 매우 힘든 일이었다. 우크라이나-러시아 전쟁에서 러시아군 포병은 화망을 구성해서 포탄으로 공격을 했다. 즉, 정밀한 포격이 아니라 정해진 지역 안에 대량의 포탄을 투하하는 것이다. 따라서 포탄 소모량이 많고 정밀 포격이 아니기 때문에 포격의 효과는 상대적으로 적을 수밖에 없다. 반면에 우크라이나 포병은 드론을 이용하여 목표물의 위치를 파악하고 사격제원을 계산하여 포격을 하였다. 드론이 탄착 지점을 무전으로 알려주면 사격제원을 수정하여 다시 포격하였다. 당연히 명중률이 높고 포탄 소모량도 적을 수밖에 없다.

현재 전장에서의 폭격과 포격은 모두 정밀 사격을 지향하고 있다. 항공기에서 투하하는 폭탄은 GPS 유도를 받거나 레이저 빔을 따라가거나 영상을 확보하여 폭탄에 장착된 카메라가 목표물을 따라가기 때문에 정확한 사격이 가능하다. 앞으로는 인공지능 기술이 포격과 폭격에 대폭 반영되어 정밀한 사격을 할 수 있을 것이다.

3) 무인화

미국 공군은 궁극적으로 모든 군용기에서 조종사들을 내리게 하려고 한다. 특히 전투기 조종사를 양성하고 유지하는 비용이 막대하고 조종사의 안전을 지키기 위하여 무인 전투기를 개발하고 있다. 인공지능이 빠르고 정교하게 전투기를 조종할 수 있다면 전투력이 크게 향상될 것이다. 조종사가 탑승하지 않으므로 생기는 공간에 무장과 연료를 더 채울 수 있고, 사람이 견딜 수 없는 극단적인 전투 비행도 가능하기 때문에 항속거리와 전투력이 더욱 향상될 것이다. 무인 전투기는 격추되어도 인명 피해가 없기 때문에 인권을 중시하는 선진국일수록 더욱 절실할 것이다.

라이트 형제가 비행기를 발명한 다음 제1차 세계대전에서 각 나라들은 적군의 현황을 파악하기 위해서 정찰기를 사용했다. 정찰기에 카메라를 싣고 가서 적진의 사진들을 찍어왔다. 상대국 군대는 정찰을 방해하려고 정찰기를 격추하기 시작하면서 정찰기 손실과 함께 조종사들의 피해가 늘어났다. 적군의 정찰기를 격추시키기 위하여 정찰기가 전투기로 발전하는 계기가 되었다. 이스라엘은 무인기를 정찰기로 만들어서 조종사를 태우지 않고 사진을 찍기 시작했다. 정찰기로 시작한 무인기들은 점차 무기를 장착하고 공격기 역할을 수행하기 시작하였다. 미래에는 무인 전투기들이 공중전을 벌일 것이다. 원거리에 있는 육상기지에서 드론을 조종하다가, 인공지능 기술이 발전하자 드론이 자율비행으로 적진에 날아가서 임무를 수행하기 시작하였다. 튀르키에는 무인 전투기를 개발해서 시험 비행을 하고 있다. 멀지 않아서 전투기도 무인기로 채울 것이다.

예전에는 오지의 국경선이나 해안 초소에서 병사들이 탐조등을 켜고 밤새 경계 근무를 섰다. 선진국에서는 초소에 영상 감시 장치와 함께 자동화기들을 배치하여 전방을 감시하다가 이상이 있으면 후방에 보고하고 필요하면 자동화기를 발사하며 경계에 임했다. 일종의 무인 경비 장치들이다. 앞으로는 무인 경비 장치에 인공지능이 추가되어 상황에 따라서 다양한 임무를 부여받고 자율 경계를 하게 될 것이다.

세계의 주요 국가 해군들은 무인 군함을 개발하고 있다. 미국은 약 150톤 규모의 무인 함정을 만들어 시험을 하고 있고 한국은 50톤 규모의 함정을 만들어 시험하고 있다. 처음에는 함정에 정찰 장비만 설치하고 시험을 했지만 지금은 함정에 각종 무기를 장착하고 전투 훈련을 시험하고 있다. 인명 손실을 최소화할 뿐만 아니라 하루 24시간 쉬지 않고 경계와 전투 임무를 수행할 수 있기 때문에 병역 자원 부족을 겪고 있는 나라들에게 더 많은 관심을 끌고 있다. 미국이 계획하고 있는 무인 전투 함정의 크기는 약 2,000톤이라고 한다. 유인 함정이 다수의 무인 함정들을 거느리고 전투하려는 목적으로 시험을 하고 있다.

주요 국가들은 육군을 위한 무인 전투차량을 개발하고 시험 중에 있다. 지프보다 작은 무인 차량을 개발해서 영상장비와 기관총 등으로 무장하고 정찰과 수색 임무를 수행하며 필요하면 부상병과 장비 등 무거운 짐을 나를 수 있다. 무인 전투차량이 정찰을 수행하고 보고하는 정보에 따라 유인 전투 부대가 기동하는 것으로 예상하고 있다.

4) 인공지능화

컴퓨터가 보급된 후에는 모두 군사 시설과 무기에 컴퓨터 기술이 반영되기 시작하였다. 인공지능이 활성화되면 모든 전쟁 장비와 무기에 인공지능 기술이 반영될 것이다. 따라서 미래에는 모든 군대와 무기에는 인공지능 기술이 장착될 것이다. 인공지능이 장착된 무기를 가진 적과 상대하면서 재래식 무기를 들고 싸우는 것은 자살 행위와 다름이 없을 것이다. 인공지능의 목표는 인간처럼 생각하고 행동하는 기계(인조인간)이므로 지능을 갖춘 무기들이 미래의 전장을 주도할 것이다.

인공지능으로 무장한 탐지 레이더 앞으로 비행하는 드론은 탐지되기 쉬울 것이다. 인공지능으로 피아를 식별하는 레이더 앞에서 적군의 눈을 속이기는 쉽지 않을 것이다.

결과적으로 볼 때 산업혁명의 꽃과 열매는 모두 인공지능이다.

8.1 다음 용어들을 정의하시오.
　　1) 산업혁명　　　2) 산업사회　　3) 인조인간　　　4) 로봇
　　5) 드론　　　　　6) 레이더

8.2 무기의 발전 과정을 설명하시오.

8.3 산업혁명의 단계별로 주요 에너지원을 설명하시오.

8.4 산업화 과정에서 인공지능의 역할을 설명하시오.

8.5 산업혁명과 융합의 관계를 설명하시오.

8.6 인공지능과 전투력의 관계를 설명하시오.

8.7 융합과 민주화의 관계를 설명하시오.

8.8 융합과 인지력의 관계를 설명하시오.

8.9 전쟁 기간에 기술 혁신이 많이 일어난 것은 무슨 이유인가?

8.10 전쟁 승패의 원인을 과학기술 차원에서 설명하시오.

8.11 개조인간과 인조인간의 목적과 차이를 구별하시오.

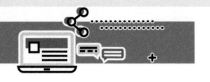

8.12   동력장치(엔진)의 발전 과정을 설명하시오.

8.13   과학기술과 전쟁의 관계를 기술하시오.

8.14   자동차와 비행기의 산업화 과정을 비교하며 설명하시오.

8.15   첨단무기의 특징을 설명하시오.

CHAPTER 9

인공지능의 미래

인간의 진화가 현재에서 멈출 것인가 아니면 앞으로 계속될 것인가? 전자를 주장하는 사람들은 과학 기술의 발달로 인하여 진화는 멈출 것이라 주장하고, 후자는 더욱 빠른 속도로 진화를 거듭할 것이라고 주장한다. 사람이 계속 진화하면 어떻게 될 것인가? 미래 과학 소설들을 보면 기괴하게 생긴 우주인들의 모습이 나온다. 두뇌만 크게 발달하거나 감각 기관만 극단적으로 확장된 모습이 보인다.

생각하는 기계는 앞으로 어떻게 발전할 것인가? 생물학적으로 보면 무생물에서 단세포 생물로 진화하였고 단세포가 다세포 동물로 진화하고, 다세포 동물이 어류, 양서류, 파충류, 포유류를 거쳐 영장류로 진화했다. 여기까지는 어느 누구의 도움 없이 스스로 진화한 것이다. 그런데 지적으로 우수한 사람들이 적극적으로 나서서 생각하는 기계의 진화를 돕는다면 어떻게 될 것인가?

앨런 튜링은 1990년대에, 그리고 '레이 커즈와일'은 2045년경에 특이점이 올 것이라고 예언하였다. 1990년대는 이미 지나갔다. 2045년부터 기계의 능력이 사람의 능력을 초과한다면 상상하기 힘든 일들이 벌어질 것이다. 지금까지는 사람들이 모여서 자신들의 지식을 융합하였지만 앞으로는 사람과 기계들이 모여서 또는 기계들만 모여서 지식을 창출하고 융합할 지도 모른다. 많은 SF 소설에서 꿈꾸었던 것들이 현실화되는 것을 보아왔던 우리는 새로운 꿈을 쫓아가고 있다. 과연 기계가 인간을 지배하는 사회가 올 것인가?

9.1 융합의 미래

여러 국제기관에서 발표하는 국가별 평균 지능지수를 보면 한국이 최고수준인 106 정도에 있는 반면에 이스라엘은 95 정도에 머물러 있다. 세계에서 가장 많은 노벨상을 탄 민족의 지능지수가 너무 낮은 것이 놀랍다. 반면에 노벨상이 없는 한국인들의 지능지수는 너무 높다는 생각이 든다. 지능지수는 노벨상과 아무 관련이 없는 것인가? 무슨 이유가 있는 것일까? 유태인들은 남녀노소를 불문하고 토론하고 소통하는 것이 매우 자연스러운 일인데 반하여 한국인들은 토론하고 소통하는 것이 어렵다. 융합의 전제는 소통인데 소통이 안 되니 융합이 어렵고 융합이 안 되니 새로운 발전을 이루기 어렵다.

한국 도서관들의 구조는 대부분 칸막이를 해서 사람들 사이를 구분하고 있다. 사람들이 아주 조용한 분위기에서 각자 책을 읽고 글을 쓰며 공부를 한다. 큰 시험을 준비하는 사람들은 고시촌에 가서 아주 좁은 쪽방에서 공부를 하거나 아예 산속에 들어가 외부와 단절한 채 공부하기도 한다. 이스라엘 도서관(예시바)에는 여러 사람들이 모여서 시끄럽게 떠들며 토론할 수 있도록 넓은 공간을 마련하고 있다. 여러 사람들이 질문하고 답변하면서 토론하는 과정에서 다른 사람들의 아이디어를 듣고 수용하고 교환하는 것을 중시하는 모습이다. 다른 선진국들의 도서관들도 떠들며 토론할 수 있는 크고 작은 방들이 많이 배치되어 있어서 학생 수에 따라 적당한 크기의 방에 들어가서 토론할 수 있다.

한국 사람들은 좋은 머리를 가지고 혼자서 공부하는 반면에 이스라엘 사람들은 지능은 조금 낮지만 여러 명이 모여서 대화하고 소통하면서 의견을 나누고 융합하는 경향이 있다. 한국인들은 혼자서 아무리 잘해봐야 자신의 머리만큼만 결실을 내지만 유태인들은 여러 명이 서로 협력하기 때문에 자신의 능력 이상으로 결실을 얻을 수 있다. 이것이 바로 소통과 융합의 효과이다.

미래 세계는 소통과 융합을 성공적으로 이루는 나라와 이루지 못하는 나라로 구별될 것이다. 소통과 융합에 성공한 나라들은 세계를 주도할 것이고 그렇지 못한 나라들은 낙오하고 쇠락할 것이다. 융합에 성공하기 위해서는 융합이 활성화되는 사회 환경을 만들어 가야 한다. 융합이 활성화되는 사회는 남녀노소를 불문하고 대화와 소통이 원활한 민주 사회이다. 권위와 권력이 지배하는 사회에서는 소통과 융합이 활성화되기 어렵다.

9.1.1 융합 환경

서양 철학을 공부하는 사람들은 몇 천 년 전 그리스 사람들의 세계를 이해하려고 노력한다. 철학에서 파생된 수학과 물리학을 공부하려면 고전부터 읽어야 한다. 이 학문들은 긴 세월에 걸쳐 오랫동안 발전해 왔기 때문에 최근에는 두드러진 발전이 나타나지 않는다. 토목공학 같은 분야도 인류의 역사와 함께 이미 수 백 년 전에 높은 수준까지 발전해 있기 때문에 최근에는 발전 속도가 아주 느리다. 그러나 최근에 시작된 컴퓨터 분야는 지금 이 순간에도 발전에 발전을 거듭하고 있다. 덕분에 컴퓨터를 전공하는 사람들은 수없이 바뀌는 신기술 때문에 새로운 책과 자료를 읽고 공부해야 하는 부담이 있다. 실제로 컴퓨터학과 교수 방에는 책과 자료들이 책장에 넘치도록 쌓여 있는 반면에 수학과 교수 방에는 상대적으로 작은 책장에 얼마되지 않는 책과 자료들이 있는 것을 볼 수 있다.

오래된 학문들이 새롭게 발전하기 위해서는 컴퓨터학과 같은 신학문과 융합을 해야 한다. 언어학, 경제학, 문학, 행정학 등은 새로운 학문과 융합함으로써 새로운 길을 찾고 발전을 기대할 수 있다.

융합을 하기 위해서 가장 필요한 것은 열린 마음이다. [그림 9.1]과 같이 서로 소통하고 교류하고 상대방을 받아들이는 사회가 열린사회이며, 열린사회는 융합을 하기 위한 전제이다. 열린사회가 되어야 민주화를 이루기 수월하다. 권위주의적인 사회는 열린사회의 반대인 닫힌 사회이다. 닫힌 사회에서는 문제점이 예상되고 발견되어도 관련 집단들 사이에 소통이 어렵기 때문에 문제가 해결되지 않고 사고로 이어지기 쉽다. 민주화를 이루면 대화와 교류가 활발하므로 문제를 발견하고 치유하기 쉽고 융합을 이루기도 수월하다. 닫힌 사회에서는 민주화를 이루기도 어렵고 융합을 하기는 더욱 어렵다. 닫힌 사회일수록 사회 분위기가 경직되고, 경직될수록 민주화가 미흡한 것을 볼 수 있다. 민주화가 이루어지면 융합이 이루어지고, 융합이 이루어지면 다양한 기술과 학문이 발전하면서 산업혁명을 이룬다. 산업혁명은 경제를 발전시키고 이어서 정치, 문화 등 모든 면에서 개혁이 이루어지고 선진국으로 가는 과정을 촉발한다.

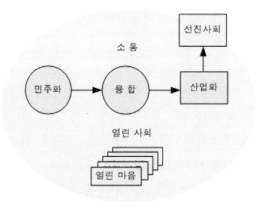

[그림 9.1] 융합과 산업화의 역할

조선 시대에는 봉건주의에 따라서 농업에만 치중하였다. 상업과 공업이 부진했으므로 백성들은 땅만 파고 살아야 하는데 농사는 자연에 큰 영향을 받는다. 농토 대부분이 천수답이었으므로 비가 안 오면 논과 밭에 가뭄이 든다. 가뭄이 계속되다가 비가 많이 오면 홍수가 들고 이어서 흉년이 든다. 흉년이 들면 굶주림과 관리의 수탈과 질병에 시달렸다. 주자 성리학에 치중하느라 상업과 공업을 억누르고 과학기술을 소홀히 하였으므로 산업이 성장할 수 없었다. 조선 말기에는 기상 이변으로 농업이 무너지자 민란 발생과 함께 굶주린 유민들이 대거 발생하여 만주로 소련으로 난민이 되어 떠나갔다.

소통이 경직된 독재국가에서도 노력하면 어느 정도 산업화도 하고 경제 발전을 이룩하고 중진국으로 성장할 수 있다. 그러나 민주화가 되지 않으면 중진국 함정에 빠지기 쉽다. 러시아와 중국 등이 산업화를 이루고 경제발전도 이루었으나 어느 수준에서 정체되거나 퇴보하는 것을 볼 수 있다. 산업화와 경제발전 과정에서 많은 모순과 문제점들이 발생하기 마련이고, 이들을 해결하기 위해서는 많은 대화와 소통이 필요한데 닫힌 사회에서는 소통이 어렵다. 민주화가 진행되면 국민의 권리가 신장되어 수많은 갈등이 노출되는데 서로 상대방을 인정하고 수용하는 열린 자세가 부족하면 민주화가 다시 역행할 수도 있다.

> **T·I·P 조선과 한국**
>
> 조선 시대에 백성들은 매우 가난하게 살았다. 조선 사회는 계급사회였으며 노예제 사회였다. 같은 계급사회에서도 계파가 다르면 자리에 같이 앉지도 않고, 대화도 하지 않고, 결혼도 하지 않으려고 했다. 노론은 노론끼리만 대화하고 소론은 소론끼리만 대화했다. 상소제도가 있어서 언로가 확보되어 있다고 했지만 노론은 노론끼리 모여서 소론은 소론끼리 모여서 회의를 했다. 상소문이 아무리 많이 쌓여도 노론과 소론간의 대화는 없었다. 그야말로 대화가 부재한 사회였으며 닫힌 사회였다. 귀족들 간에 대화가 없으므로 귀족과 백성들 사이에는 더욱 대화가 있을 수 없었다. 백성들이 아무리 굶주리고 병들어도 지배층으로부터 뾰족한 대책은 나올 수가 없었다. 계급 간에 대화가 없었고 같은 계급 안에서도 대화가 부족한 경직된 사회였다. 상명하복과 충성을 강요하는 사회였으므로 융합을 기대하기는 정말 어려운 사회였다. 조선은 같은 계파와 씨족들이 끼리끼리 세도정치를 거듭하다가 결국 나라가 망하고 말았다.
>
> 한국은 개화기를 거치면서 노예제도와 함께 계급사회가 사라지고 여성이 참정권을 얻고 사회에 진출하였다. 한국이 선진국에 진입하게 된 것은 모두 열린사회 덕분이다. 열린사회는 소통을 원활하게 하여 민주화를 이루었고, 민주화는 융합을 가능하게 하였으며 융합은 산업혁명을 가능하게 하였다. 한국은 극빈 상태에서 민주화와 융합에 성공하였고, 산업혁명과 함께 경제 발전을 거듭하여 선진국에 이르렀다. 모두 소통과 민주화 덕분이다.

민주 사회에서는 모든 사람들이 동등한 자격을 가진다. 권력이 있거나 없거나, 부자거나 가난하거나, 학력이 높거나 낮거나, 힘이 세거나 약하거나 누구나 다 한 표의 권리를 행사한다. 민주 사회는 모든 사회 구성원들이 서로 동등하며, 서로 상대방의 권리를 인정하고, 다수결에 의하여 의사를 결정하는 사회이다. 민주 사회는 법치 사회이다. 법치 사회란 법에 의하여 운영되는 사회이다. 법률에 의하지 않고는 인신을 구속할 수도 없고, 세금을 걷을 수도 없다. 민주 사회는 대화로 문제를 해결하는 사회이다. 따라서 대화를 나누는 장이 폭넓게 확보되고 활용되어야 한다. 민주 사회는 열린사회이므로 사회 구성원들 사이에 대화가 잘 되고, 대화가 잘되면 융합이 가능하므로 산업화를 추진되기 용이한 사회이다.

융합은 작고 간단한 것으로 시작하여 크고 복잡한 것으로 발전한다. 연필에 지우개를 연결하여 지우개 달린 연필을 만들고, 자전거에 모터를 연결하여 모페드를 만드는 작업은 큰 지식이 없어도 가능한 간단한 융합이다. 제트 전투기에 레이더와 대공 미사일을 장착하여 전투기를 만드는 작업은 크고 복잡한 융합이다. 여기에는 비행제어 컴퓨터와 사격통제 컴퓨터를 연결하고 레이더를 이용하여 목표물을 탐지하고 추적하며 미사일을 발사하는 복잡한 융합 기술이 요구된다. 또한 아날로그 융합과 디지털 융합을 다 포함하고 있기 때문에 많은 시간과 비용이 든다. 기존 제트 비행기에 레이더와 대공 미사일을 장착하는 융합 작업은 보통 수천만 달러 이상의 비용이 소요된다. 기술이 발전함에 따라 앞으로의 융합 환경은 점점 더 크고 복잡한 작업으로 변화한 것이다.

9.1.2 융합의 성장과 미래

융합은 목표가 아니라 수단이다. 인공지능에 성공하려면 융합이라는 수단을 잘 활용해야 한다. 융합은 경쟁을 통해서 성장한다. 특히 위기를 맞아서 위기에서 탈출하려는 노력으로 성장할 수 있다. 실제로 융합과 혁신은 전쟁 기간 동안에 폭발적으로 성장하였다. 국가적 위기에 직면하여 전 국민이 위기를 극복하려는 노력이 융합과 혁신을 가져왔다. 위기를 느끼지 못하는 사회는 융합이나 혁신이 요구되지 않는다. 영국이나 독일에서 산업혁명이 일어난 이유는 동일하다. 영국은 대륙에서의 발전 특히 네델란드의 성장과 세계 지배에 대한 위기를 느끼고 산업화를 추진하였다. 그 결과 많은 융합을 통하여 혁신에 성공하고 산업혁명에 성공하였다. 독일은 영국과 프랑스 등의 발전에 위기를 느끼고 산업혁명에 나섰다. 일본은 서구 열강의 막강한 군사력에 위기를 느끼고 무사들이 중심이 되어 메이지 유신을 거쳐 산업혁명에 성공하였다. 한국은 6.25 전쟁으로 폐허가 된 후에 북한의 위협을 절감하고 경제력과 군사력을 갖추기 위하여 산업화를 추진하고 산업혁명에 성공하였다. 북한도 역시 한국의 발전에 위기를 느끼고 많은 목표를 세우고 발전하려고 노력하였다. 그러나 독재에 따르는 사회 체제의 경직성 때문에 민주화를 포기하고, 융합에 실패하고 산업화에 실패하여 굶주림과 질병에 시달리는 사회가 되었다.

선진 공업국으로 살아남기 위해서는 끊임없이 융합과 혁신을 추구해야 한다. 그러기 위해서는 항상 세계의 흐름을 파악하고 앞서 가려는 노력으로 위기의식을 가져야 한다. 선진국 대열에서 낙오하면 어떤 비극이 올지 모른다는 역사의 경험을 잊지 말고 철저히 경계하고 준비해야 한다. 선진국 부자들은 외부에 기부는 해도 자기 자식들에게는 공짜로 돈을 마구 뿌려주지 않는다. 아무리 부자라도 자기 자식에게 필요한 돈은 자식이 노력해서 확보하도록 한다. 큰 부자의 자식들이 최저 임금을 받으며 노동하는 모습을 보고 '부잣집에 살면서 왜 그런 고생을 하느냐?'고 물으면 '제 부모가 부자지 저는 부자가 아닙니다'라는 말을 듣는다고 한다. 미국, 캐나다, 호주 등에서는 대학 학자금을 대다수의 학생이 정부에서 대출을 받아서 낸다. 학생들은 졸업한 후에 대출받은 등록금을 갚아야 하기 때문에 학비에 많은 돈을 투자할 가치가 있는지를 스스로 숙고하게 된다. 열심히 공부하기 어려운 상황에서는 대학에 다니지 않고, 공부할 수 있는 상황이 오면 그때 정부에서 대출받아서 대학을 다닌다. 한국에서는 부모가 등록금을 직접 내거나 부모 이름으로 학자금 대출을 받기 때문에 학생들은 자신의 등록금이 얼마인지 모르기 쉽다.

1차 산업혁명에서는 물리, 기계, 화학 등이 융합하여 증기기관과 직물기계를 만들었고, 2차 산업혁명에서는 물리, 화학, 기계, 전기가 융합하여 내연기관과 화학공업을 만들었고, 3차 산업혁명에서는 컴퓨터가 제반 산업과 융합하여 정보산업을 만들었고, 4차 산업혁명에서는 인공지능이 제반 분야와 융합하여 정교한 산업화를 추진하고 있다. 앞으로 5차 산업혁명에서는 바이오 분야가 주도적으로 융합하여 제반 산업을 혁신할 것으로 예상된다.

로마

서기 200년대의 로마는 세계에서 가장 번영했던 선진국이었다. 영국 북부에서 시작해서 유럽을 거쳐 흑해에 이르고 다시 홍해를 거쳐 북 아프리카를 거쳐서 스페인의 이베리야 반도까지 지배하고 있었다. 모든 길은 로마로 통한다는 말처럼 로마는 세계를 지배하고 있었다. 로마의 자부심은 강력한 군대가 정복 전쟁에서 승리한 것과 로마의 지배체제와 문화가 개방적이었기 때문이다. 그러나 로마인들이 콜로세움에서 즐기고 자만심으로 만족하며 점차 폐쇄적으로 변해갔다. 중산층과 함께 군사력이 서서히 무너졌다. 게르만족의 용병을 고용해서 로마를 지켰는데 이들이 반란을 일으키자 제국 전체가 무너졌다.

몽고

1300년대의 몽고는 세계 역사상 가장 큰 나라였다. 동양의 끝에서 중동을 거쳐 동유럽까지, 몽고 고원에서 중국 남부까지 아우르는 대제국을 건설하였다. 몽고는 세계 최고라는 자만심에 취해서 무너지기 시작하였다. 주원장의 농민군이 반란을 일으켰을 때 몽고 장수들이 출정하기 위해서 말 위에 올랐으나 너무 비대해서 말을 타고 달릴 수가 없었다. 결국 몽고족은 걸어서 몽고로 돌아갔다.

오스만 터키

1500년대의 오스만 터키는 당시 세계에서 가장 강력한 선진국이었다. 슐레이만 1세의 성공적인 대외 정복과 내치는 군사적으로 경제적으로 제국을 번영하게 하였다. 유럽과 아시아와 아프리카를 석권한 오스만 터키는 최고의 자만심으로 충만해 있었다. 세계 최고라는 자신감으로 점차 자신이 유럽과의 경쟁에서 밀리고 있는 것을 몰랐다. 과거에 집착한 오스만 터키는 혁신에 실패하고 1920년대에 스스로 무너졌다.

청나라

1700년대의 청나라는 세계에서 가장 부유하고 강력한 나라였다. 중국 역사상 가장 넓은 국토를 차지할 정도로 정복 전쟁에서 승리하였다. 청나라는 자만심으로 충만해 있었기 때문에 외국과 교류할 필요성도 없었고 마음도 없었다. 유럽에서 요구하는 모든 통상 요구를 거절하고 스스로 자족하였다. 스스로 자족한 결과 청나라는 외세에 의해 사분오열되고 사라졌다.

선진국들이 추락한 공통점은 강한 자만심으로 인하여 외부와의 교류를 줄이고 울타리 안에서 만족했기 때문이다. 외부와 소통하고 다양한 의견을 존중하고 융합과 혁신을 지속하려는 노력이 사라지면 강력했던 선진국도 사라진다.

지금까지 산업혁명은 기계와 IT를 중심으로 발전되어 왔으나 앞으로는 생명과학 분야로 산업의 중심이 서서히 이동할 것이다. 그 이유는 눈에 보이는 모든 하드웨어와 소프트웨어들이 상당한 수준으로 성장하였기 때문에 이제는 기계에 생명을 불어넣는 일이 필요한 단계가 되었기 때문이다. 현재는 기계 같은 로봇이 등장하여 서비스하고 있으나 앞으로는 사람과 구분이 되지 않는 로봇들이 등장하여 서비스할 것이다. 지금은 침팬지 같은 로봇을 만들어서 야생 침팬지 무리에 접근해서 침팬지를 동료로 생각하게끔 속이는 기술을 사용하고 있다. 침팬지뿐만 아니라 야생의 여우나 악어 같은 동물 모형을 만들어서 야생 동물을 연구하고 있다. 야생 동물을 속이지 않으면 야생 동물에 접근할 수 없으므로 가짜 야생 동물을 만든 것이다. 그러나 미래에는 사람과 아주 비슷한 로봇을 만들어서 진짜 사람을 속이며 접근할 것이다.

지금도 애플의 시리(Siri) 등과 같은 음성 인식 서비스와 대화를 하는 사람들이 인공지능과의 사랑에 빠져서 시리(Siri)와 결혼하고 싶다고 고백하기도 한다. 앞으로는 외모까지 사람과 같아 보이는 인공지능을 만나서 사랑을 고백하는 경우가 발생할 수 있을 것이다. 2045년이 되면 특이점이 온다고 하니까 그 이후에는 정말로 가능할지도 모른다. 과거 SF 영화에서 나오는 것들이 앞으로 우리가 살고 있는 세상에서 구현되는 것이다.

9.1.3 융합 이해를 위한 문답

■ 융합이 계속되면 과학기술은 계속 발전할 것인가? 아니면 어느 선에서 멈출 것인가?

융합이 계속되면 어느 선에서 멈출 것으로 예상된다. 태동한 역사가 긴 학문들은 발전 속도가 매우 늦기 때문에 수학과 같이 오랫동안 성숙한 학문들은 발전의 여지가 작다고 볼 수 있다. 그러나 융합이 계속되면 그 과정에서 새로운 분야가 나타날 것이고 새로운 수요가 생기면 그 분야를 계속 발전시킬 것이다. 그런 관점에서 융합은 계속 발전을 이어갈 것으로 생각한다.

■ 제1차 산업혁명에서는 어떤 융합이 추진되었나?

1차 산업혁명은 증기기관과 직물산업이 핵심이었다. 따라서 증기기관을 제작하기 위한 기계, 물리, 화학, 전기 등이 융합되었다. 직물산업은 목화에서 실을 뽑아내고 다시 직물을 만드는 작업이 핵심이므로 역시 기계공학과 물리학이 섬유학과 융합되었다. 여러 분야의 융합이 없었다면 산업혁명은 매우 어려웠거나 지연되었을 것이다.

■ 제2차 산업혁명에서는 어떤 융합이 추진되었나?

2차 산업혁명은 내연기관을 중심으로 전기와 화학 산업이 핵심을 이루었다. 따라서 내연기관을 제작하기 위한 기계, 물리, 화학, 전기 등이 융합되었으며, 전기 산업을 위하여 전기, 물리학 등이 융합되었고, 화학 산업을 위하여 화학, 기계, 전기 등이 융합되었다. 당시에 석유 유전이 발견되어 저렴한 가격에 에너지가 공급된 것도 융합의 원인이 되었다.

■ 제3차 산업혁명에서는 어떤 융합이 추진되고 있나?
3차 산업혁명은 전기산업이 전자산업으로 분화되어 전자기술로 인한 산업의 전자화가 원인이 되었다. 자동차, 비행기, 선박 등 모든 기계분야가 전자장치로 더욱 발전할 수 있었다. 또한 전자산업의 총화인 컴퓨터를 중심으로 언론/방송, 기업, 행정 등 다양한 분야의 정보매체와 정보처리 기능을 정보화하는데 융합이 많은 기여를 했다. 특히 영상, 소리, 동영상 등의 다매체를 정보화하고 이들을 융합하는데 진전이 있었다. 다매체 정보화는 아직도 여러 분야에서 추진 중에 있으므로 이 부분은 3차 산업혁명이 진행하는 단계라고 할 수 있다.

■ 제4차 산업혁명에서는 어떤 융합이 추진되고 있나?
4차 산업혁명의 핵심은 인공지능과 초연결이므로 인공지능이나 초연결을 위한 네트워크 기술의 융합이 진행 중이다. 인공지능은 신경과학, 지능, 기계공학, 컴퓨터, 언어 등의 융합이 진행되고 있으며, 초연결은 인터넷 등의 네트워크 통신망으로 기능한 통신, 물리, 전기, 컴퓨터 등의 융합이 추진되고 있다. 인공 신경망의 성장으로 인하여 기계가 스스로 학습하는 기계학습 기술이 모든 분야로 확장되고 있다. ChatGPT 3.5의 매개변수 수가 약 1,600만 개라고 하는데 앞으로 1조개를 넘어서 100조개를 목표로 확장 중이라고 한다. 자료의 수가 많아질수록 인공지능의 능력도 향상될 것이다.

■ 제5차 산업혁명에서는 어떤 융합이 추진될 것인가?
5차 산업혁명에서는 모든 기계장치에 생명력을 불어넣기 위하여 바이오 기술을 중심으로 융합할 것이다. 따라서 개조인간과 인조인간을 더욱 추진할 것이다. 지금까지는 기계의 기능과 행동을 인간처럼 따라 하는 것을 목표로 연구되었으나 앞으로는 기계에게 생명체로서의 역할을 부여하기 위하여 생물학이 더욱 융합될 것이다. 이와 함께 인간의 사고 기능을 기계에 추가하기 위하여 심리학, 언어학, 논리학, 철학 등의 연구가 더 절실하다.

9.2 인공지능의 미래

SF 소설을 보고 많은 사람들이 미래를 꿈꾸기도 하지만 두려워하기도 한다. 1970년대 한국 사회에 컴퓨터가 처음 도입되었을 때 컴퓨터를 사용할 수 있는 사람이 별로 없었다. 대학에서 FORTRAN이라는 컴퓨터 프로그램을 강의했지만 실제로 컴퓨터를 사용할 수 없어서 교실에서 말로만 강의했다. 그러나 지금은 사무실에서 컴퓨터나 스마트폰을 사용하지 않고 일하는 사람은 거의 없다. 현대 사회에서 생존하기 위해서는 컴퓨터와 인터넷을 잘 다루어야 한다. 금융권에서는 지점을 점점 폐쇄하고 인터넷 서비스를 이용하라고 한다. 디지털에 미숙한 사람들은 점차 고립감을 느낄 수 있다.

미래에는 직종에 관계없이 인공지능을 다루지 않고 일하기 매우 어려울 것이다. 업무 상 기본적으로 컴퓨터를 사용해야 하므로 인공지능 지식을 갖추는 것은 사회생활에 필수적이다. 예전에는 첨단 기계나 새로운 것을 싫어하는 사람들이 노골적으로 컴퓨터를 배척하기도 했다. 그러나 앞으로는 컴퓨터나 인공지능이 좋든 싫든 인공지능이 잘할 수 있는 것은 인공지능에게 맡기는 방향으로 흘러가고 있다. 인공지능은 이미 현대인들에게 필수적인 휴대품이 되고 있다. 인공지능 환경과 미래를 살펴본다.

9.2.1 인공지능 환경

1980년대에는 인공지능 세탁기, 인공지능 에어컨 등과 같은 용어로 인공지능이라는 말이 유행하였다. 지금은 빅테크 기업마다 챗봇을 만들어서 보급하고 있기 때문에 음성 인공지능과 많이 익숙해져 있다. 집에서 쉬거나 TV를 시청하다가 챗봇을 불러서 날씨를 물어보고 모르는 상식들을 물어보고 전화를 거는 것을 부탁하기도 한다. 우리는 이미 인공지능과 대화를 나누면서 살고 있다. 예전에는 주차장에 들어갈 때 주차권을 뽑고 들어가서 나올 때 주차권을 제시하고 주차비를 지불했다. 지금은 주차장에 들어갈 때 카메라가 차량 번호를 인식하고, 나올 때는 주차 정산 기계에서 결제하기 때문에 주차 직원을 만날 일이 없다. 전에는 사람이 하던 일들을 기계가 대신하고 있다. 그 대신 문제가 발생하면 해결해줄 사람을 기다리는 불편을 감수해야 한다.

사람들이 하던 일을 점차 기계가 스스로 대신하고 있다. 전에는 물리적인 일만 하던 기계가 이제는 지적인 일을 하면서 일의 범위를 늘려가고 있다. 인공지능의 역할이 점차 확대되고 있다. 인공지능 환경이란 인간이 정신적으로 하던 일을 기계가 대신할 수 있는 환경이다. 이제는 사람이 생각하는 과정을 컴퓨터 프로그램으로 변환할 수 있어야 한다. 따라서 어릴 때부터 컴퓨터 프로그램을 코딩하는 교육이 필요하다. 사람의 생각이 컴퓨터에서는 프로그램으로 바뀌어야 하기 때문이다.

어린이를 키우는 요즈음 부모들은 아이들에게 외국어를 가르치기 위해서 많은 비용을 지출하고 있다. 세계가 하나가 되는 마당에 외국인들과 대화를 하기 위해서는 외국어를 필수적으로 공부해야 한다. 마찬가지로 기계와 대화하기 위해서는 기계가 사용하는 언어를 배워야 하고 기계와 소통할 수 있도록 익혀야 한다. 기계가 동작하는 원리인 물리와 전기에 대한 지식을 함께 갖추어야 한다. 한국은 전통적으로 책상에 앉아서 문서로 하는 일을 중요하게 생각하고 물리적인 작업을 경시하였으나 시대가 바뀌었다.

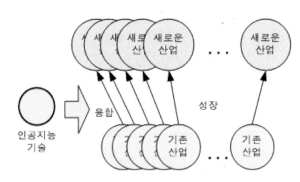

(a) 기존 산업과 인공지능의 융합

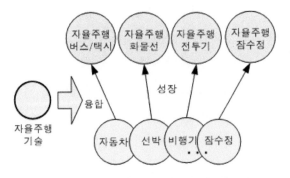

(b) 기존 운송 차량 사업과 자율주행 기술의 융합

[그림 9.2] 인공지능과 기존 산업의 성장

인공지능을 간단하게 정의하면 "사람처럼 생각하고 행동하는 컴퓨터 프로그램"이다. 인공지능의 기반은 1차적으로 신경과학, 심리학, 기계공학, 컴퓨터과학, 언어학 등이다. 2차적으로는 생물학, 뇌과학, 철학, 인류학, 자동제어, 물리학, 전기/전자공학, 수학, 논리학, 의미론 등이다. 따라서 이들 학문과 기술을 폭넓게 이해하고 융합할 필요가 있다. 다시 말하면 자연과학과 인문학, 사회과학 그리고 예술 분야가 깊이 연결되어 융합되어야 한다.

(1) 인공지능의 문제점

인공지능은 양날의 칼이 될 수 있다. 잘 활용하면 매우 훌륭한 도구 역할을 하지만 잘못 사용되면 매우 위험한 도구가 될 수 있다. 다이너마이트와 원자력이 좋은 역할과 나쁜 역할을 모두 할 수 있듯이 인공지능도 마찬가지이다. 항상 부정적인 사용을 염두에 두고 대비해야 한다.

1) 인공지능의 보안 문제

SNS가 많이 보급되어 여러 나라에서 사용되면서 보안 문제가 대두되고 있다. TikTok(抖音)은 중국의 ByteDance에서 제작한 인공지능 SNS 플랫폼이다. TikTok은 휴대폰만 있으면 15초에서 1분 사이의 짧은 영상을 쉽게 만들고 공유할 수 있어서 미국에서 10대들에게 인기가 많다. 문제는 미국 정부에서 TikTok을 국가 보안 상 매우 위험하다고 판단한 것이다. 중국 공산당에서 TikTok을 통하여 미국의 개인정보를 대량으로 수집한다고 판단하고 국가 차원에서 TikTok을 퇴출하기로 결정했다. 단순한 SNS같으면 별 문제가 없는데 인공지능이 들어간 SNS는 매우 정교하게 개인 정보를 훔쳐가기 때문에 국가의 안보에 위협이 된다는 것이다. 적성국가의 인공지능이 SNS를 이용하여 안보를 위협하는 일들이 얼마든지 발생할 수 있기 때문에 국가 차원에서 경계를 하는 것이다.

2) 자율주행 차량의 사고 책임

자율주행 차량이 사고를 냈을 때 책임은 누구에게 있는가? 차량을 만든 제조업자인가? 아니면 차량을 구매하거나 임대한 사용자인가? 제조업자는 사용자가 사용법을 지키지 않아서 생긴 사고라 주장할 것이고, 사용자는 차량이 잘못 만들어져서 그런 것이라고 주장할 것이다. 제조업자와 사용자 사이의 책임 경계가 분명하지 않기 때문에 분쟁이 발생할 수 있다. 따라서 예상되는 분쟁을 미리 점검하고 책임 소재를 분명하게 가리는 지침을 갖추어야 한다. 차량 사고 발생 시에는 우선 차량이 자율운전 상태였는지 아니면 사람이 운전하는 상태였는지에 따라 책임이 달라진다. 자율운전 상태였다면 어느 단계에서 운행되고 있었는지에 따라 책임이 달라진다.

[표 1.6]과 같이 자율주행은 0에서 5단계까지 나누어진다. 0단계는 온전하게 사람이 운전하는 단계이고 5단계는 완전한 자율주행 단계이므로 사람의 개입이 필요하지 않는다. 그러나 0단계에서 4단계까지는 부분적으로 사람의 개입이 필요하다. 따라서 0단계에서 4단계까지 완전 자율주행 단계가 아닌 경우에는 사람이 책임을 져야 하고, 5단계에서는 제조회사가 책임을 져야 한다. 이것은 사고 당시의 운전 상황이 매우 중요하다는 뜻이다.

3) 인공지능 저작물의 저작권

인공지능의 능력이 사람의 능력을 뛰어 넘으면 사람처럼 예술 작품을 만들 수도 있다. 만약 인공지능이 미술 창작품을 만들었다면 저작권은 누구에게 부여할 것인가? 인공지능을 제작했거나 구매한 사람인가? 아니면 인공지능 자신인가? 한국의 저작권법 제2조 제1호는 저작물의 정의를 '인간의 사상이나 감정을 표현한 창작물'이라고 규정하고 있다. 따라서 한국에서는 인간이 만들지 않은 것은 저작물로 인정받기 어렵다. 미국 저작권 당국에서는 인간 저작자 요건을 갖추지 못했기 때문에 인공지능의 저작권을 거절한 사례가 있다. 미국 연방항소법원에서도 원숭이가 찍은 사진에 대해 저작권을 인정하지 않은 사례가 있다. 그러나 인도와 캐나다에서는 인공지능에게 저작권을 인정한 사례가 있다. 대부분의 국가에서는 인공지능에 저작권을 부여하지 않고 있다. 따라서 앞으로 이것을 대상으로 소송을 하는 판례가 많이 누적되고 연구되어야 할 것이다.

⑵ 인공지능과 일자리

과학기술이 발전하면 새로운 일자리가 생기고 그에 따라 어떤 일자리는 사라진다. 자동차가 나오면서 마부와 말과 마차 공장의 일자리가 사라지고 자동차 공장과 운전수 그리고 정비공장의 일자리가 생겼다. 자동차가 생기니까 도로가 필요해서 산업도로와 고속도로가 생겼다. 산업도로에는 느린 화물차가 다니고 고속도로에는 빠른 화물차와 고속버스들이 달린다. 대한통운, 한진고속 등이 운수산업을 발달시켰고, 각 지역에는 화물을 보관하는 창고업까지 생겼다. 따라서 새로운 산업이 생기면 기존 산업이 없어지기도 하지만 새로운 산업이 더 많은 일자리를 창출하기도 한다. 중요한 것은 어떤 일자리가 사라지고 어떤 일자리가 생길 것인지를 미리 파악할 수 있어야 한다. 인공지능 기술이 발전하면 어떤 일자리가 사라지고 어떤 일자리가 생길 것인가?

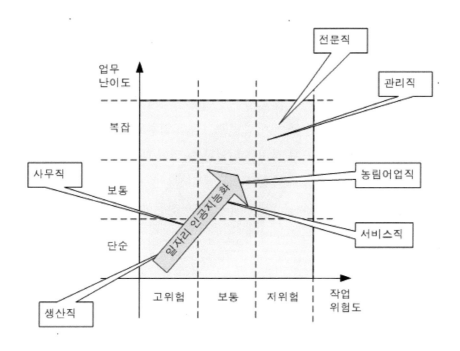

[그림 9.3] 인공지능과 일자리 변화

인공지능이 발전하면서 일자리가 변화하는 것은 [그림 9.3]과 같이 업무의 난이도와 위험도의 관계로 볼 수 있다. 산업화가 진행되면서 생산 기계 자동화에 이어 사무 기계 자동화를 추진하여 생산성을 향상하였다. 기업의 공장 생산성 향상을 위하여 생산 공정에 설치된 기계와 관련된 작업은 주로 위험도가 높은 업무들이다. 이들 기계 작업들을 자동화함으로써 생산성을 향상하고 생산직 근로자들의 중노동과 사고를 미연에 방지할 수 있었다.

업무 난이도가 높고 작업 위험도가 낮은 업무를 자동화하는 것은 쉽지 않은 일이다. 변호사들의 법서비스, 의사들의 진료 서비스들은 고도의 지식이 요구되는 일로 기계화나 자동화로 해결하기 힘든 분야이다. MYCIN과 같은 의료 전문가 시스템들이 있지만 의사는 의사 지식만 필요한 것이 아니라 환자를 격려하면서 인간적으로 소통하는 일이 매우 중요하기 때문에 자동화로 해결하기 어렵다. 정부와 기업의 관리자 업무도 고도의 통찰력이 필요하므로 인공지능으로 처리하기 어려운 분야이다.

1970년대 이후에 컴퓨터로 사무관리를 자동화함으로써 사무직들의 단순한 작업들이 기계화되기 시작하였다. 기업의 급여계산, 회계, 판매관리 등의 업무는 정해진 절차와 규칙에 따라 처리되는 일이므로 자동화가 쉽게 진행되었다. 정보통신 기술의 발달로 인하여 전자상거래가 활성화되면서 판매직 업무가 기계화되기 시작하였다. 코로나19로 인하여 비대면 서비스가 증가함에 따라 많은 사무와 판매업무가 자동화되었다. 금융기관과 정부 산하기관의 서비스 업무는 위험도가 높지도 않고 업무 난이도가 역시 높거나 낮지 않으므로 자동화가 천천히 진행될 것이다. 여기에는 농림어업 근로자들의 업무도 해당된다. 많은 장비들이 도입되어 일손을 돕고 있지만 전적으로 장비에 일임할 수 없기 때문이다. 다만 시간적으로 볼 때 점차 작업 위험도가 낮고 난이도가 복잡한 업무에도 생산성 향상을 위하여 인공지능이 참여할 것이다. 그림에서 푸른색 영역은 인공지능이 더욱 천천히 진행될 것이다. 중앙의 노란색 부분은 생산성 향상이 예상되는 부분이다.

인공지능이 보급되고 있지만 미흡한 부분이 많이 남아있다. 자율주행 차량이 나왔지만 아직도 가끔 사고를 내고 있다. 지금부터 단기적(5년 정도)으로는 큰 변화가 없겠지만 중기적(10년 정도)으로 또는 장기적(20년 정도)으로는 인공지능이 직업에 큰 영향을 줄 것이 틀림없다.

앞으로 10년에서 20년 사이에 현재 직업의 40~50%가 사라질 것이라고 한다. [표 9.1]과 같이 사라질 직업들은 단순 조립 생산직, 텔레마케터, 운동 경기 심판, 물류 직원, 단순 번역자, 자동 창고관련 근로자들이 예상된다. 전화 교환원, 주차요원 등은 이미 사라져서 보이지 않는 곳이 많이 있다. 무인점포들이 증가하는 것을 볼 때 상점과 금융권의 계산대 창구 직원들도 계속 사라질 것이다.

새로 생겨나는 일자리는 인공지능과 지능 로봇 기술자, 자료를 다루는 자료과학자, 기존 학문과 새로운 기술을 융합하는 직업 등이 될 것이다. 인공지능이 성장할 것이므로 컴퓨터 관련 일자리 역시 증가할 것이다. 현재 초등학생들의 50% 이상이 현재 존재하지 않는 새로운 직업에 종사할 것이라고 한다. 따라서 특정한 기술을 배우는 것보다 새로운 지식을 배울 수 있는 능력을 키우는 것이 더 중요하다고 한다.

[표 9.1] 인공지능 시대 직업의 변화

사라질 직업 (단순 반복 작업)	존속할 직업 (창조적 작업)	새로운 직업 (신기술 작업)
조립 생산직	예술 등 창작직	인공지능 설계 개발
계산대, 창구 서비스직	경영/관리직	자료과학, 자료관리
콜센터 서비스직	의료직	지능 로봇 개발
차량 운전직/정비직	상담직	인공지능 시스템 분석
자료 입력직	엔터테인먼트직	인공지능 프로그래머
단순 번역직	농림/어업 숙련직	인공지능 장비 정비직

센서는 하드웨어지만 센서를 다루는 인공지능 기술은 소프트웨어이므로 빨리 발전할 것이다. 센서 활용 기술이 발전하면 감시원, 경비원과 같은 역할은 충분히 수행할 수 있을 것이다. 지금도 시설 감시나 경비 초소에 근무하는 사람들이 강력해 보이지 않는 이유는 이들의 역할이 무력을 행사하는 것이 아니라 상황을 빨리 파악하여 강력한 대응팀을 불러오는 것이기 때문이다. 따라서 감시, 경비, 정찰, 수색 등에 관한 업무는 인공지능이 대신할 것으로 예상된다.

센서 기능이 향상되면 상가 등에서 상품의 재고를 파악하고, 매출 합계를 계산하고, 고객에게 정기적으로 메일을 보내는 일 등 단순하고 반복적인 일들은 인공지능이 수행할 것이다. 다만 고객의 불만 처리나 새로운 제안을 하는 등의 예외적인 일을 수행하는 경우에는 사람이 필요할 것이다. 지금도 일상적인 생활용품을 파는 곳에는 무인 판매점이 증가 일로에 있다.

의사 전문가 시스템이 아무리 발전하여도 의사가 환자의 애로 사항을 듣고 격려하고 위로하는 역할이 크기 때문에 의사들은 여전히 필요할 것이다. 장기적으로 사람이 계속 필요한 업무는 사람마다 결정하는 내용이 다를 수밖에 없는 복잡한 일이다. 많은 경험이 필요한 의사결정은 인공지능이 아니라 사람이 계속해야 할 것이다.

9.2.2 인공지능의 성장과 미래

기존의 학문과 기술들은 이미 오래전부터 발전해왔기 때문에 더 이상 급격하게 발전하기는 어렵다. 기존 학문들은 역사적으로 많은 수재들이 오랫동안 연구하고 개발했기 때문에 특별한 천재들이 새롭게 나와서 물꼬를 터주기 전에는 더 이상 발전하기 어렵다. 특히 물리적인 하드웨어 분야는 발전을 거듭하여 높은 수준에 올라와 있기 때문에 더 이상 새로운 기술을 개발하는 것이 쉽지 않다. 그러나 소프트웨어인 인공지능은 이제 시작하는 학문과 기술이며 인공지능의 특성 상 인공지능의 결실이 [그림 9.2]와 같이 다른 모든 기존 분야와 융합하여 새로운 영역을 창출할 수 있기 때문에 성장 가능성이 크다. 특히 여러 학문 분야에서 가장 연구하지 못하고 미지의 상태로 남아있는 부분이 뇌과학이다. 뇌과학이 발전할수록 인공지능도 발전하게 된다. 생물학, 뇌과학, 심리학 등이 발전할수록 인공지능의 성장과 적용 범위가 더욱 넓어질 것이다.

1940년대에 앨런 튜링은 컴퓨터를 만들면서 특이점(컴퓨터가 사람의 지능을 뛰어넘는 시기인)이 1990년대에 올 것이라고 예상하였다. 그러나 이 예상은 적중하지 못했고 지금은 레이 커즈와일이 2045년경에 특이점이 올 것이라고 예측하고 있다. 따라서 앞으로 20여년이 지나면 사람의 지능을 뛰어넘는 인공지능이 나온다고 생각할 수 있다. 현재 시점에서 특이점을 불러올 수 있는 주요 기술은 심층 신경망의 딥러닝 기술이다. 딥러닝은 스스로 학습하면서 자신의 능력을 키워갈 수 있고, 어떤 특별한 지식이나 경험으로 무장하지 않아도 관련 분야의 많은 자료들만 있으면 그것을 이용하여 학습할 수 있기 때문이다. 딥러닝의 기반이 수많은 자료에 있으므로 지난 20여 년 동안 빅데이터가 발전해온 것도 딥러닝의 발전에 큰 도움이 된다.

인공지능이 발전하면 무인 로봇이 개발되어 매우 위험한 환경이나 장소에 사람이 투입되지 않아도 되기 때문에 우주 개척이나 심해나 고산지대 연구와 오지 탐사에 큰 도움이 될 것이다. 지금은 달 여행을 하기 위하여 사람이 타고 견딜 수 있는 수단을 만들기 위해서 매우 큰 비용과 기회를 지불하고 있다. 사람과 같은 수준의 인공지능 로봇이 달 여행을 하게 되면 비용 절감과 함께 여행 기회와 안전이 크게 향상될 것이다.

(1) 인공지능 발전 3단계

인공지능은 주어진 문제를 해결하는 단계를 지나 예상되는 문제를 스스로 발견하고 해결하는 방식으로 발전할 것이다. 이를 위해 여러 분야의 연구와 융합과 투자가 함께 이루어질 것이다. 매킨지[20]는 2025년 인공지능 시장 규모가 2000조원에 이르고 인공지능으로 인해 7,000조원에 이르는 파급 효과가 창출될 것이라고 전망했다. 인공지능은 약 인공지능으로 시작해서 강 인공지능으로 구분되며 장차 초 인공지능으로 발전할 것으로 예상된다. 그러나 약 인공지능과 강 인공지능에 대해서도 조금씩 다른 견해가 있다.

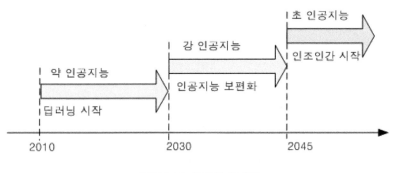

[그림 9.4] 인공지능의 미래

약 인공지능은 현재 사용하고 있는 보조적인 도구로서의 인공지능이다. 이에 반하여 강 인공지능은 인간의 기능을 완벽하게 재현하는 인공지능이라고 본다. 초(super) 인공지능은 강 인공지능이 더 강력해져서 자아를 가진 것으로 보는 견해이다. 다음의 분류는 인공지능의 성능을 기준으로 작성된 것으로 시간적인 의미가 있다.

1 단계: 약 인공지능(narrow intelligence)

약 인공지능은 특정한 분야에서 주어진 일을 인간의 지시에 따라 수행하는 인공지능을 말한다. 즉 현재와 같이 좁은 범위에서 인간의 지능과 비슷하거나 뛰어넘는 수준이다. 외국어를 번역하고, 사진에서 물체를 찾고, 소리에서 현장 상황을 파악하는 수준의 인공지능이다. 얼굴 인식, 인터넷 검색, 자율주행차는 모두 약 인공지능이다. 예를 들어, 알파고의 바둑, 구글의 자동 번역기, IBM 닥터 왓슨, 애플의 시리, 아마존 알렉사, 페이스북의 자동 얼굴인식, 소프트뱅크의 페퍼 로봇, 엔비디아의 자율주행 차량 등이 바로 약 인공지능으로 분류된다. 이들은 범위가 좁고 기능이 부족하기 때문이 아니라 진정한 지능으로 인정되는 요소를 갖추지 않았기 때문에 약 인공지능으로 분류된다.

---

20 McKinsey & Company: 1926년 시카고 대학 James O. McKinsey 교수가 설립 한 글로벌 경영 컨설팅 회사. 세계 3대 전략 컨설팅 회사. 고객의 재정 및 운영에 중점

2 단계: 강 인공지능(general intelligence)

강 인공지능은 약 인공지능의 제한된 기능을 넘어서 더 발달된 인공지능이다. 앞으로 모든 영역에서 인간의 지능과 대등한 수준을 보일 수 있을 것이다. 인간이 할 수 있는 지능적인 작업을 성공적으로 수행할 수 있어야 한다. 기존의 다양한 작업이나 상황에 대한 지식을 추정할 수 있어야 한다. 따라서 알파고나 구글 번역기 등 모든 분야에서 인간보다 뛰어날 것이다. 2020년 12월에 딥마인드[21]는 강 인공지능의 초기 모델인 Muzero를 발표했는데 이것은 일체의 규칙이나 정보 제공 없이도 바둑이나 체스 등을 스스로 학습하는 능력을 보여 주었다. 세계 최초로 사우디아라비아에서 시민권을 획득한 인공지능 로봇 '소피아'도 강 인공지능의 하나이다. OpenAI가 개발한 ChatGPT도 강 인공지능에 속한다.

그러나 지금까지는 인간과 대등하거나 뛰어넘는 강 인공지능이 개발되었다고 인정하기 어려운 수준이다. 알파고와 같은 인공지능들은 아직도 제한된 범위에서만 인간과의 경쟁을 하기 때문이다. 강 인공지능을 개발하려면 인간의 정신을 뇌가 아닌 컴퓨터에 구현해야 한다. 그렇게 하려면 뇌만 인위적으로 재현해도 정신이 나타나야 한다. 이론적으로는 가능하지만 구현 방법이 아직은 미흡한 실정이다.

튜링 테스트(Turing test)는 인공지능의 지능 유무를 판정하는 수단이다. 중국어 방에서 사람을 속일 수 있는 인공지능을 만들었다고 가정하자. 인공지능이 중국어의 의미를 이해하지 못하더라도 계산과 정보처리를 통해 자신이 중국인이라고 사람을 속일 수는 있다. 그렇지만 사람을 속일 수 있다고 해서 중국어를 이해하는 능력(지능)을 가졌다고 볼 수는 없다.

3 단계: 초 인공지능(super-intelligence)

강 인공지능의 성능이 폭발적으로 향상된 것을 초(super) 인공지능이라고 한다. 인간의 행동을 단순히 흉내 내거나 이해하는 정도를 벗어나 근본적으로 파악할 수 있다. 따라서 초 인공지능은 모든 영역에서 인간의 지능을 뛰어넘는다. 스스로 판단하는 자유의지도 갖고 있으며, 인간의 상상을 초월하는 범위로 능력의 한계 없이 발전할 것이다. 결국 한 개의 초 인공지능이 전 인류 지능의 합을 넘어설 수 있을 것이다. 초 인공지능은 인간의 특성을 활용하면서 인

---

21 Deepmind: Alphabet 자회사, 영국의 인공지능 프로그램 개발 회사. 천재로 알려진 데미스 허사비스가 박사학위를 받은 후에 설립. 구글이 2014년에 4억 달러에 인수. 알파고 개발.

간을 훨씬 뛰어넘는 처리 능력과 분석 능력으로 강화된 컴퓨터이므로 점차 인간이 쓸모없는 존재가 되는 공상과학소설과 같은 반이상향(dystopia)이 거론된다.

[표 9.2] 약한 인공지능과 강한 인공지능과 수퍼 인공지능의 차이

약 인공지능	강 인공지능	초 인공지능
특정 분야에 적용	다양한 분야에 적용	다양한 분야에 적용
인간 지능 흉내	인간 지능과 유사하거나 이상	인간보다 우수
인간 두뇌의 일부 기능	인간 두뇌의 일반 지능	인간 두뇌보다 우수
현재의 인공지능 수준	2030년 수준	2045년 수준
감정, 느낌이 없음	감정과 자의식의 부분적 가능	감정과 자의식 가능
시리, 알파고, 전문가 시스템	과거 SF 수준	현재 SF 수준

약 인공지능이 시작된 것은 [그림 9.4]와 같이 신경망이 활성화되면서 기계학습이 활발하게 연구되기 시작한 2010년대이다. 2010년대에는 알파고 등이 나와서 사람들을 놀라게 하고 많은 사람들에게 자극을 주었다. [표 9.2]와 같이 2030년경 부터는 인공지능이 보편화되어 인공지능이 사람들을 놀라게 하는 일은 적어질 것이다. 인공지능이 일상화되는 강 인공지능 시대로 접어들 것으로 예상된다. 미래학자 '레이 커즈와일'은 인류는 2045년에 특이점(singularity)에 도달할 것이라고 예측했다. 초 인공지능이 구현되면 인류가 그동안 풀지 못했던 기아, 기후변화, 우주개발 등 난제를 해결하는데 큰 도움이 될 것이다. 인간의 능력과 수명이 무한하게 확장될 것이다. 반면에 이에 대한 사전 준비와 대응 조치가 없으면 인류가 인공지능 기계를 제어하지 못하고 오히려 인공지능의 노예가 되는 미래가 올 수도 있다. 초 인공지능은 잠재력이 뛰어나기 때문에 잠재적 위험 요소를 방지하면서 이익을 얻는 방법을 강구해야 한다.

[그림 9.5]는 2022년 1월 TIME 잡지의 표지 사진이다. 부제에 "이 사람은 영생을 얻을 것인가?"라는 글이 있다. 레이 커즈와일은 2045년경이면 인간이 기계(컴퓨터)와 결합하여 영생을 누릴 수 있게 될 것이라고 주장한다.

[그림 9.5] 사이보그

(2) 캄브리아기 대폭발

현존하는 동물들의 상당수가 캄브리아기(the Cambrian period)[22]에 나타났다고 한다. 고생물학자들의 연구에 의하면 캄브리아기 이전에는 동물의 종류가 별로 많지 않았는데 이때에 이르러 갑자기 다양한 종류의 동물들이 출현했다고 한다. 그 원인은 산소와 오존 농도의 증가, 칼슘의 증가, 눈의 진화, 포식자와 피식자의 경쟁, 플랑크톤의 증가 등을 들고 있으나 정확한 것은 아직 밝혀지지 않았다고 한다. 가장 유력한 가설은 강력한 포식자의 등장으로 다수의 피식자들이 생존하기 위하여 다양한 수단을 강구하는 과정에서 다양한 종들로 진화했다는 설이다.

진화 생물학의 연구에 의하면 대폭발의 원인으로 다음과 같이 네 가지 가설을 세우고 있다.

① 눈의 진화

눈이 발달하여 멀리서 다가오는 포식자들을 쉽게 볼 수 있게 되었다. 포식자들도 눈이 발달하여 멀리 있는 피식자들을 쉽게 파악하게 되었다고 한다. 눈이 밝으면 번식을 하기 위하여 멀리 있는 배우자들을 쉽게 찾을 수 있다.

② 코의 진화

코를 이용하여 냄새를 맡는 능력이 크게 향상되어 포식자나 피식자들을 멀리서도 쉽게 확인할 수 있게 되었다. 이때 코가 발달하였기 때문에 개과의 동물들은 아직도 냄새를 잘 맡기 위하여 항상 코를 차게 하고 축축한 상태를 유지한다. 눈과 코는 중요한 사물들을 찾기 위하여 원거리 탐지용으로 진화된 기관이다.

③ 강력한 포식자

매우 강력한 힘을 갖춘 포식자가 나타나서 피식자들을 마구 잡아먹었기 때문에 많은 피식자들이 살아남기 위하여 빨리 도망가는 능력을 키우도록 진화했다. 결과적으로 동물들의 이동 속도가 매우 빨라지기 시작했다고 한다.

---

22 the Cambrian period: 약 5억 3,500만 년 전부터 5억 2,500만 년 전 사이. 지질학적으로 고생대에 속한다.

④ 단단한 피식자

피식자들이 포식자의 공격으로부터 몸을 방어하는 노력을 적극적으로 하기 시작했다는 것이다. 이전에는 부드러운 외피를 입고 있었는데 점점 두껍고 단단한 외피를 두르게 되었다. 실제로 몸체의 외부를 매우 단단한 것으로 감싼 동물들이 많이 나타났다고 한다.

⑤ 빨라진 피식자

피식자들이 포식자로부터 빨리 도망가기 위하여 지느러미와 꼬리를 발전시키고, 몸의 체형마저 바꾸었다. 느렸던 물고기들의 지느러미와 꼬리가 커지고 수영에 적합한 유선형으로 체형이 바뀌었다.

2010년대부터 세계 산업계에 신경망을 이용한 인공지능이 등장하여 캄브리아기 대폭발과 같은 변화를 맞고 있다고 한다. 빅데이터가 등장하여 시장의 변화를 시시각각 신속하게 파악할 수 있는 눈을 갖게 해주었다. 빅데이터는 기업에게 눈과 코의 역할을 해주기 때문에 사업에 필수적인 도구가 되었다. 인터넷과 SNS 등을 통하여 수없이 교환되는 정보들은 사업 현장의 변화를 실감할 수 있는 귀중한 기초 자료이다. 빅데이터를 적절하게 수집하고 잘 관리하는 기업일수록 시장 환경의 변화를 멀리 보고 미리 대처할 수 있을 것이다.

인공지능을 장착한 차량과 아닌 차량의 유용성은 자동차 시장에서 하늘과 땅 사이로 갈릴 것이다. 기존 무기에 인공지능을 장착한 군대는 그렇지 못한 군대를 쉽게 무찌를 것이다. 인공지능이 장착된 미사일은 목표물을 놓치지 않고 정확하게 타격할 수 있고, 인공지능이 장착된 요격 미사일망은 적군의 공격을 쉽게 물리칠 것이다. 인공지능은 강력한 공격 수단이지만 강력한 방어 수단이 된다. 인공지능은 기업의 세계에 캄브리아기 대폭발과 같은 영향을 주고 있다. 신속하고 적절하게 대응하는 기업만이 대변화의 격동에서 생존할 수 있을 것이다. 인공지능 시대에는 인공지능 기술이 기존의 수많은 산업들과 융합하여 다양한 새로운 산업체들을 만들어낼 것이다.

9.2.3 인공지능 이해를 위한 문답

■ 인공지능과 로봇은 같은 것인가 아니면 어떻게 다른가?

인공지능은 사람처럼 생각하고 행동하는 컴퓨터 프로그램이고, 로봇은 사람과 비슷한 모습으로 스스로 일을 할 수 있는 기계이다. 따라서 인공지능은 인간의 지능과 같은 소프트웨어를 의미하고 로봇은 신체나 기계와 같은 하드웨어를 의미한다고 볼 수 있다. 실제로 로봇 연구에서는 두뇌 이외의 부분을 연구하는 사람들이 많이 있고, 인공지능 연구에서는 지능을 연구하는 사람들이 많이 있다. 따라서 로봇의 두뇌에 해당하는 부분이 인공지능이라고 말할 수 있다.

인공지능은 알파고와 같이 게임하는 프로그램이나 의사의 진단 프로그램 등이 있는데 모두 외적인 모양이 필요하지 않는 것들이다. 그 이유는 '인공지능은 '생각한다'는 것을 실현하기 위하여 추상적인 것을 다루기 때문이다. 반면에 로봇은 어떤 형태의 신체를 가지고 물리적인 행동을 사람처럼 수행하는 것을 볼 수 있다.

■ 사람처럼 생각하고 행동하는 인조인간을 만들 수 있는가?

진짜 사람처럼 만들 수는 없지만 적어도 외관상으로는 사람과 구분할 수 없을 정도의 물리적인 인조인간을 만들 수 있다고 생각한다. 지금도 야생 동물 연구를 위하여 침팬지, 악어, 두루미와 같은 동물과 외관을 유사하게 만들고 반응하며 소리도 내는 인형을 만들어서 이들과 어울리게 하는데 성공하고 있다. 이들의 움직임도 골격 등의 신체 구조를 동일하게 제작하여 걸음걸이와 행동도 비슷해 보인다. 따라서 시간이 지나면 외관상으로는 아주 유사한 인조인간을 만들어서 연인처럼 높은 수준의 대화를 유지하며 인간과 유사하게 행동을 함으로써 인간을 속일 수 있을 것이다.

■ 인공지능이 인간의 일자리를 얼마나 빼앗을까?

이미 인공지능이 여러 분야에서 인간의 일자리를 빼앗고 있다. 인공지능은 주어진 많은 자료를 기반으로 특정한 모델을 만들어서 예측하고 행동하는 프로그램이다. 따라서 이미 주어진 환경에서 창의적인 생각이 요구되지 않는 일들은 인공지능이 일자리를 빼앗을 것이다. 세무사와 회계사와 같이 매우 엄격한 규칙 아래에서 일을 하는 것은 인공지능이 유리하다. 그러나 창의적인 생각이 필요하거나 매우 다양한 상황에서 판단을 해야 하는 경우의 일들은 빼앗기 어렵다. 예를 들어, 가정에서 서비스하는 로봇은 가정부를 대신하기 어려울 것이다. 왜냐하면 각 가정의 구조와 설치된 가구와 사람들이 집집마다 다르기 때문에 로봇이 어디서나 똑같이 일하기는 어렵기 때문이다.

■ 인공지능이 사람보다 똑똑해질 수 있는가? (특이점 문제)

인공지능이 비약적으로 발전하여 인간의 지능을 뛰어넘는 기점을 특이점(singularity)이라고 한다. 사람은 무생물에서 출발해서 오랫동안 진화하여 현재의 지능을 갖게 되었다. 이 과정에서 어느 누구의 도움도 받지 않고 스스로 자연환경에 부딪치며 진화해온 것이다. 인공지능은 사람의 적극적인 노력에 의하여 개발되고 있으므로 시간이 충분히 주어지면 인간의 지능을 뛰어넘을 수 있다고 생각한다.

■ 인공지능은 상상력을 가질 것인가?

인공지능에게 과제를 주면 잘 수행하는 분야가 지금도 있다. 인공지능이 그림을 그리고 음악도 작곡하고 있다. 사람은 자신의 쌓은 경험과 지식으로 상상력을 구사할 수 있다. 누구나 상상력을 구사하라고 교육을 받기도 한다. 인공지능에게 많은 자료를 주고 지식을 쌓게 하고 상상력을 가지라고 하면 어떤 수준인지는 모르지만 상상력을 발휘할 수 있을 것이다. 그러나 그 상상력이 인간을 뛰어넘기는 어려울 것이라고 생각한다.

■ 인공지능이 잘 하지 못하는 것은 무엇인가?

인공지능은 많은 자료로부터 학습함으로써 예측하는 능력을 갖는다. 즉 과거 자료를 경험함으로써 지식을 갖추는 것이므로 경험하지 못한 것을 묻는다면 답변하기 어려울 것이다. 사람도 자신이 전혀 경험하지 못한 분야에 대해 묻는다면 잘 모르는 것과 마찬가지이다. 인공지능에게 수천만장의 바둑 기보를 전해주고 골프에 대해서 묻는다면 답변하지 못할 것이다.

가끔 자율주행 차량이 사고를 내는 신문 기사를 볼 수 있다. 인공지능이 경험하지 못한 교통 표지판이나 이상한 차량을 발견하면 적절하게 대응하지 못하기 때문에 사고를 내기 쉬운 것이다.

■ 인공지능이 사람과 같은 감정을 가질 것인가?

사람이 감정을 갖는 것은 눈, 귀, 코, 입, 피부를 통하여 외부 정보를 접했을 때 두뇌가 반응하는 것이다. 아기들의 경우에 맛있는 사탕을 주면 기뻐하고 엄마를 보면 좋아하는 것을 볼 수 있다. 마찬가지로 인공지능에게 인간과 유사한 감각을 입력받을 수 있는 센서를 잘 부착하고, 이들 센서를 통하여 다양한 기쁨과 슬픔 등을 학습시킨다면 어느 정도 가능하리라고 믿는다. 지도학습을 통하여 특정 정보에 대해서 기쁨과 분노 등을 학습시키는 경험이 중요하다고 생각한다.

이성과 달리 감정은 주관적이기 때문에 사람과 같은 감정을 갖는다는 것은 매우 쉽지 않은 작업일 것이다. 인공지능은 컴퓨터 프로그램으로 객관성을 기반으로 하기 때문에 더욱 어려울 것이다. 인공지능에게 활동적인 감정을 주입할 수도 있고, 내향적인 감정을 주입할 수도 있으므로 경험이 중요할 것이다.

■ 인공지능이 인간의 통제를 벗어나 스스로 행동할 것인가?

인공지능은 기계학습을 통하여 인간의 언어와 지식을 학습할 수 있으므로 인간의 통제를 반드시 받는다는 보장이 없다. 아무리 조물주가 생명을 창조했더라도 새로운 생명은 조물주의 의도와 달리 자신의 의지로 살아갈 수 있듯이 인간이 인공지능을 창조했더라도 인공지능은 스스로 학습하여 스스로의 길을 갈 수 있을 것이다. 두 개의 다른 인공지능들에게 대화를 시켜보면 이들의 입장과 주관을 이해할 수 있다. 이런 시험은 이미 시도되고 있다. 세계 최대 인공지능 연구소 OpenAI에서 만든 인공지능 ChatGPT[23] 두 개에게 서로 대화를 시켜보았고 이들의 대화를 통하여 충분히 인간의 통제를 벗어날 의지와 능력을 갖추고 있음을 확인할 수 있었다.

ChatGPT는 스스로 대통령 연설문도 작성하고 소설과 시도 쓸 수 있다. 특정 상황을 설명하고 시를 써달라고 하면 분량은 많지 않지만 실제로 시를 써준다고 한다. 물론 그림도 그릴 수 있다. 프로그램도 작성하고 악보를 만들기도 한다. 사람 수준에는 못 미치지만 인공지능이 창작을 할 수 있다는데 의미가 있다.

---

23 https://chat.openai.com/

연습 문제

9.1 다음 용어들을 정의하시오.

1) 특이점　　　 2) 약 인공지능　 3) 자율주행　　　 4) 소통

5) 민주화　　　 6) 초 인공지능

9.2 캄브리아기의 특징을 설명하시오.

9.3 열린 사회와 닫힌 사회는 어떻게 구분할 수 있는지 설명하시오.

9.4 인공지능이 발전하면 일자리는 어떻게 변화하는지 설명하시오.

9.5 인공지능이 제작한 미술품의 저작권은 누구의 것인지 설명하시오.

9.6 자율주행 차량이 사고를 냈다면 누구의 책임인가?

9.7 특이점은 언제 올 것인지 설명하시오.

9.8 앞으로 인류의 진화는 빨라질 것인가 아니면 정체할 것인가?

9.9 인공지능이 잘 할 수 있는 것과 잘하지 못하는 것을 구분하여 설명하시오.

9.10 인공지능이 사람과 같은 감정을 가질 수 있는가?

9.11 검색 엔진과 chatbot의 관계를 설명하시오

9.12   5차 산업혁명이 어떻게 전개될지 전망하시오.

9.13   선진국이 발전할 수 있었던 원인을 설명하시오.

9.14   산업혁명의 전제 조건들을 설명하시오.

9.15   기존 챗봇과 ChatGPT를 비교하고 미래를 전망하시오.

참고문헌

B. Jack Copeland, "The Church-Turing Thesis", Stanford Encyclopedia of Philosophy, 1997.

Emilio Soria Olivas, 「Handbook Of Research On Machine Learning Applications and Trends: Algorithms, Methods and Techniques」, 2009.

Gartner, "Gartner Top 10 Strategic Technology Trends for 2020", 2019

http://www.etnews.com/20160531000431(accessed Dec., 31, 2017).

https://chat.openai.com/chat

https://plato.stanford.edu/entries/church-turing/#Bib,

https://sites.google.com/a/chosunbiz.com/healthcareinnovationforum/ (accessed Dec., 31, 2017

https://www.mk.co.kr/economy/view.php?sc=50000001&year=2018&no=121638

John Ross Quinlan, "Induction to Decision Trees", 1986 Kluwer Academic Publisher, Machine Learning 1: 81-106, 1986.

M. Yan, P. Castro, P. Cheng, and V. Ishakian, "Building a Chatbot with Serverless Computing", Proceedings of the 1st International Workshop on Mashups of Things and AP Is, pp. 5, 2016.

OpenAI, "Language models are few-shot Learner", 2020

Schmidt, E. & Cohen, J. "The new digital age: Reshaping the Future of people, Nations and Business", Hodder and Stoughton, 2013

Schwab, K, "The Fourth Industrial Revolution", World Economic Forum, 2016

Stuart J. Russell and Peter Norvig, Artificial Intelligence : A Modern Approach 3rd Edition, Prentice Hall, New Jersey, 2009.

Turing, A. M, "Computing machinery and intelligence", Mind, 49: 433-460, 1950

Y. LeCun, Y. Bengio, and G. Hinton, "Deep learning", nature, Vol. 521, pp. 436-444, 2015.

<나는 미래다> 방송제작팀 지음, 권용중 옮김, "인공지능의 현재와 미래", 보아스, 2020

4차산업혁명위원회, "4차 산업혁명 대응을 위한 기본 정책방향", 2017

김대수 지음, "처음 만나는 인공지능", 생능출판사, 2020

김대식 지음, "인간 VS 기계", 동아시아, 2016

김영순 지음, "제4차 산업혁명과 초연결사회 그리고 사물인터넷 시대", 한국콘텐츠학회지 제 17권 제3
    호, pp. 14-17, 2019

김진호 지음, "빅데이터가 만드는 제4차 산업혁명", 북카라반, 2016

니시다 케이스케 지음 김성훈 옮김, "구글을 지탱하는 기술", 멘토르, 2008

다다 사토시 지음, 송교석 옮김, "처음 배우는 인공지능", 한빛미디어,2017

데이비드 마이어스 지음, 신현정·김비아 옮김, "마이어스의 심리학 개론", 시그마프레스, 2008

도현진 지음, "전쟁이 발명한 과학기술의 역사", 시대의창, 2021

레이 커즈와일 저 김명남·장시형 옮김, "특이점이 온다", 김영사, 2007

레이 커즈와일 저 윤영삼 옮김, "마음의 탄생", 크레센도, 2016

마쓰오 유타카 지음, 박기원 옮김, "인공지능과 딥러닝", 동아엠앤비, 2021

숀케이시 지음, 이수겸 옮김, "기계는 어떻게 생각하는가?" 이지스 퍼블리싱, 2019

와쿠이 요시유키·와쿠이 사다미 지음, 권기태 옮김, "엑셀로 배우는 머신러닝", 성안당, 2021

요시다 슈지 지음, 심윤섭 옮김, "마음의 탄생", 시니어 커뮤니케이션, 2009

유수정 지음, "4차 산업혁명과 인공지능", 한국멀티미디어학회지 제21권 제4호 2017

이대열 지음, "지능의 탄생", 바다출판사, 2017

이모토 타카시 지음, 김기태 옮김, "인공지능교과서", 성안당, 2021

이병욱 지음, "데이터베이스총론", 도서출판 그린, 2009

이병욱 지음, "산업혁명과 융합", 21세기사, 2022

이병욱 지음, "정보검색론", 도서출판 그린, 2012

이병욱·최영미 지음, "융합 개론", 21세기사, 2020

이병욱·황준 지음, "드론 소프트웨어", 21세기사, 2019

이시카와 아키히코 지음 신상재·이진희 옮김, "인공지능을 위한 수학", 프레릭, 2018

이인식 지음, "지식의 대융합", 고즈윈, 2008

임용한 지음, "세상의 모든 혁신은 전쟁에서 탄생했다", 교보문고, 1914

임준식 지음, "인공지능 프로그래밍", 도서출판 그린, 2002

제러미 블랙 지음, 유나영 옮김, "거의 모든 전쟁의 역사", 서해문집, 2022

제리 카플란 지음, 신동숙 옮김, "인공지능의 미래", 한스미디어, 2017

조민호, "인공지능의 역사, 분류 그리고 발전 방향에 관한 연구", Journal of the KIECS. pp. 307-312, vol. 16, no. 2, Apr. 30. 2021

천인국 지음, "인공지능", 인피니티북스, 2021

클라우스 슈밥 지음, 김민주·이엽 옮김, "제4차 산업혁명", 메가스터디BOOKS, 2018

토시 월비 지음, 이기동 옮김, "AI의 미래 생각하는 기계", 프리뷰, 2018

한국전자통신연구원(ETRI), "자동 기계학습(AutoML) 기술 동향", 2019

한국지능정보사회연구원, "주목받는 인공지능(AI) 9대 핵심 기술 분석 주요 시사점", IT & Future Strategy, 제1호, 2021

INDEX

이병욱
- 연세대학교 공학사
- George Washington University 전산학 석사
- 중앙대학교 전산학 박사
- 전 현대상선(주) 전산부장
- 전 가천대학교 소프트웨어대학장
- 전 한국인터넷정보학회 부회장
- 가천대학교 컴퓨터공학과 명예교수
- 한국인터넷정보학회 명예고문
- T&S 드론연구소 대표

[주요저서]
- 융합의 이해(도서출판 생능), 정보검색(도서출판 그린), 드론 소프트웨어(21세기사), 융합 개론(21세기사), 자작 드론 설계와 제작(21세기사), 산업혁명과 융합(21세기사)

인공지능과 융합

1판 1쇄 인쇄 2023년 07월 05일
1판 1쇄 발행 2023년 07월 10일
저   자 이병욱
발 행 인 이범만
발 행 처 **21세기사** (제406-2004-00015호)
경기도 파주시 산남로 72-16 (10882)
Tel. 031-942-7861   Fax. 031-942-7864
E-mail : 21cbook@naver.com
Home-page : www.21cbook.co.kr
ISBN 979-11-6833-082-5

정가 30,000원